现代物业管理专业职业教育立体化新形态系列教材

物业经营管理

主　编　叶昌建　张丹媚
副主编　焦艳荣　周福亮　张　亮

机械工业出版社

“物业经营管理”课程是现代物业管理专业的专业核心课程。本教材内容包括认识物业经营管理、进行物业项目投资分析、分析物业项目投资市场、物业租赁管理、物业经营风险管理、物业经营成本管理、财务管理和绩效评价。

本教材集实用性、专业性、普及性于一体，以适应教育教学特点。本教材配有数字资源，辅助课后理论知识训练和实践训练，可以作为高职高专现代物业管理类相关专业的教学用书，也可以作为物业管理行业中高层管理人员的学习和培训用书。

图书在版编目（CIP）数据

物业经营管理 / 叶昌建，张丹媚主编．—北京：机械工业出版社，2025.6

现代物业管理专业职业教育立体化新形态系列教材

ISBN 978-7-111-75756-6

Ⅰ.①物… Ⅱ.①叶… ②张… Ⅲ.①物业管理－教材 Ⅳ.①F293.33

中国国家版本馆 CIP 数据核字（2024）第 090718 号

机械工业出版社（北京市百万庄大街 22 号　邮政编码 100037）

策划编辑：何文军　　责任编辑：何文军　范秋涛

责任校对：张爱妮　张　征　　封面设计：鞠　杨

责任印制：单爱军

中煤（北京）印务有限公司印刷

2025 年 7 月第 1 版第 1 次印刷

184mm×260mm · 12.5 印张 · 298 千字

标准书号：ISBN 978-7-111-75756-6

定价：59.00 元

电话服务

客服电话：010-88361066

010-88379833

010-68326294

网络服务

机　工　官　网：www.cmpbook.com

机　工　官　博：weibo.com/cmp1952

金　书　网：www.golden-book.com

机工教育服务网：www.cmpedu.com

本书编委会

主　编：叶昌建　张丹媚

副主编：焦艳荣　周福亮　张　亮

参　编：高　洁　王　哲　屈甜利　黄　璐　赖世瑜

前　言

随着经济全球化、信息化、网络化的迅猛发展，随着房地产投资规模的不断扩大和投资形式的多样化，业主或投资者希望通过物业经营管理，使物业得以增值和保值，这就要求物业服务企业应当从传统的物业运行管理服务，向策略性的物业资产价值方向拓展。越来越多的物业服务企业认识到物业经营管理决定着物业服务企业的生存和发展。

本书是在笔者广泛调研的基础上，以物业经营管理工作流程为主线，以典型工作任务分析为基础，针对工作岗位对物业经营管理人员知识和能力的要求进行组织编写的。全书从认知物业经营管理为起点，按照物业项目的经营流程，依次设置了认识物业经营管理、进行物业项目投资分析、分析物业项目投资市场、物业租赁管理、物业经营风险管理、物业经营成本管理、财务管理和绩效评价七个项目。

本书在以下几个方面有所突破。

1）打破了传统经营管理教材结构体系，以项目导向为驱动，按照物业企业实际经营管理流程，依次设置学习项目。

2）打破了传统以知识讲授为主的学科模式，转变成以项目任务教学为中心组织内容，并开发全面的立体教学体系，学生可以通过多种渠道学会完成相应的工作任务，发展职业技能。

3）内容突出学生职业能力的训练，理论知识做到“够用和适用”，结合行业或企业标准，融合物业经营管理对知识和技能的基本要求。

4）结构上设置了教学目标，通过情景导入为学习者指引学习的方向，并穿插了相关的案例和技能训练，有利于学习者拓展知识和提高技能，项目后包括项目小结、能力训练和实训项目，有利于提高学习者的自主学习能力，提高综合素质和实践技能。

本书主要适用于高职高专现代物业管理专业的核心课程教学，也可作为物业经营管理人员或物业企业项目中高层管理人员学习的参考用书。本书由重庆建筑科技职业学院专业带头人、副教授、高级经济师叶昌建老师与张丹媚老师担任主编，其中叶昌建老师负责教材项目一、项目四和项目七的编写，相应立体教材的开发及全书统稿、修改、总纂和定稿；重庆建筑科技职业学院现代物业管理专业带头人、副教授张丹媚老师与高级经济师高洁同志负责编写项目二；重庆建筑科技职业学院教师焦艳荣负责编写项目三；重庆建筑科技职业学院周福亮副教授负责编写项目五；金融街物业股份有限公司张亮同志负责编写项目六。此外，叶昌建、屈甜利、焦艳荣、王哲、黄璐、赖世瑜等同志参与了微课视频的脚本撰写与录制工作。

虽然编写团队为本书的编写付出了大量的心血，但由于水平、经验有限，仍有不当或错谬之处，敬请读者批评指正。

目　录

项目一　认识物业经营管理

知识目标

1. 掌握物业经营管理的对象、分类与内容。
2. 理解物业经营管理的层次及其之间的关系。
3. 掌握物业现有与传统的商业运作模式。
4. 理解物业经营管理企业资源、物业资源和业主资源的内涵和经营方式。

能力目标

能够结合收益性物业项目的概况进行物业服务产品的设计。

思政目标

1. 在对物业经营管理的概念学习过程中培养学生职业理想。
2. 在对物业经营管理的内容学习过程中培养学生法律意识。
3. 在调查物业经营管理项目的实训环节中培养学生职业道德与工匠精神。

任务引入

从“统一企业”茶饮料看物业管理经营之道（节选）

统一企业自20世纪90年代中期在进军茶饮料市场后，在激烈的市场竞争中一直立于不败之地。物业服务企业与茶饮料行业存在很大的差别，但剖析统一企业在茶饮料市场经营成功的规律，其中一些共性的东西对同样处于激烈竞争中的物业服务企业具有一定的启示意义。

一、在经营拓展中需要瞄准潜力市场

我国的茶饮料市场在20世纪90年代中期以前是一片空白，随着生活水平的提高，人们对饮料的需求逐渐上升，而且越来越多的人倾向于消费自然、健康的饮料。统一企业进入中国大陆市场最先推出的是方便面，1995年在华东地区率先推出“统一冰红茶”，统一企业在茶饮料市场的成功经营与其前瞻性地看准茶饮料的市场潜力、较早把握时机有很大的关系。

对于物业服务企业来说，在经营拓展中也需要像统一企业在饮料市场推出茶饮料那样准确瞄准潜力市场。在公众物业管理领域，有不少类似的成功案例：在20世纪90年代，大部分物业服务企业的市场拓展目标主要锁定在住宅项目，那时展馆等公众物业很少为人关注，当时少数物业服务企业看到了这些物业领域的市场潜力并及时抓住了机遇，通过积累起来的管理经验和竞争优势，在这些领域取得了更好的发展。在服务品种方面，也存在着如资产管理、节能服务等具有较大发展潜力的市场空间，目前已有一些物业服务企业在积极探索并取得了良好的业绩。值得一提的是，发展潜力的市场空间，并不是凭管理者拍脑袋就能完成的，而是建立在事实数据及对其科学分析预测的基础上的，如果发展决策脱离实际，则很可能会走向失败。

二、在经营管理中需要注重市场调研和发展定位

统一企业在茶饮料经营过程中注重通过市场调研确定目标市场，经过调查，最终确定15~23岁的年轻群体就是冰红茶的重要消费群体。针对这些消费群体追求个性化生活、喜欢表现自我的特点，统一企业推出茶饮料时着力塑造张扬个性、表现自我的品牌形象，提出了“年轻无极限”的广告口号，并启用年轻歌星孙燕姿作为形象代言人。

物业服务企业在经营发展过程中也需要注重通过市场调研进行合理的市场定位。在拓展异地市场时，要着力调研拟拓展市场的具体经济与房地产发展状况、物业市场竞争状况等详细的信息，并需要与公司整体发展战略相衔接，而不能盲目参与物业招标项目，市场拓展需要建立在详尽调研和合理定位的基础上。物业服务企业在向集成商推进的过程中，也需要进行详细的市场调研，了解市场上合格的可供选择的服务分包商的发展状况，如果市场上的分包商发展质量不甚乐观，企业需要结合实际情况来推进集成商发展的进程。物业服务企业在依托物业项目发展延伸服务时，也需要注重对业主住户和供应商的调研，根据消费者需求来评判具体的延伸服务品种的可行性策略，正如统一企业针对年轻消费群体进行相应的茶饮料产品设计一样。(案例节选自《城市开发·物业管理》2010年第9期)

结合以上案例，请思考：

（1）物业经营企业如何拓展产品，走多种经营化的道路？

（2）说明什么是物业经营管理，它对物业服务企业的发展具有什么重要地位？

任务一　物业经营管理知识准备

美国著名管理大师、诺贝尔经济学奖获得者西蒙曾经说过：“经营管理的核心问题是经营；经营的核心问题是决策；决策的核心问题是创新。”（出自西蒙《管理革命》）一直以来物业服务企业在管理的夹缝中生存，西蒙的名言告诉物业服务企业，如果从传统的物业运行管理服务向策略性的物业资产价值管理方向拓展，就有更大的盈利空间。

一、物业经营管理的内涵

企业资产中房地产资产占有很大的比重，其管理质量的好坏，对于企业成本与收益、股东回报和企业主营业务的开展有着至关重要的影响。现代企业一般将自己工作重点放在核心业务上，房地产资产经营属于非核心业务，所以企业会将其发包出去，这为物业服务企业提供了新的市场。针对房地产资产经营，就是物业经营管理，是指为了满足业主的目标，综合

利用物业管理、设施管理、房地产资产管理、房地产组合投资管理的技术、手段和模式，以收益性物业为对象，为业主提供的贯穿于物业整个生命周期的综合性经营管理服务。

物业经营管理突破了传统物业管理活动仅“对房屋及配套的设施设备和相关场地进行维修、养护、管理”的局限，强调为业主提供价值管理服务，满足其物业投资收益或企业发展战略及主营业务发展目标的需求。

从物业经营管理的概念可以看出，物业经营管理不是一个特定的专业领域，而是由物业管理、设施管理、房地产资产管理和房地产组合投资管理随着市场需求的变化，不断拓展、交叉和融合的结果。

二、物业经营管理的内容

物业经营管理的内容既包括了以保证物业正常使用的运行操作管理，也包括将物业作为一种收益性资产所进行的资本投资决策、市场营销、租赁管理、成本控制、物业价值和经营绩效评估等经营活动。写字楼、零售商业等收益性物业完全可以像一个一般工商企业那样，通过物业经营活动，为业主或投资者创造丰厚的利润与回报。具体来说，物业经营管理的内容包括战略性和常规性两方面的工作。

（一）战略性内容

1. 确定战略

直接物业投资与股票投资是不同的，直接物业投资不可能进行频繁地资产组合的改变，在物业经营管理中必须对初始组合战略进行谨慎的思考。每宗物业都有独特的区位和其他法律与物理上的特点，一般的市场调研很难揭示内在的本质区别，因此确定战略就是利用监控工具，对物业资产的资本增长率、租金变化、收益变动等关键指标进行监控评估。

视频：物业经营管理的对象和内容

2. 确定标准

作为投资者需要结合市场的跟踪、分析判断，确定不同市场条件下的投资标准，包括现金流、租金波动和基于市场交易的收益变化等，因此要将战略中确定资产组合达到收益的最大化必须通过标准的确定。

3. 构建信息基础

战略的可行性和标准的确定都需要足够的可用的信息，因此需要对各相关指标进行数据收集、分类、储存及分析。

4. 决策分析

每个问题解决方案不止一种，要结合预期收益和风险评估进行决策分析。

5. 进行资产组合

资产组合理论的原则是将一些合适的持有物进行分散，从而有效抵消一部分风险。在任何情况下，投资者都愿意选择收益最大和风险最小的组合，也就是“不要将鸡蛋放在同一个篮子里”。

（二）常规性工作

拥有和管理物业需要支出各种各样成本和费用，这些支付数额巨大，维持着物业的正常使用和保值增值，这样就构成了物业经营管理的常规性工作。

1. 现金流和成本管理

相对于总收入，业主更关心净运营收益，是指总收入减去各种运营费用，包括正常的工作费用和在时间与数量上不可预测的支出，以及监督和检查工作的组织成本。

2. 日常维修和维护

日常维修和维护的开支来源需要通过租约各方沟通来确定具体的履行方式。

3. 未来维修和维护

每宗建筑物都有自己的维修计划，新的物业业主可以得到建筑承包商和分包商提供的使用说明，旧的物业业主可以提供一个相应的成本估算标准，总之维修计划应该是全面系统的，从短期和长期两方面来考虑。

4. 设施设备管理

设施设备管理是一个“家务性活动”，与使用者和租客的日常活动紧密相关，现代建筑越来越需要专门人员进行管理，以保证较高的运转效率，并及时实现技术的更新。

5. 物业保险管理

如果投保额度过低，投保方可能将承担全部的补偿成本和保险实际补偿金额之间的风险，因此多数物业要求投保方对物业产生的可能损失进行全额保险。

三、物业经营管理的对象

物业经营管理活动的对象为收益性物业，主要包括写字楼、零售商业物业、出租型别墅与公寓、工业物业、酒店与休闲娱乐设施等。这些收益性物业主要通过出租而获得经常性的租金收益，是房地产投资信托基金和机构投资者进行商业房地产投资的主要物质载体。

视频：收益性物业的分类

（一）写字楼

写字楼是为办公、商务活动提供空间的建筑，是一种重要的商业物业类型，城市写字楼往往是城市 CBD 地带地标性的建筑，为了持续保持写字楼的市场竞争力、提升写字楼的市场价值，通常需要采购高标准、高质量、专业的物业经营管理服务。写字楼的分类较为复杂，可以按照不同的角度来划分：

（1）按建筑面积大小划分　小型写字楼，面积 1 万 m^2 以下；中型写字楼，面积 1 万～3 万 m^2；大型写字楼，面积 3 万 m^2 以上；超大型写字楼，面积十几万或几十万平方米以上。

（2）按写字楼的功能划分　单纯写字楼，只是办公而无其他功能；商住型写字楼，既有办公又有居住功能；综合写字楼，以办公为主兼顾居住、娱乐、商场、餐厅等。

视频：写字楼的分类

（3）按大楼现代化程度分　非智能写字楼，是指传统的、不具备自动化功能的写字楼；智能型写字楼，是指具有高度自动化功能的办公大楼，往往具备建筑设备自动化系统（BAS）、通信网络系统（CNS）、办公自动化系统（OAS）。

（4）按照国际惯例分类　综合结合写字楼位置、交通、形象、建筑形式、大堂、电梯、走廊、室内布置、服务、建筑设备、物业管理水平和租户类型等 12 个方面，主要将写字楼分为甲乙丙三类，见表 1-1。

表 1-1　写字楼等级分类

写字楼等级	地理位置和交通状况	建筑物自然条件	建筑质量	收益能力	备注
甲级	优越	良好	达到或超过有关要求	与新建成的写字楼相等	完善的物业管理服务
乙级	良好	良好	达到有关要求，有自然磨损	低于新落成的同类建筑物	
丙级	一般	有明显的自然磨损和功能陈旧	使用年限较长，某些方面不能满足新的有关要求	满足低收入租客的需求	

知识链接

超高龄老楼，顶级租金水平

帝国大厦是世界上最著名的建筑之一，它是在 1931 年 5 月 1 日开业；希尔斯大厦现在改名为威利斯大厦，它仍然是美国最高的建筑物，是 1974 年竣工的；纽约克莱斯勒大厦建于 1930 年，它现在仍然是非常著名的地标性建筑；美国国际集团大厦，也是在纽约，建于 1932 年，虽然它不是最高的大厦，但也是纽约非常经典的建筑物。

所有这些建筑物有什么共同的特点呢？首先，当然它们是很著名的；其次，它们都年代古老，年纪最大的就是帝国大厦了，它已经有 90 多岁的高龄，而且最年轻的威利斯大厦建成也已经有 50 多年了。虽然它们建成的时间都已经很久了，但仍旧是 A 级大厦，它们仍然保持着高端的租金，吸引的都是顶级的租客，包括世界财富 500 强企业。多年来它们的价值保持不变，在市场上赚取最高的租金。（图 1-1）

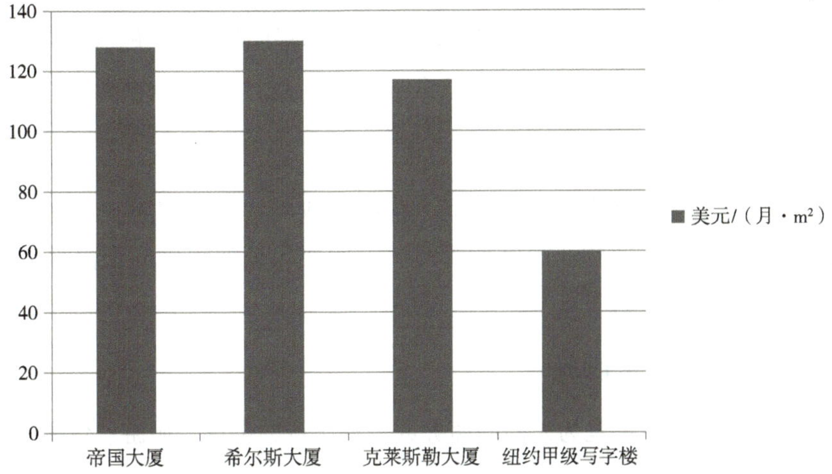

图 1-1　美国高龄地标性写字楼保持最高的租金水平

注：资料来源于《不动产经营》，世联地产著，经济科学出版社。

(二)零售商业物业

零售商业物业是针对零售商业经营活动建筑，其经营管理的核心是选择优良租户，优化业态组合，保持和提升零售商业物业的吸引力，增加营业额和商场人流，最终实现业主和投资者的收益目标。零售商业物业包括六种类型，见表1-2。

表1-2　零售商业物业的分类

类别	建筑规模	经营/业态/租户特点	商业辐射区域
区域购物中心	>10万 m^2	复合性服务功能，经营管理一致性，服务设施完整	服务半径可达200km
市级购物中心	>3万 m^2	大型百货公司为主要租户	辐射整个城市，服务人口达30万人
地区购物商场	1万~3万 m^2	中型百货公司为主要租户	辐射城市部分，服务人口10万~30万人
居住区商场	0.3万~1万 m^2	日用百货商店和超市为主要租户	以居住小区为服务对象，服务人口1万~5万人
邻里服务商店	<0.3万 m^2（常为500~1000m^2）	以个体经营者为主要租户	服务人口<1万人
特色商店	经营特殊商品或服务，经营方式灵活		

(三)出租型别墅与公寓

作为经营类房地产的主要类型，出租型别墅与公寓为了追求较高出租率和租金水平，物业经营管理企业需要为业主提供招租、租赁管理、维修维护、安全卫生、资本与预算管理等物业经营管理服务。别墅与城市或者大规模的居民聚居点有一定距离，周边环境质量比较高，在我国包括独栋别墅、联排别墅、叠拼别墅、叠加别墅、双拼别墅等。公寓是指包含有许多住宅单元的建筑物，通常不分割产权出售，供出租或短期居住，包括复式公寓、花园公寓、单间公寓等。

(四)工业物业

工业物业为人类生产活动提供入住空间，包括工业厂房、仓储用房、高新技术产业用房、研究与发展用房等。工业物业的经营管理一方面要保证能源供应和内部运输系统的通畅，同时要兼顾物业资产的利用效率。

(五)酒店与休闲娱乐设施

酒店与休闲娱乐设施主要是为人们的商务或公务旅行、会议、旅游、休闲、康体娱乐活动提供入住空间的建筑。

酒店与休闲娱乐设施主要区别见表1-3。

表 1-3　酒店与休闲娱乐设施主要区别

项目	酒店	休闲娱乐设施
服务对象	商务和观光客人	度假旅游者、培训人员或会议客人
地理位置	市中心或其他交通便利的地方	自然风景秀丽的度假胜地
服务内容	以住宿、餐饮和商务功能为主	以康体、休闲、娱乐功能为主
建筑设计与装潢风格	星级标准的豪华气派	田园式、居民式、别墅式

四、物业经营管理的层次与关系

（一）物业经营管理的层次

（1）物业管理　与传统物业管理不同，物业经营管理中物业管理是收益性物业管理，包括制订管理计划、制订预算、展示和出租空间、收租、维持与租户的良好关系、支付费用、保存账簿和记录、节能、提供安全保障、管理员工、不动产保险等。核心工作是对物业进行日常的维护与维修，并向业主提供服务，以保障其始终处于正常的运行状态。（注：传统物业管理是业主通过选聘物业管理企业，由业主和物业管理企业按照物业服务合同约定，对房屋及配套的设施设备和相关场地进行维修、养护、管理，维护相关区域内的环境卫生和秩序的活动）

视频：物业经营管理的层次

（2）设施管理　设施管理的对象主要是高新技术企业用房、医院、科研教学设施、大型公共文体设施、政府和企业办公楼等物业；服务对象通常为拥有房地产的非房地产企业或机构。

（3）房地产资产管理　从对物业、设施和租户的管理上升到聘用多个物业服务企业和设施管理公司来同时管理多宗物业。房地产资产管理主要是指房地产资产投资后的管理工作，包括投资后监管工作和经营管理工作。投资后监管包括预算、绩效和风险管理，是对经营管理的评估和预判。经营管理工作更加实际，主要分为面向物业实务性的物业管理和针对物业权益性的物业经营（图 1-2）。

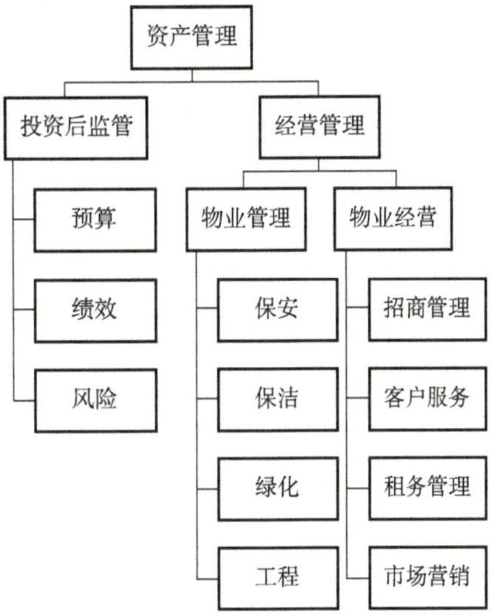

图 1-2　房地产资产管理

（4）房地产组合投资管理　是指以经风险调整后的组合投资回报最大化为目标来管理资产，以及在合适的时机购置和处置物业资产。以在极好的条件下购买物业；在持有期间以现金流量的现值最大化为目标来经营物业；在合适的时机售出物业。可见房地产组合投资管理是广义范围的房地产资产管理，贯穿于整个房地产生命周期，如图 1-3 所示。

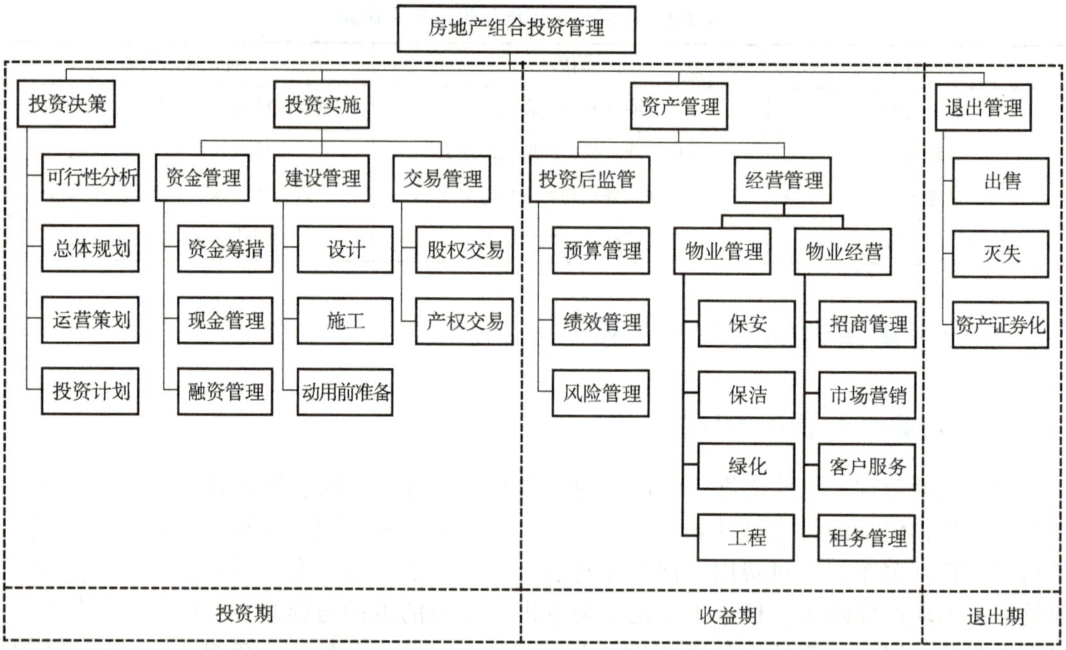

图 1-3　房地产组合投资管理

（二）物业经营管理不同层次之间的关系

物业管理和设施管理作为基础层次，主要定位于现场管理的层面，作用是为租户提供及时的物业服务和保证持续的收入与现金流。

资产管理作为核心层次，属于策略管理，一般不在现场，主要是监控物业运行的绩效。

房地产组合投资管理作为最高层次，是站在整个房地产项目生命周期的角度，对风险进行监控管理。

物业经营管理的层次如图 1-4 所示。

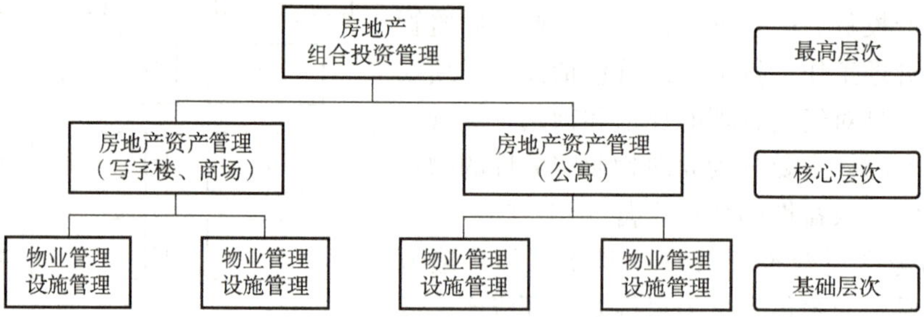

图 1-4　物业经营管理的层次

知识链接

新加坡嘉德置地集团发起的嘉茂房地产信托投资基金的组织结构

新加坡嘉德置地集团是亚洲最大的上市地产公司之一，总部设在新加坡，它的核心业务包括商用和工业用房、住宅房产、房地产基金、房地产金融、物业服务以及酒店和服务式公寓。嘉茂信托在2002年7月17日在新加坡交易所上市，是新加坡第一只房地产信托基金。房地产信托投资基金（REITs）是房地产证券化的重要手段，它把流动性较低的、非证券形态的房地产投资，直接转化为资本市场上的证券资产的金融交易过程，是物业经营管理中的资产管理。为了使该房地产信托基金计划下的物业投资项目获得专业的管理，嘉德置地集团全资控股下的嘉茂信托基金管理公司负责基金管理和资产管理，将物业管理工作委托给嘉德置地零售管理公司。同一集团下的两家公司分别承担物业经营管理两个层次的工作：资产管理和物业管理，如图1-5所示。

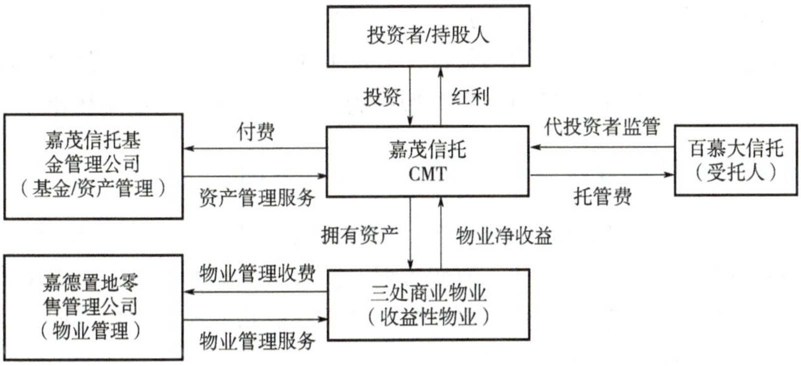

图1-5　新加坡嘉德置地集团发起的嘉茂房地产信托投资基金

任务二　物业经营管理商业运作模式

商业模式是一个企业满足消费者需求的系统，这个系统组织管理企业的各种资源（资金、原材料、人力资源、作业方式、销售方式、信息、品牌和知识产权、企业所处的环境、创新力，又称输入变量），形成能够提供消费者无法自理而必须购买的产品和服务（输出变量），因而具有自己能复制且别人不能复制，或者自己在复制中占据市场优势地位的特性。物业经营管理现有的商业运作模式包括基础服务模式、多种经营模式与不动产顾问服务模式，物业经营管理未来的商业运作模式包括物业服务总包模式、物业资产管理模式和物业后勤服务模式。

一、物业经营管理现有的商业运作模式

（一）基础服务模式——物业服务提供商

基础服务模式是指物业企业通过向业主和使用人提供物业管理区域内的保洁、绿化、秩序维护、房屋维修等综合性的基础服务，而获取物业服务费的收入。其实质是物业服务企业直接向业主或使用人出售准公共性的物业服务产品，这是目前在物业管理行业占绝对优势地位的主流商业模式。

视频：物业现有商业运作模式

这种商业模式一般按照收费包干制核算，易于操作，强化成本意识，利于

提高企业的内部控制，但企业经营风险大，在这种模式下，谈不上物业经营管理的开展，因此适用客户类型为缺乏专业素养的分散产权业主。

（二）多种经营模式——物业资源开发商

多种经营模式是指物业服务企业利用其管理的物业资源和客户资源开展多种经营，通过搭建物业平台的方式，直接向客户提供家居生活服务或者间接促成商家与客户之间的交易，而获取物业服务费用以外的收入。其实质是物业服务企业开发物业资源边际效益的多元化经营。

这种商业模式一般是多元经营，考验企业的综合能力，能够充分利用物业企业掌握的资源优势，实现经济效益的最大化，增加收益，分散业主的经营风险，但是对资源的配置和经营人才的素质要求较高，因此其适用客户类型多为具有经营价值的高端物业业主。

（三）不动产顾问服务模式——物业顾问服务商

不动产顾问服务模式是指物业服务企业利用掌握的专业知识和专业技能开展顾问服务，通过向上游的开发企业提供投资咨询、前期策划，向中游的物业服务企业提供管理方案的设计，向下游的业主提供租赁管理、投资建议等服务来获取物业顾问费用或佣金收入。其实质是物业服务企业向客户出售专业化的房地产咨询和服务产品。

这种商业模式通常是那些具备丰富的不动产投资、开发、经营等管理经验的物业服务企业采用的商业模式，典型的如“五大行”，投入资本少，企业收入稳定，经营风险低，专业形象好（表1-4），其适用客户类型是高端产品的开发企业、缺乏经验的物业服务企业和投资型物业业主。

表1-4　五大行主要业务、主要职位和工作内容

名称	主要业务	主要职位	工作内容
第一太平戴维斯 Savills	写字楼、商铺、住宅、酒店式服务公寓的估价、物业管理、资产管理、投资、市场研究及开发顾问、市场传信服务	业主顾问	作为市场领先的代理机构，为发展商和业主提供最全面的商业房产销售咨询服务，包括了开发定位、市场推广、出租和销售等环节
		出租和经纪	针对商用物业策划专业的前期租赁方案。提供针对本地市场状况量身定做的，可以保证资产不断增值。与全球服务网络紧密合作以确保为跨国公司提供更专业的服务
		租户代理	仔细求证租赁成交策略，避免不必要的花费，同时为客户的需求提供切实的增值服务
高力国际 Colliers	房地产买卖、租赁、业主服务、客户代表、企业服务、投资及特别项目、咨询及研究、估价，以及物业与资产管理	业主代表	项目开发顾问，租赁及销售策略，项目定位及推广，租赁/销售服务
		租户代表	策略谋划，人口分析，地点选择，财务分析，比较分析，流程管理，商议租约，装修统筹，租后跟进

（续）

名称	主要业务	主要职位	工作内容
仲量联行 JLL	商铺、住宅、写字楼、工业、物业管理服务、企业设施管理、投资、战略顾问、项目与开发服务以及市场研究	办公楼租户代理	降低租户的房地产费用和租用风险的同时，将尽可能提高工作场所的灵活性和有效性
		工业及物流地产代理	提供业内最佳的综合房地产解决方案，涵盖交易、设施管理、项目管理和开发服务、估价和咨询等
世邦魏理仕 CBRE	物业租售的战略顾问及实施、企业服务、物业设施及项目管理、按揭融资、评估与估值、开发服务、投资管理、研究与策略顾问	写字楼业主代表	开发咨询、行销顾问、策略定位及建议、地方及国际项目推广和租赁服务
		工业物业代表	为工业物业提供市场定位，租售策略，市场推广
戴德梁行 DTZ	环球企业服务、研究及顾问、物业管理、酒店管理和顾问服务、设施管理、估价及顾问、物业投资、写字楼代理、商铺顾问及代理服务、工业房地产投资服务、住宅服务、建筑顾问	综合住宅服务代表	市场调查及项目定位、规划建筑设计概念方案建议、项目财务分析、项目策划及销售策划、项目策划及销售代理
		商厦服务代表	租赁服务、销售服务、项目市场推广计划、楼宇设计顾问、宣传及广告策略、跨境租赁服务
		顾问服务代表	物业发展顾问服务、城市策划顾问服务、策略建议计划、休闲物业顾问服务

二、物业经营管理未来的商业运作模式

（一）物业服务总包模式——物业服务集成商

物业服务总包模式是指物业服务企业通过前端策划服务（设计管理模式、制订管理方案、选择分包企业）、中端监管服务（监督服务过程、管控服务品质）和后端评判服务（汇总客户评价、沟通客户需求和评判分包企业）的方式，将各分包企业的专项服务集成为面向业主的综合性物业服务产品。其实质为物业服务企业运用策划、协调、沟通和评价等专业能力，通过控制物业管理价值链前后两端的方式，协助业主购买专业化的物业服务，只是一种管做分离的商业运作模式，而并非“以管代做”。

视频：物业未来商业运作模式

这种商业运作模式对应的收费模式是酬金制，服务成本作为定价基础，财务收支公开，利于保证酬金效益和降低经营风险，但对交易双方的专业能力要求较高，缺乏服务成本控制的内在动力，因此适用客户类型为单一产权业主或较为专业的业主团体。

（二）物业资产管理模式——物业资产运营商

物业资产管理模式是指业主不仅将物业硬件的日常维修、养护和管理工作委托给物业服务企业，而且将资产属性的不动产的日常投资、经营和管理工作，包括租赁、招商、营销、代销、融资等委托给物业服务企业。其实质是物业服务企业利用客户资源和专业技能，同时为业主提供传统物业管理和不动产投资理财两项服务，从而获取物业服务费用和资产管理佣金的双重效益。

该模式主要受三个条件的制约：①物业具有较高的商业价值；②物业服务应当具有较好的专业技能；③物业服务企业具有较强的风险管控能力。因此适用客户类型为具有利润回报的办公、商业、休闲娱乐等收费型物业。

(三)物业后勤服务模式——物业保障服务商

物业后勤服务模式是指物业服务企业不仅从事不动产管理业务，而且受托提供配餐、会务、接待、交通、物流等方面的后勤服务，以全方位满足客户非主流业务之外的多元化需求。其实质是物业服务企业取代客户的后勤保障部门，以市场化的方式为客户的后勤保障需求提供全面的解决方案，使客户高度关注其核心业务的开展和品牌价值的创造。

这种商业运作模式是物业服务企业与客户双赢的模式，它注重企业的客户关系管理，因此适用客户类型为主要从事生产经营、商业服务以及公共服务的单位客户。

任务三　物业经营管理资源

物业经营管理离不开对资源的充分合理利用，这些资源包括所有经营活动中的社会资源和生产要素，物业服务企业拥有财产、人员、物资、组织、经营场所等资源，企业本身还拥有技术、信息、品牌、商标、专利等无形资产，这些资源均可以通过经营创造价值，物业经营管理资源分为企业资源、物业资源和业主资源三类。

一、企业资源

视频：企业资源

物业经营管理企业的资源可分为管理技术、品牌、人力资源、自有设施设备、信息资源和社会关系六类，这些资源都作为可以经营的价值，通过这些价值的综合运营，以达到资本的最大限度的增值。

(一)管理技术

物业经营企业组织的活动需要利用一定的技术和反映一定技术水平的特殊手段来进行。技术以及技术设备的水平，不仅影响物业经营活动的效果和效率，还会作用于物业经营活动的内容划分、职务设置等方面。

物业经营企业的管理技术是指物业经营企业通过长期实践形成的一套行之有效的物业管理技术。其经营方式主要是对外出售管理技术，即物业管理咨询服务，顾问咨询已经成为一些品牌物业企业（如五大行）的重要经营业务。

(二)品牌

品牌是指企业的名称、产品或服务的商标，和其他可以有别于竞争对手的标示、广告等构成企业独特市场形象的无形资产。因此品牌不仅是企业的商标或标志，更是企业的象征，它是一种能够为消费者和物业企业创造长期价值的无形资产。

物业经营企业可以通过连锁经营、品牌作价、品牌租用、品牌联合和品牌扩张等方式对品牌进行经营。

(三) 人力资源

人力资源是指一定时期内组织中的人所拥有的能够被企业所用，且对价值创造起贡献作用的教育、能力、技能、经验、体力等的总称，它是推动物业服务企业发展并创造财富而聚集整合的各类管理与专业技术人才。

物业经营企业中，作为人力资源战略本身就是企业战略的重要组成部分，物业企业要设法经营人力资源，要从招聘开始选拔符合企业文化的人，进入企业后要增强其对企业的认同感，将员工利益纳入企业的利益中，实现员工和企业的共同成长，以实现组织的目标。

(四) 自有设施设备

自有设施设备是物业服务企业通过发展积累拥有的工程维修、保洁、绿化、安防、检测设施设备，它既是生产资料，也可以作为企业经营的资源。物业企业在设备经营过程中，要基于全生命周期理论，包括选择设备、正确使用设备、维护修理设备以及更新改造设备全过程的经营管理，合理运用设备技术经济方法，综合设备管理、工程技术和财务经营等手段，使设备生命周期内的费用/效益比（即费效比）达到最佳的程度，即设备资产综合效益最大化。

(五) 信息资源

信息资源由信息生产者、信息、信息技术三大要素组成。信息生产者是为了某种目的生产信息的劳动者，包括原始信息生产者、信息加工者或信息再生产者；信息既是信息生产的原料，也是产品，它是信息生产者的劳动成果，对社会各种活动直接产生效用，是信息资源的目标要素；信息技术是能够延长或扩展人的信息能力的各种技术的总称，是对声音、图像、文字等数据和各种传感信号的信息进行收集、加工、存储、传递和利用的技术，信息技术作为生产工具，对信息收集、加工、存储和传递提供支持与保障。

物业企业可以经营的信息资源主要包括三类：①物业开发建设过程中形成的各类资料。②物业服务企业在运行中形成的各类资料。③物业服务企业在提供管理服务过程中收集和掌握的各类信息，包括设施设备、业主需求信息、房屋信息等。物业企业对信息资源的经营可以结合品牌资源进行开发，也可以作为单独资源进行开发。

(六) 社会关系

社会关系是指以生产关系为基础的一切物质关系和思想关系的总和，社会关系资源也是物业企业重要的无形资产。物业经营管理企业在对社会关系资源的经营需要寻找和确定关系双方的共同点，选择适当而有效的调节手段，以促进资产发挥最大的作用。

二、物业资源

视频：物业资源

(一) 物业资源的界定

1. 按所有权划分

(1) 单一产权物业　单一产权物业也称自持物业，即开发商（或投资者）拥有整个物业项目的独立产权，并以自用、长期租赁或股权基金等形式进行投资的物业。

（2）区分所有权物业　区分所有权物业一般包括三个部分：对专有享有所有权、共有部分享有共有权、对共有部分享有共同管理权，作为区分所有权物业，物业服务企业能够经营的物业资源包括：①属于开发商所有，如小区停车场、会所设备；②属于政府所有，如人防工程；③属于业主所有，如利用小区道路、绿地改建的露天停车位、物业管理用房等。

2. 按物业使用属性划分

1）在物业区域内可直接使用或经营的资源，如可租售的物业空间，场地（包括停车场、网球场等）。

2）由物业建筑、配套设施设备和场地派生出来的可经营资源，如屋顶广告、电梯广告、庭院和车场广告等。

（二）物业资源经营的原则

（1）不可越权经营　对小区场地一类的共有部分，物业经营企业要征得业主大会的同意并和业委会签署相关协议的前提下才可开展经营活动。

（2）不妨碍物业管理基本服务的开展　即经营发展应在做好物业基本服务的基础上开展，否则就成为本末倒置之举。

（3）规避经营活动中的风险　物业经营企业在做经营决策时，必须对各种风险因素进行综合考量，并做好抵御风险的各种准备。

（4）正确把握不同物业管理阶段的经营特性　业主大会尚未成立，开发商将经营权委托给物业企业，物业企业要明确经营范围和收益用途。如果收益不是全体业主受益的方向，物业经营企业要给予必要的提醒，并以合同等方式回避风险。业委会成立后，物业企业要在业主大会授权的范围内，按照与业委会达成的协议依法开展物业资源经营，并获得应有的酬金或分成收益。

（5）获取物业资源的途径

1）向开发商争取。物业服务企业可以在早期介入阶段或接管物业时与开发商签订合同，约定由开发商低价提供一些商业用房给物业经营企业，以弥补前期物业管理的收入或冲抵部分开办费用；也可以争取经营属于开发商的停车场、会所、游泳池、网球场等。

2）租用商业网点。一般不提倡购买商业网点，因为涉及企业投资和经营方向的问题，也涉及业主不签合同后的经营问题，一般提倡对商业网点的租用。

（6）区分不同物业类型及业主群体　物业资源的经营要与物业的整体风格及业主群体的特征符合，如政府机关办公楼内一般不进行物业资源的经营，在住宅物业内一般可以开展日常生活类的服务经营。

（7）开展统一的专业化经营　物业经营企业可以成立专门机构，对所服务的区域的物业资源进行整合，进行统一的专业化经营，可以汇聚需求信息，整合社会力量，降低成本，也可以协调经营和服务管理的矛盾。

三、业主资源

业主拥有极其丰富的资源，如物业、社会关系、知识、各种层次各种内容的需求等，这些资源都可以通过有效的经营活动带来收益。业主资源主要包括

视频：业主资源

三种，即业主需求资源、业主财产资源和业主社会关系资源。

（一）业主需求资源

业主需求资源是指在业主日常生活、健康、娱乐、教育等方面的需求，构成了社会消费的基础，业主需求资源是最为广泛最为实用的资源，是业主资源经营中可获取最大收益的部分，如图 1-6 所示。

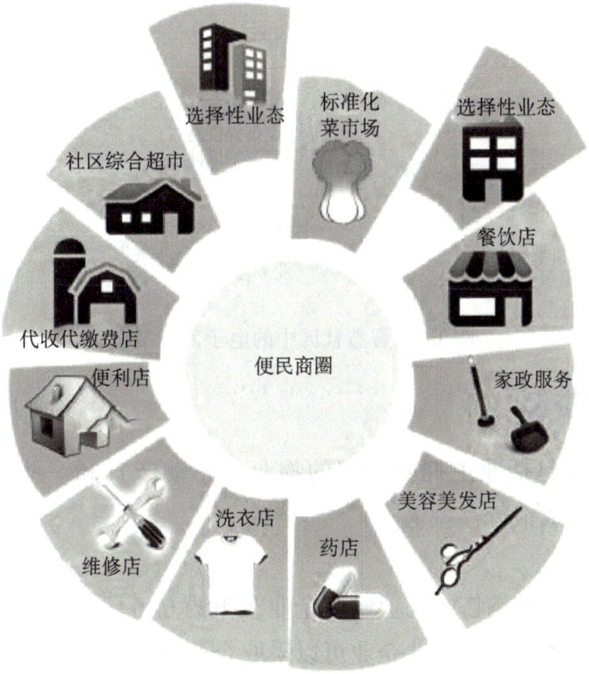

图 1-6　社区常见商业业态

1. 经营方式

（1）特约服务　在物业服务合同的范围之外，受业主的委托，物业经营企业为业主个体提供特约服务，并收取约定的费用。

（2）社区商业　开展在社区内的商业活动，其经营不仅面向业主，还可以面向周边非业主群体，形成辐射商圈。

2. 经营原则

1）结合消费者的需求，一般日常生活类优先、消费周期短优先、易耗品经营优先、优势特色项目优先、中介服务优先。

2）一般以中心半径 500m 为服务范围，如果有大型商业网点，就不要经营同类型的项目。

3）一般 5 万 ~10 万人的大型社区或者高档社区的商业经营最有潜力。

3. 服务集成商

服务集成商是通过构建物业电子商务平台，物业经营企业成为社会服务资源的收集者、统筹者和组织者，搭建业主的需求与社会服务资源对接的专业信息服务平台，并从社会资源提供方获取佣金，如图 1-7 所示。

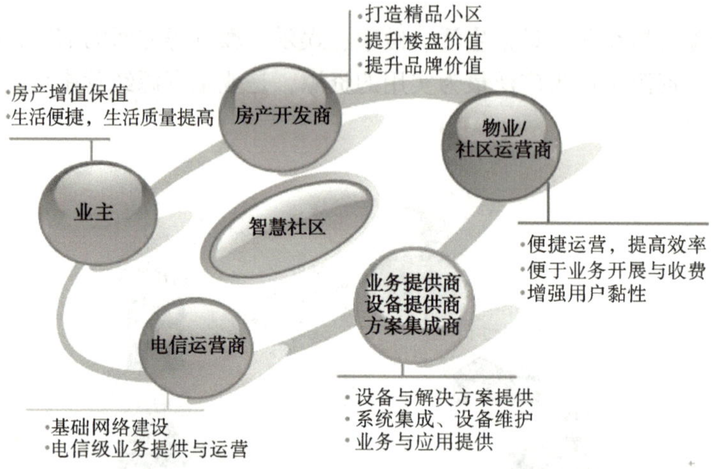

图 1-7　智慧社区中的电子商务平台

(二) 业主财产资源

业主财产资源主要包括业主拥有产权的物业（不动产）和一些流动资产，包括汽车、家具、家电、有价证券或银行存款等。

1. 不动产的经营

不动产经营包括租赁和销售。物业经营企业在租赁方面具有独有的优势，几乎不需任何代价就可掌握充足的房源信息，物业企业可以采取企业之间的联合、与中介代理公司的合作发展物业租赁，而在销售方面可以借鉴和学习物业销售代理公司一些较为成熟的操作模式。

2. 动产的经营

动产的经营主要是指“二手物品”的经营，物业经营企业可以介入二手物品的经营领域，与有关行业机构合作，让业主的收益趋近合理。

(三) 业主社会关系资源

在现代经济活动中，关系是一种十分重要的资源。物业管理所服务的成千上万的业主群体，几乎包含城市社会的每一个行业，通过物业管理这条主线，将所有业主的社会关系编织起来，将会是一个十分完美的“关系网”，合理触发“关系网”的动能，会产生巨大的效益。构建业主社会关系资源网络，应是物业管理的一项性价比极高的“投资”。

经营业主社会关系资源，首先要澄清认识，并非一讲社会关系就是走后门搞腐败，而是要正确认识社会关系资源的价值，并加以合理利用。经营中，物业管理不能独自得利，还须保证业主及业主的社会关系从经营中获取合法利益。经营业主社会关系要把握分寸，不可超越规矩。要遵循业主自愿原则，决不可利用物业管理的特殊地位来强求业主办理不自愿的事情。要切实保护好业主的隐私，包括业主社会关系方面的隐私。

项目小结

(1) 物业经营管理是指为了满足业主的目标，综合利用物业管理、设施管理、房地产资产管理、房地产组合投资管理的技术、手段和模式，以收益性物业为对象，为业主提供的贯穿于物业整个生命周期的综合性经营管理服务。

(2) 物业经营管理的工作内容包括战略性工作和常规性工作，其中战略性工作包括确定战略、确定标准、构建信息基础、决策分析和进行资产组合；常规性工作内容包括现金流和成本管理、日常维修和维护、未来维修和维护、设施设备管理与物业保险管理。

(3) 物业经营管理活动的对象为收益性物业，主要包括写字楼、零售商业物业、出租型别墅和公寓、工业物业、酒店与休闲娱乐设施等。

(4) 物业管理和设施管理是物业经营管理的基础层次，主要定位于现场管理的层面，作用是为租户提供及时的物业服务和保证持续的收入和现金流；资产管理是核心层次，属于策略管理，一般不在现场，主要是监控物业运行的绩效；房地产组合投资管理是最高层次，是站在整个房地产项目生命周期的角度，对风险进行监控管理。

(5) 物业经营管理现有的商业运作模式包括基础服务模式、多种经营模式与不动产顾问服务模式，物业经营管理未来的商业运作模式包括物业服务总包模式、物业资产管理模式和物业后勤服务模式。

(6) 物业经营管理资源分为企业资源、物业资源和业主资源三类。其中物业经营管理企业资源可分为管理技术、品牌、人力资源、自有设施设备、信息资源和社会关系六类；物业资源按所有权划分可分为单一产权物业和区分所有权物业，按物业使用属性划分可分为在物业区域内直接使用或经营的资源及由物业建筑、配套设施设备和场地派生出来的可经营资源；业主资源主要包括业主需求资源、业主财产资源和业主社会关系资源。

能力训练

一、填空题

1. 物业经营管理的对象是________。

2. 物业经营管理的战略性内容包括_________、_________、_________、_________、_________。

3. 物业经营管理的四大技术包括：________、________、________、________。

4. 智能型写字楼是指具有高度自动化功能的办公大楼，往往具备________、________、________等三大系统。

5. 设施管理的服务对象通常为________________。

6. 物业经营管理的核心层次为________________。

7. 物业经营管理的基础层次为________和________。

8. 传统的三种物业经营管理商业运作模式包括__________、__________、__________。

9. 物业经营管理中多种经营模式是指通过搭建________的方式，直接向客户提供家居生活服务或者间接促成商家与客户之间的交易，而获取物业服务费用以外的收入。

10. 物业经营管理未来商业运作模式包括__________、__________、__________。

11. 作为物业经营资源的企业资源主要包括管理技术、品牌、自有设施设备、__________、__________、__________六类。

12. 业主资源包括__________、__________、__________。

二、不定项选择题

1. 以下不属于物业经营管理的常规性工作的有（　　）。

A. 日常维修和维护　　B. 未来维修和维护

C. 物业保险管理　　D. 进行资产组合

2. 对各物业经营管理相关指标进行数据收集、分类、储存及分析称为（　　）。

A. 构建信息基础　　B. 资产组合

C. 确定标准　　D. 确定战略

3. 区域购物中心的建筑规模通常在（　　）万 m^2 以上。

A. 15　　B. 10　　C. 8　　D. 9

4. 缺乏专业素养的分散产权业主适合采用（　　）商业运作模式。

A. 后勤服务　　B. 基础服务

C. 不动产顾问服务　　D. 多种经营服务

5. 不动产顾问服务模式贯穿了物业服务价值链，其中中游的服务对象为（　　）。

A. 物业企业　　B. 房地产开发商

C. 业主　　D. 物业使用人

6. 在物业后勤服务模式下，物业经营企业充当（　　）角色。

A. 物业保障服务商　　B. 物业资源开发商

C. 物业顾问服务商　　D. 物业服务集成商

7. 以下属于由物业建筑、配套设施设备和场地派生出来的可经营资源的有（　　）。

A. 停车场广告　　B. 会所服务中心

C. 屋顶花园　　D. 投币式饮料销售柜

三、判断题

1. 出租型公寓通常可以将产权进行分割，供出租或短期居住。（　　）

2. 酒店和休闲娱乐设施都属于出租型物业，但前者以住宿、餐饮和商务为主，后者以休闲、娱乐、康体为主。（　　）

3. 传统物业管理与物业经营管理中的物业管理服务内容相同。（　　）

4. 在基础服务模式下，物业经营企业充当着物业资源开发商的角色。（　　）

5. 物业服务总包模式适合于单一产权业主或专业的业主团体。（　　）

6. 物业服务总包模式实质为通过控制物业管理价值链前后两端的方式，协助业主购买专业化的物业服务，即是“以管代做”。（　　）

7. 作为管理技术资源的经营方式主要是物业咨询服务。（　　）

8. 连锁经营不是品牌资源经营的方式。（　　）

9. 随着物业企业的发展，其经营可以逐渐替代基础物业管理服务，走经营发展之路。（　　）

10. 只要征得业主同意，物业企业可以对小区内所有场地进行经营。（　　）

11. 业主需求资源一般以中心半径500m为服务范围，如果有大型商业网点，就不要经营同类型的项目。（　　）

12. 业主财产资源是业主资源中可获取最大收益的部分。（　　）

四、简答题

1. 简述写字楼经营要考虑的因素。

2. 为什么说“房地产组合投资管理”是贯穿了整个房地产生命周期？

3. 简述物业资产管理模式的制约因素。

4. 信息资源主要包括哪些类型？

5. 简述物业经营企业如何经营人力资源。

6. 解释“单一产权物业”？

7. 物业经营企业能够经营的区分所有权物业包括哪些类型？

8. 服务集成商的概念是什么？

9. 简述业主资源经营的步骤。

实训项目

请您结合以下物业项目概况设计某物业经营管理企业物业服务产品（公共服务 10 项，专项服务 10 项，特色服务 10 项，见表 1-5）。

项目概况：

龙湖重庆时代天街一期于 2012 年 12 月 20 日开业，建筑面积为 17 万 m^2，开放 2000 个停车位，拥有 6 层商用楼面，有 100 多家各国情调美食，超过 300 多家品牌店铺，50 家品牌旗舰店集群，30 家重庆唯一品牌集合。携手 UME 影院、新世纪大坪商都、重百商社电器共同打造大坪的国际时尚购物中心。

表 1-5　龙湖物业龙湖重庆时代天街一期物业服务产品

类别	编号	服务产品名称
公共服务	1	
	2	
	3	
	4	
	5	
	6	
	7	
	8	
	9	
	10	
专项服务	1	
	2	
	3	
	4	
	5	
	6	
	7	
	8	
	9	
	10	
特色服务	1	
	2	
	3	
	4	
	5	

（续）

类别	编号	服务产品名称
特色服务	6	
	7	
	8	
	9	
	10	

项目二 进行物业项目投资分析

知识目标

1. 理解复利计息与单利计息。
2. 理解名义利率和实际利率，以及名义利率和实际利率之间的关系。
3. 理解设备更新的原因与特点。
4. 掌握物业项目投资分析的盈利能力指标。
5. 掌握物业项目投资分析的清偿能力指标。

能力目标

1. 学会绘制现金流量图。
2. 掌握运用复利系数及公式。
3. 掌握设备经济寿命的确定。
4. 掌握设备计提折旧的方法。
5. 学会测算物业投资项目回收期、内部收益率和净现值。

思政目标

1. 在对项目投资分析内容学习中培养学生职业操守。
2. 在对物业项目投资财务评价指标学习过程中培养学生法律意识、创新思维和职业道德。

任务引入

拥抱资本的力量：做最好的自己　做时代的企业（节选）

2019 年 10 月 18 日，蓝光嘉宝服务（2606. H K）在港交所敲响上市锣，发售价厘定 37 港元/股。正式开盘后，股价一路上涨，最终收盘价报 42. 55 港元/股，实现每股上涨 5. 55 港元，这个涨幅是近 5 年来物管企业开盘当日股价上升的峰值。从股票市盈率来分析，蓝光嘉宝服务正在快速地向头部物管企业看齐，这也充分显现出资本市场对蓝光嘉宝服务的投资价值和成长性的认可。

1. 借助 IPO 浪潮，为现代服务企业插上腾飞翅膀

资本，成为物业管理行业近几年的高频词汇，在未来也将在更多的场景和企业发展战略中出现，这是行业发展既定的大趋势。随着服务的价值被发现，资本成为推动行业发展的重要力量。当发展到相对成熟阶段，规模扩大、技术变革、人才竞争等诉求，都要求企业进一步拓宽自身的融资渠道。因此，在相对宽松的政策环境及活跃的资本市场助推下，国内领先的物业管理企业纷纷选择上市之路，在行业向现代服务业转型升级的过程中，通过上市募集资金积极探寻新的经营模式和商业模式。守着最庞大的资产、服务最广泛的人群，物业管理的万亿级红利促使行业发展持续向好，但需要更为冷静、深刻地认识到，一路走来，由于地域性发展不均衡、创新动能缺乏、先进管理经验不足、行业发展尚未规范化等因素，我们仍与国际化的先进管理水平之间存在巨大的差距，而这些痛点，在很多方面都需要依靠资本的力量来解决。2018 年以来，20 余条资本市场相关政策密集出台，以及在首届中国国际进口博览会开幕式中宣布的“将在上海证券交易所设立科创板并试点注册制”举措，都释放出政府鼓励市场化、法治化，通过资本市场更好服务实体经济的信号。

2. 资本加持，蓝光嘉宝服务的上市路径

自 2014 年彩生活叩开港股大门以来，物业管理上市企业数量逐步增加，迎来 IPO 浪潮。截至目前，国内已有 17 家上市物业管理企业借助资本红利，重塑自身价值。其中，蓝光嘉宝服务作为中国西南地区及四川省的领先物业管理服务供应商，也于 2019 年 10 月 18 日登陆港股，成为西部第一家、2019 年第 5 家上市的物管企业。2018 年 5 月 24 日正式启动 H 股上市工作，7 月 24 日从新三板摘牌，12 月 10 日取得中国证监会小路条，2019 年 2 月 28 日取得中国证监会大路条，同天向联交所递交 A1 上市申请，并于 6 月 4 日通过联交所上市聆讯，10 月 8 日召开新闻发布会及投资者大型午餐会，10 月 18 日在香港联交所成功挂牌。回顾蓝光嘉宝服务 17 个月的上市历程，每一步都走得踏实且坚定。自 2000 年成立以来，蓝光嘉宝服务以开放心态勇于变革，利用新技术、新方法充分融合互联网、物联网、信息化、数字化等技术，改造传统物业服务模式、经营模式和管理模式，并取得了阶段性成果，形成了具有科技智慧互联网平台特征的“生活家服务经营模式”，极大提升了客户服务体验感，实现了“满意 + 惊喜 + 感动”，在满足业主消费升级的同时实现了企业降本增效、增收，有效地改变了收入、利润结构，实现了有质量的高增长。截至 2019 上半年，蓝光嘉宝服务员工逾 1 万人，在管建筑面积达 6331 万 m^2，签约建筑面积 7869 万 m^2，市场化在管建筑面积占比已达 57.1%。2016 ~ 2018 年三年间，营业收入从 6.58 亿元增长至 14.64 亿元，复合年增长率高达 49.2%；净利润自 1.01 亿元增加至 2.97 亿元，复合年增长率高达 71.1%。截至 2019 年上半年，上述的市场数据和财务指标可以看出，“嘉宝模式”在大规模高速发展下得到了充分的验证，为未来规模化发展奠定了基础。(案例节选自《中国物业管理》2019 年第 11 期)

结合以上案例，请思考：

(1) 应如何理解案例中提到的“资本的力量”?

(2) 结合蓝光嘉宝服务上市成功的案例，请分析现代物业服务企业如何在庞大的资本市场中增强获利能力?

任务一　物业投资分析基础认知

物业投资即房地产投资，是指国家、企业或个人等投资主体预先将一定的资金直接或间接地投入物业的开发经营活动中，以期望获得未来的物业资产增值或收益的经济行为。物业投资可分为直接投资和间接投资。直接投资包括从购地开始的开发投资和面向建成物业的置业投资两种形式，其投资主体直接参与物业的开发或购买过程，并参与相关经营管理活动。间接投资则是投资主体将资金投入与物业相关的证券市场，不直接参与物业的经营管理活动，如购买房地产企业的债券和股票、购买房地产投资信托基金（REITs）的股份或购买房地产抵押支持证券（MBS）等。物业投资具有投资金额巨大、回收期长、投资不确定性因素多、风险较大等特点，因而需要通过物业投资分析来为投资者提供投资方向、运作方式、投资收益、投资风险等方面的建议，这就需要具备相关的物业投资分析基础知识。

一、现金流量

（一）现金流量的概念

现金流量是进行投资方案效益分析的前提，也是进行科学的投资决策的基础。在物业投资分析中，把某一项投资活动作为一个独立的系统，把一定时期各时点上实际发生的资金流出或流入称为现金流量。其中，流出系统的资金称为现金流出（Cash Output），流入系统的资金称为现金流入（Cash Income）。现金流入与现金流出之差称为净现金流量（Net Cash Flow）。当现金流入大于现金流出时，净现金流量为正，反之为负。

对于物业投资活动，物业投资项目现金流量由投资、成本、销售或出租收入、税金、利润等构成。而不同类型、特点的经济活动，现金流入和现金流出的具体表现形式会有差异。对于物业开发投资项目来说，经营方式主要有出售、出租、经营，其现金流入通常包括销售收入、出租收入、利息收入和贷款本金收入等，现金流出主要包括土地费用、建造费用、还本付息、经营费用、税金等。而对于物业置业投资项目，经营方式主要为出租与经营，因而现金流入往往没有销售收入，现金流出中也没有土地费用、建造费用等开发建设投资费用。

在确定某一项投资活动的现金流量时，应有明确的发生时点，且必须是现金发生了实际转移，产生了相应大小的现金流入或现金流出，同时站在不同的角度对现金流量的判断会有不同的结果。在物业投资分析中，需要根据特定物业投资项目，考察多种方案下的现金流量做出最优选择，以获取最好的效益。

（二）现金流量图

视频：绘制现金流量图

为了形象、简洁地进行经济效果分析，通常用简化的图示来反映投资项目在一定时期内资金运动状态，即把经济系统的现金流量绘入一个时间坐标图中，表示出各现金流入、流出与相应时间的对应关系，该图称为现金流量图（Cash Flow Diagram）。

现金流量图作图方法：①画一水平横直线段，将其分为若干个相等的时间间隔。②线段的起点标记为零，由左向右根据时间间隔依次标记时点。每一间隔代表一个时间单位，时间单位以计息周期（年、半年、季度或月等）为准，间隔个数为计息周期数。③在各时间点上，用向上的箭头线段表示现金流入，向下的箭头线段表示现金流出，箭头的长度表示现金流量的大小比例，箭头越长金额越大，反之越小。箭头末端标注现金流量的金额。如图 2-1 所示，某项目开始（第 0 期末/第 1 期初）现金流出 400 万元，第 1 年末（第 1 期末/第 2 期初）现金流入 200 万元，第 3 年末（第 3 期末/第 4 期初）现金流入 200 万元。

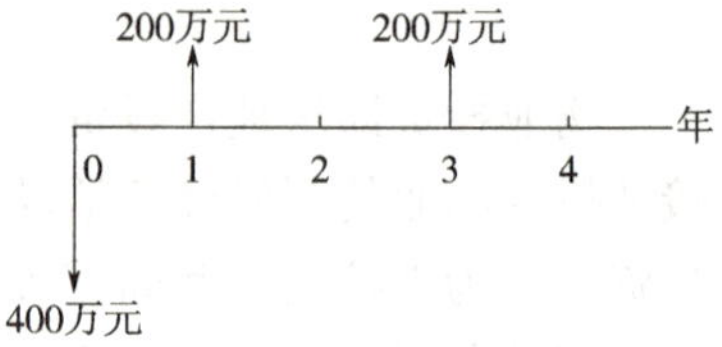

图 2-1　现金流量图

注意：1）水平横直线段为时间轴，向右延伸表示时间的延续。标度“0”通常表示当前时点，也可以表示资金运动的时间始点或某一基准时刻。时点“1”表示第 1 个计息周期的期末，同时又是第 2 个计息周期的开始，以此类推。

2）如果现金流出或流入不是发生在计息周期的期初或期末，而是发生在计息周期的期间，为了简化处理有期末惯例法、期初惯例法、期中惯例法。在一般情况下，较常采用期末惯例法，即将其代数和看成是在计算周期末一次性发生。所以为了与期末惯例法保持一致，在有关计算中出现了第 0 周期，即把初始投资作为上一周期期末，即第 0 周期期末发生的。

3）垂直时间轴的上下箭头表示不同时点现金流动的方向和大小，认真分析并确定项目的现金流入和流出，现金流入箭头向上，现金流出箭头向下。某一计息周期内的净现金流量是指该时段内现金流量的代数和。

二、资金时间价值

（一）资金时间价值的概念

在进行物业项目投资决策时，需要考虑的一个非常重要的因素就是资金的时间价值即货币的时间价值。资金的价值不仅体现在额度上，同时也体现在发生的时间上。在不同的时间付出或得到同样数额的资金在价值上是不等的，资金的价值会随时间发生变化。这就是在日常生活中，今年的 1 元钱是不等于明年的 1 元钱的。虽然，从数值上看都是 1 元钱，但可以拿着今年的 1 元钱进行投资和再投资，这样就会产生价值，如将钱存入银行会产生利息。因此，同样数额的资金在不同时间点上具有不同的价值，而不同时间发生的等额资金在价值上的差别称为资金的时间价值。

为什么资金会产生时间价值呢？一方面，从投资者的角度看，资金的时间价值是资金在生产与交换活动中给投资者带来的利润。资金随着时间的推移，其价值会增加，即资金增值。因为投资者将资金投入生产经营以后，劳动者利用劳动资料对劳动对象进行加工，生产出新的产品，在产品出售时所收到的资金数量大于最初投入的资金数量，从而实现了资金的增值。资金的投入，必须产生收益，否则资金就会流动到别的产生收益的地方。另一方面，从消费者的角度看，资金的时间价值是消费者放弃即期消费所获得的利息。因为资金一旦用于投资，就不能用于即期消费，而消费者牺牲即期消费是为了能在将来得到更多的消费，个人储蓄的动机和国家积累的目的都是如此。

(二)资金时间价值的影响因素

资金具有时间价值，因而投资者在进行项目投资决策时，为了获取更多的利益，需要考虑资金时间价值的大小，而资金时间价值的大小又受多方面的因素影响。从投资者的角度看，资金的时间价值主要受以下因素的影响。

(1) 投资额　在其他条件不变的情况下，投资的资金数量越大，资金的时间价值越大；反之，资金的时间价值就越小。比如，在同样的生产经营环境下，投入到生产经营的金额越多，可创造的产品越多，所获得的资金的增值越大。又如，将钱存入银行，在利率一定的情况下，存入的金额越大，所获得的利益也越大。

(2) 使用时间　在其他条件不变的情况下，资金使用的时间越长，则资金的时间价值就越大；资金使用时间越短，资金的时间价值就越小。相同金额的资金，由于时间越长，可进行的周转次数增多，可获得的资金增值更大。存入银行的等额资金，存两年的利息大于存一年的利息。

(3) 投资收益率　它是指单位投资所能取得的收益，也放映了投资增值的速度。在不考虑其他因素影响的情况下，进行项目投资时，投资收益率越高，资金的时间价值越大；反之，资金的时间价值就越小。银行的存款年利率可看作资金投资的收益率，当存款年利率越高，同等存储时间和金额的资金所获得的存款利息就越大。

(4) 通货膨胀因素　通货膨胀即货币供给大于货币需求，导致货币贬值。当货币贬值时即资金贬值，资金的贬值会减少资金的时间价值。而引起通货膨胀的原因有很多，比如物价上涨，其实质是资源总需求大于总供给。因此受通货膨胀的影响，投资者在进行投资决策时会产生失误。

(5) 风险因素　投资者在进行投资时，可能会受到市场风险、技术风险、财务管理风险、自然灾害、政治风险等影响，而这些风险都将影响项目所获得的利益，进而影响资金时间价值，它可能使项目遭受损失，也可能使项目获得更大的收益，这需要投资者在进行投资决策时对风险进行认真预测与把握。

三、利息与利率

在了解了资金存在时间价值后，需要知道资金时间价值的计算方法，在此之前则有必要了解利息与利率的相关知识。实际上，银行利息是一种资金时间价值的表现方式，利率是资金时间价值的一种标志。

利息（Interest）是指放弃资金的使用权应该得到的回报（如存款利息）或者是指占有资金的使用权应该付出的代价（如贷款利息）。利息可以按年、季度、月、日等周期计算，这种计算利息的时间单位称为计息周期。通常采用的时间单位是年。本书中没有特别说明时，都假定利息的计息周期为年。

利率（Interest Rate）是一个计息周期内所得到的利息额与借贷资金额（即本金）之比，一般用百分比来表示。利率的表达式为：

$$\text{计息周期内的利率}=\frac{\text{计息周期内的利息}}{\text{本金}}\times 100\%$$

从上式可以看出，利率反映了资金在一个计息周期内增值的情况。利率高低受多种因素影响，如社会平均利润率、资本供求情况、通货膨胀水平、政策性因素和国际经济环境等。利息是根据利率来计算的。下面将进一步介绍利息的两种计算方式，单利计息和复利计息，以及当利率表明的时间单位与计息周期不一致时，出现的名义利率和实际利率。

（一）单利计息和复利计息

利息的计算有单利计息和复利计息两种。

1. 单利计息

单利计息是指在计算利息时，仅考虑最初的本金，而不计入在先前利息中所累计增加的利息，即利息不再生息。其计算公式如下：

$$I_n = Pni$$

n 个计息周期后的本利和为：

$$F_n = P + I_n = P + Pni = P\ (1 + ni)$$

式中，I_n代表总的利息；P 代表原始本金；F_n代表本利和；n 代表计息周期数；i 代表计息周期内的利率。

2. 复利计息

复利计息是指在计算利息时，每期利息均按原始本金和上期的利息和来计算利息，即不仅要对本金计算利息，还要对利息计算利息，就是所谓的“利滚利”，也可看成上期产生的利息成为了下期的新增本金。其计算公式如下：

$$I_n = P[(1 + i)^n - 1]$$

n 个计息周期后的本利和为：

$$F_n = P\ (1 + i)^n$$

以上公式符号代表的含义与单利计息一致。上式的推导过程见表 2-1。

表 2-1　复利公式推导过程

计息周期 n	当期本金	当期利息	第 n 期末本利和	第 n 期末利息和
1	P	Pi	$F_1 = P + Pi = P(1+i)$	$I_1 = F_1 - P = P(1+i) - P$ $= P[(1+i) - 1]$
2	$P(1+i)$	$P(1+i)i$	$F_2 = P(1+i) + P(1+i)i$ $= P(1+i)^2$	$I_2 = F_2 - P = P(1+i)^2 - P$ $= P[(1+i)^2 - 1]$
3	$P(1+i)^2$	$P(1+i)^2 i$	$F_3 = P(1+i)^2 + P(1+i)^2 i$ $= P(1+i)^3$	$I_3 = F_3 - P = P(1+i)^3 - P$ $= P[(1+i)^3 - 1]$
⋮	⋮	⋮	⋮	⋮
n	$P(1+i)^{n-1}$	$P(1+i)^{n-1} i$	$F_n = P(1+i)^n$	$I_n = P[(1+i)^n - 1]$

在所有条件相同的情况下，一般按照复利计算的利息大于按照单利计算的利息，且时间越长，复利利息与单利利息的差别就越大。一般我国银行对储蓄存款就是按照单利计息来计算，只有本金生息，利息不再生息。在物业项目的投资分析中一般采用复利计息来计算，因为复利计息比较符合资金在社会再生产过程中运动的实际情况，本金要产生利息，利息也要产生利息。

（二）名义利率和实际利率

视频：名义利率与实际利率

在了解了计息的两种不同方式后，需要来了解一下名义利率和实际利率。从字面上理解名义利率是利率的表现形式，不一定代表着利息的真实利率，而实际利率则是实际计算利息的利率，代表着实际得到利息的真实利率。在不同情况下，其具体所代表的概念会有一定不同。比如在用于揭示是否含有通货膨胀率时，名义利率的具体概念是央行或其他资金借贷机构公布的未调整通货膨胀因素的利率；实际利率是指剔除通货膨胀率后储户或投资者得到的实际利率。而在物业项目投资分析中重点要了解的是在复利计息条件下一年多次计息时的名义利率和实际利率。

在前面的内容中假定计息周期为年，计息的时间和利率的时间单位相同，但在实际经济活动中，计息周期有年、季度、月、周、日等，此时就可能出现计算利息的时间与利率的时间单位不同。在复利计息的条件下，当利率标明的时间单位与计息周期不一致时，就出现了名义利率和实际利率的区别。

名义利率（Nominal Interest Rate）是1年内多次复利时给出的年利率，它等于每期利率与年内复利次数（计息期数）的乘积。公式为：

$$名义利率 = 周期利率 \times 每年的计息周期数$$

实际利率（Real Interest Rate）是1年内多次复利时，每年末终值比年初的增长率，也可理解为实际计算利息的利率。实际利率和名义利率之间的转换公式为：

$$i = \left(1 + \frac{r}{m}\right)^m - 1$$

式中，i 代表实际利率，r 代表名义利率，m 代表在1年中的计息周期数，r/m 则代表周期利率。上式的推导过程见表2-2。

表2-2　实际利率和名义利率转换公式推导过程

步骤	已知条件	推得
第一步	年初借款 P， 名义利率 r， 1年中计算利息 m 次， 每一计息周期利率为 r/m	一年后的本利和 F $F = P\left(1 + \frac{r}{m}\right)^m$
第二步	一年后的本利和 F， 年初借款 P	一年后的利息 I $I = F - P = P\left(1 + \frac{r}{m}\right)^m - P$
第三步	一年后的利息 I， 年初借款 P	实际利率 i $i = \frac{I}{P} = \left[P\left(1 + \frac{r}{m}\right)^m - P\right]/P = \left(1 + \frac{r}{m}\right)^m - 1$

由实际利率和名义利率之间的转换公式可以推之：

当 $m \to \infty$ 时，$i = e^r - 1$，此时为连续式复利，即按瞬时计息，计息次数无限多次。

除此外称为离散式复利（也可称为间断复利），即计息周期为一定的时间区间（如年、季、月等），此时 m 有如下情况：

当 $m = 1$ 时，$i = \left(1 + \frac{r}{m}\right)^m - 1 = r$，即实际利率与名义利率相等。

当 $m>1$ 时，$i=\left(1+\frac{r}{m}\right)^m-1>r$，即实际利率大于名义利率。

虽然资金是连续运动的，但是在实际的投资分析中，大多数时候还是采用离散式复利计息方式计算。

为了更好地理解名义利率和实际利率，下面来带入相关的数字，看看具体的名义利率和实际利率之间的关系。假如年初借款 1 万元，期限为 1 年，年利率为 12%，复利计息，计息周期分别为年、半年、季度、月，具体的名义利率与实际利率情况见表 2-3。

表 2-3 名义利率与实际利率计算情况

计息周期	一年内计息期数 m	名义利率（年利率）r	周期利率 r/m	本利和 F	实际利率 i
按年	1	12%	12%	$F=10000\times(1+12\%)^1$ $=11200$（元）	$i=(1+12\%)^1-1$ $=12\%$
按半年	2	12%	6%	$F=10000\times(1+6\%)^2$ $=11236$（元）	$i=(1+6\%)^2-1$ $=12.36\%$
按季度	4	12%	3%	$F=10000\times(1+3\%)^4$ $=11255$（元）	$i=(1+3\%)^4-1$ $=12.55\%$
按月	12	12%	1%	$F=10000\times(1+1\%)^{12}$ $=11268$（元）	$i=(1+1\%)^{12}-1$ $=12.68\%$

从上表可知，实际利率比名义利率更能反映资金的时间价值；名义利率相同的情况下，计息周期越短，实际利率与名义利率的差异就越大。

任务二 复利系数与公式

在物业项目投资分析中，为了提高方案评价和决策的科学性和可靠性，就需要考虑不同时点上现金流量的时间价值。而各个时点发生的现金流量是不能直接相加的，这时就需要进行资金的等值计算，即把不同时点上发生的现金流，通过一系列的换算，转换到同一个时点的等值资金进行比较分析。资金时间价值计算核心就是进行资金的等值计算。又由于在投资分析中，一般采用复利计息进行资金的等值计算，为了更方便快捷地进行计算，通常会直接利用复利系数表来直接获得相关数值，下面就来了解相关的复利系数与公式。

一、常用符号

P——现值。它表示资金发生在某个特定的时间序列的起始时刻的现金流量。将一个时点上的资金“从后往前”折算到某个时刻点上就是求现值，也称为折现（或贴现）。

F——终值。它表示资金发生在某个特定的时间序列的终点时刻的现金流量。将一个序列时间点上的资金“从前往后”折算到某个时刻点上的过程就称为求终值，也就是求资金的本利和。

A——年值。它表示发生在每年的等额现金流量，即连续出现在各计息周期期末的收入

或支出的等额金额。

G——每一时间间隔收入或支出的等差变化值。

s——每一时间间隔收入或支出的等比变化值。

n——计息周期数。

i——每个计息周期的利率。

二、系数与公式

（一）一次支付的现值系数和终值系数

一次支付是指在投资分析中现金流量无论是流入还是流出只发生一次，要么发生在期初（现值），要么发生在期末（终值），如图 2-2 所示。在计算资金时间价值时，可将一次支付的现值转换成终值，或者将一次支付的终值转换成现值，从而产生了一次支付终值系数和一次支付现值系数。

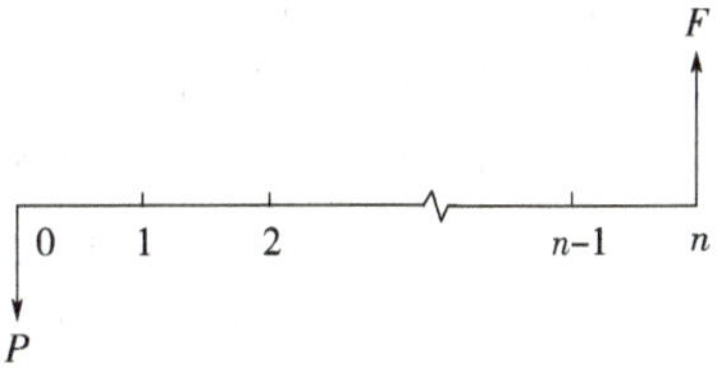

图 2-2　一次支付现金流量图

1. 一次支付终值系数

一次支付终值系数是在求一次支付终值时需要用到的，也就是求终值。即在已定的利率 i 的情况下，初期投入的资金 P 在经过 n 个计息周期后的终值（本利和）F 是多少。这可以直接利用复利本利和的计算公式，即：

$$F = P(1+i)^n$$

视频：一次支付的现值系数和终值系数

上式中 $(1+i)^n$ 称为"一次支付终值系数"，可用符号（F/P，i，n）表示，此系数可以直接根据 i、n 已知值查复利终值系数表（FVIF 表）获得。如此，上述求终值公式可以表示为：

$$F = P(F/P, i, n)$$

【例 2-1】 某物业企业向银行借款 100 万元，年利率为 10%，借期 5 年，一次还清。问第五年末一次还银行本利和是多少？

解： 已知 $P=100$ 万元，$i=10\%$，$n=5$，一次支付，求终值。

$F=P(1+i)^n=100\times(1+10\%)^5=161.05$（万元）

也可以直接通过查复利终值系数表求得，即

$F=P(F/P, i, n)=100(F/P, 10\%, 5)=100\times1.6105=161.05$（万元）

2. 一次支付现值系数

一次支付现值系数是在求一次支付现值时需要用到的，也就是求现值，也称为折现（或贴现）。即在已定的利率 i 的情况下，已知终值 F，求 n 个计息周期前的现值 P 是多少。这可以直接利用一次支付终值公式的逆运算求得，即：

$$P=\frac{F}{(1+i)^n}$$

上式中 $1/(1+i)^n$ 称为"一次支付现值系数"，可用符号（P/F，i，n）表示，此系数可以直接根据 i、n 已知值查复利现值系数表（PVIF 表）获得。如此，上述求现值公式可以表示为：

$$P = F\ (P/F,\ i,\ n)$$

【例 2-2】某物业企业对投资收益率为 10% 的项目进行投资，欲五年后得到 100 万元，现在应投资多少？

解： 已知 $F = 100$ 万元，$i = 10\%$，$n = 5$，一次支付，求现值。

$P = F/(1+i)^n = 100/(1+10\%)^5 = 62.09$（万元）

也可以直接通过查复利现值系数表求得，即

$P = F(P/F,\ i,\ n) = 100(P/F,\ 10\%,\ 5) = 100 \times 0.6209 = 62.09$（万元）

（二）等额序列支付的现值系数和资金回收系数

除了一次支付外，现金流量可能发生在多个时刻点上，即多次支付。当在多次支付时现金流量在各个时刻点等额、连续发生则称为等额序列支付，这个等额、连续发生的现金流量就是年值 A。在计算资金时间价值时，可将等额序列支付的年值转换成现值，或者将等额序列支付的现值转换成年值，从而产生了等额序列支付的现值系数和资金回收系数。其现金流量如图 2-3 所示。

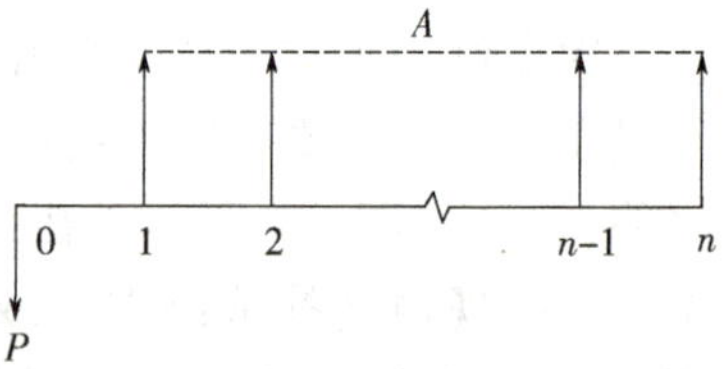

图 2-3　等额序列支付现金流量图（1）

1. 等额序列支付现值系数

求等额序列支付的现值即在已定的利率 i 的情况下，将现金流量图上的每一个计息周期期末的年值 A 转换到期初的一次性发生的现金流量是多少。可以理解为把每一个年值 A 看作是一次支付中的终值 F，用一次支付复利计算公式求现值，然后相加，即可得到所求的现值。推导公式见表 2-4。

视频：等额序列支付的现值系数和资金回收系数

表 2-4　等额序列支付现值公式推导过程

步骤	已知条件	推得
第一步	年值 A， 利率 i， 利息周期 n，	利用一次支付复利公式，将每个 A 折算成期初现值并相加 $P = \frac{A}{(1+i)^1} + \frac{A}{(1+i)^2} + \cdots + \frac{A}{(1+i)^n}$
第二步	已得第一步公式	在第一步推得的公式左右两边分别乘以 $(1+i)$ $(1+i)P = A + \frac{A}{(1+i)^1} + \cdots + \frac{A}{(1+i)^{n-1}}$
第三步	已得第二步公式	将第二步公式减去第一步公式 $iP = A - \frac{A}{(1+i)^n}$
第四步	已得第三步公式	将第三步公式进一步化简变形 $P = \frac{A}{i}\left[1 - \frac{1}{(1+i)^n}\right] = A\left[\frac{(1+i)^n - 1}{i(1+i)^n}\right]$

综上，可得等额序列支付现值公式为：

$$P = \frac{A}{i}\left[1 - \frac{1}{(1+i)^n}\right] = A\left[\frac{(1+i)^n - 1}{i(1+i)^n}\right]$$

上式中 $\frac{(1+i)^n - 1}{i(1+i)^n}$ 称为“等额序列支付现值系数”，可用符号（$P/A,\ i,\ n$）表示，

此系数可以直接根据 i、n 已知值查年金现值系数表（PVIFA 表）获得。如此，上述求现值公式可以表示为：

$$P = A\ (P/A,\ i,\ n)$$

【例 2-3】 某物业企业投资某项目可每年获净收益 10 万元，利率为 10%，问初始投资为多少时企业可在 5 年内收回？

解： 已知 $A = 10$ 万元，$i = 10\%$，$n = 5$，求现值。

$$P = A\left[\frac{(1+i)^n - 1}{i(1+i)^n}\right] = 10 \times \left[\frac{(1+10\%)^5 - 1}{10\% \times (1+10\%)^5}\right] = 37.91(\text{万元})$$

也可以直接通过查年金现值系数表求得，即

$$P = A(P/A,\ i,\ n) = 10(P/A,\ 10\%,\ 5) = 10 \times 3.7908 = 37.91(\text{万元})$$

2. 等额序列支付资金回收系数

等额序列支付资金回收是指期初一次性发生 1 笔资金，用每个计息期等额、连续发生的年值来回收，所需要的等额年值是多少。即在已定的利率 i 的情况下，已知现值 P，求 n 个计息周期的年值 A 是多少。这可以直接利用等额序列支付现值公式的逆运算求得，即：

$$A = P\left[\frac{i(1+i)^n}{(1+i)^n - 1}\right] = Pi + \frac{Pi}{(1+i)^n - 1}$$

上式中 $\frac{i(1+i)^n}{(1+i)^n - 1}$ 称为“等额序列支付资金回收系数”，可用符号（A/P，i，n）表示。在已知 i，n 的情况下也可直接查表获得，其实质为等额序列支付现值系数的倒数。如此，上述公式可以表示为：

$$A = P\ (A/P,\ i,\ n)$$

【例 2-4】 某物业项目需一次投资 300 万元，年利率 8%，分 5 年每年年末等额回收，问每年至少回收多少才能收回全部投资？

解： 已知 $P = 300$ 万元，$i = 8\%$，$n = 5$，求年值。

$$A = P\left[\frac{i(1+i)^n}{(1+i)^n - 1}\right] = 300 \times \left[\frac{8\% \times (1+8\%)^5}{(1+8\%)^5 - 1}\right] = 75.14(\text{万元})$$

视频：等额序列支付的终值系数和储存基金系数

(三) 等额序列支付的终值系数和储存基金系数

在计算资金时间价值时，可将等额序列支付的年值转换成终值，或者将等额序列支付的终值转换成年值，从而产生了等额序列支付的终值系数和储存基金系数。其现金流量如图 2-4 所示。

1. 等额序列支付终值系数

等额支付终值是指现金流量等额、连续发生在各个时刻点上，在考虑资金时间价值情况下，各个时刻点的等额资金全部折算到期末，需要多少资金来与之等值。可以理解为把每一个年值 A 看作是一次支付中的现值 P，用一次支付复利计算公式求终值，然后相加，即可得到所求的终值。推导公式见表 2-5。

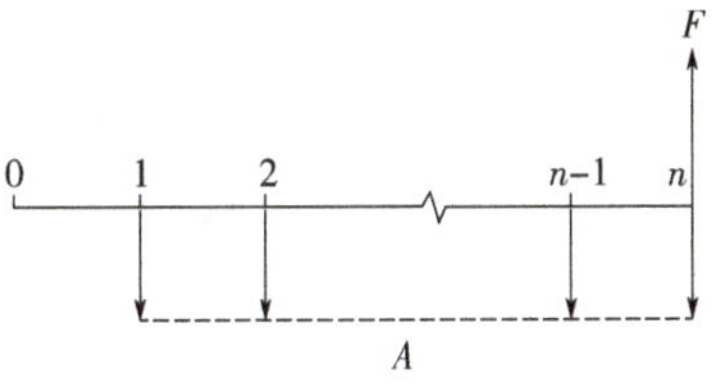

图 2-4　等额序列支付现金流量图（2）

表 2-5 等额序列支付终值公式推导过程

步骤	已知条件	推得
第一步	年值 A, 利率 i, 利息周期 n	利用一次支付复利公式，将每个 A 折算成期末终值并相加 $F = A(1+i)^{n-1} + A(1+i)^{n-2} + \cdots + A$
第二步	已得第一步公式	在第一步推得的公式左右两边分别乘以 $(1+i)$ $(1+i)F = A(1+i)^{n} + A(1+i)^{n-1} + \cdots + A(1+i)$
第三步	已得第二步公式	将第二步公式减去第一步公式 $iF = A(1+i)^{n} - A$
第四步	已得第三步公式	将第三步公式进一步化简变形 $F = A\left[\frac{(1+i)^{n}-1}{i}\right]$

综上，可得等额序列支付终值公式为：

$$F = A\left[\frac{(1+i)^{n}-1}{i}\right]$$

当然上式也可以直接利用前面已经推得的 P 和 A、P 和 F 的关系，直接推导出 F 和 A 之间的关系，这里就不再做相关推导。

上式中 $\frac{(1+i)^{n}-1}{i}$ 称为“等额序列支付终值系数”，可用符号（F/A，i，n）表示，此系数可以直接根据 i、n 已知值查年金终值系数表（FVIFA 表）获得。如此，上述求终值公式可以表示为：

$$F = A(F/A,i,n)$$

【例 2-5】 某物业企业连续 3 年，每年向银行存款 100 万元，年利率 3%，复利计息，问 3 年后该企业有多少资金可用？

解： 已知 $A=100$ 万元，$i=3\%$，$n=3$，求终值。

$F=A\left[\frac{(1+i)^{n}-1}{i}\right]=100\times\left[\frac{(1+3\%)^{3}-1}{3\%}\right]=309.09$（万元）

也可以直接通过查年金终值系数表求得，即

$F=A(F/A，i，n)=100(F/A，3\%，3)=100\times3.0909=309.09$（万元）

2. 等额序列储存基金系数

等额序列储存基金（等额支付偿债基金）是指期末一次性一笔现金流终值，需要用每个时刻点上等额、连续发生的现金流量来等值，所需要的等额年值是多少。即在已定的利率 i 的情况下，已知终值 F，求 n 个计息周期的年值 A 是多少。这可以直接利用等额序列支付终值公式的逆运算求得，即：

$$A=F\left[\frac{i}{(1+i)^{n}-1}\right]$$

上式中 $\frac{i}{(1+i)^{n}-1}$ 称为“等额序列储存基金系数”，可用符号（A/F，i，n）表示。

在已知 i、n 的情况下也可直接查表获得，其实质为等额序列支付终值系数的倒数。如此，上述公式可以表示为：

$$A=F\ (A/F,\ i,\ n)$$

【例 2-6】某物业公司 5 年后需一次性还一笔 100 万元的借款，现打算每年向银行等额存入一笔钱供 5 年后还款，存款年利率 3%，复利计息，那么从现在起该公司每年需等额存入银行多少钱？

解：已知 $F=100$ 万元，$i=3\%$，$n=5$，求年值。

$$A=F\left[\frac{i}{(1+i)^n-1}\right]=100\times\left[\frac{3\%}{(1+3\%)^5-1}\right]=18.84\ (万元)$$

（四）等差序列的现值系数和年费用系数

多次支付时会有多次不等额支付的情况发生，即现金流量连续发生在多个时刻点上，但各个时刻点发生的现金流量不完全相等。首先来了解每个计息期发生的现金流量成等差的情况，也就是现金流量序列的收入或支出每年以相同的数量增加或减少。其现金流量如图 2-5 所示。

视频：等差序列的现值系数和年费用系数

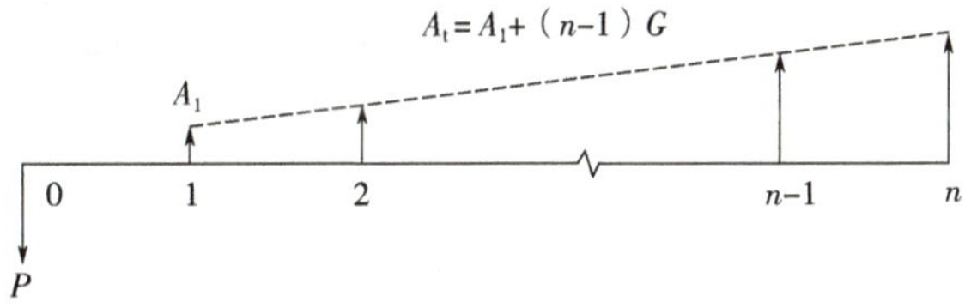

图 2-5　等差序列支付现金流量图

1. 等差序列现值系数

等差序列是指各期发生的现金流量成等差序列。如果以 G 表示现金流量的各期等差变化值，那么当第一个计息周期的现金流量为 A_1 时，则第二个计息周期的现金流量为 A_1+G，依次可知第 n 个计息周期的现金流量为 $A_1+(n-1)G$。求等差序列现值则可将每个计息期末的现金流量全部折算到期初的一次性现金流量。推导公式见表 2-6。

表 2-6　等差序列现值公式推导过程

步骤	已知条件	推得
第一步	第一个计息周期现金流量 A_1， 现金流量的各期等差变化值 G， 利率 i， 利息周期 n	利用一次支付复利公式，将每个计息期末现金流量折算成期初现值并相加 $P=\frac{A_1}{(1+i)^1}+\frac{A_1+G}{(1+i)^2}+\cdots+\frac{A_1+(n-1)G}{(1+i)^n}$
第二步	已得第一步公式	将第一步推得的公式化简 $P=\frac{A_1}{(1+i)^1}+\frac{A_1}{(1+i)^2}+\cdots+\frac{A_1}{(1+i)^n}+\frac{G}{(1+i)^2}+\frac{2G}{(1+i)^3}\cdots+\frac{(n-1)G}{(1+i)^n}$

（续）

步骤	已知条件	推得
第三步	令 $P=P_1+P_2$ 其中 $P_1=\frac{A_1}{(1+i)^1}+\frac{A_1}{(1+i)^2}+\cdots+\frac{A_1}{(1+i)^n}$ $P_2=\frac{G}{(1+i)^2}+\frac{2G}{(1+i)^3}\cdots+\frac{(n-1)G}{(1+i)^n}$	分别求 P_1 和 P_2 $P_1=A_1\left[\frac{(1+i)^n-1}{i(1+i)^n}\right]$ $P_2=\frac{G}{(1+i)^2}+\frac{2G}{(1+i)^3}\cdots+\frac{(n-1)G}{(1+i)^n}$
第四步	已得 P_1，求 P_2	将 P_2 左右两边分别乘以（$1+i$） $(1+i)P_2=\frac{G}{(1+i)^1}+\frac{2G}{(1+i)^2}+\cdots+\frac{(n-1)G}{(1+i)^{n-1}}$
第五步	已得第四步公式	将第四步公式 P_2 减去第三步 P_2 公式 $iP_2=\frac{G}{(1+i)^1}+\frac{G}{(1+i)^2}+\cdots+\frac{G}{(1+i)^{n-1}}-\frac{(n-1)G}{(1+i)^n}$ $=\frac{G}{(1+i)^1}+\frac{G}{(1+i)^2}+\cdots+\frac{G}{(1+i)^{n-1}}+\frac{G}{(1+i)^n}-$ $\frac{G}{(1+i)^n}-\frac{(n-1)G}{(1+i)^n}=G\left[\frac{(1+i)^n-1}{i(1+i)^n}\right]-G\frac{n}{(1+i)^n}$
第六步	已得第五步公式	将第五步公式进一步化简变形 $P_2=\frac{G}{i}\left[\frac{(1+i)^n-1}{i(1+i)^n}-\frac{n}{(1+i)^n}\right]$
第七步	已得 P_1 和 P_2 公式	$P=A_1\left[\frac{(1+i)^n-1}{i(1+i)^n}\right]+\frac{G}{i}\left[\frac{(1+i)^n-1}{i(1+i)^n}-\frac{n}{(1+i)^n}\right]$

综上，可得等差序列现值公式为：

$$P=A_1\left[\frac{(1+i)^n-1}{i(1+i)^n}\right]+\frac{G}{i}\left[\frac{(1+i)^n-1}{i(1+i)^n}-\frac{n}{(1+i)^n}\right]$$

上式中 $\frac{1}{i}\left[\frac{(1+i)^n-1}{i(1+i)^n}-\frac{n}{(1+i)^n}\right]$ 称为“等差序列现值系数”，可用符号（P/G，i，n）表示。

【例 2-7】 某物业公司购买了一设备售价 50000 元，可使用 10 年，不计算残值。据估算第一年维修费为 1000 元，以后每年按 300 元递增，$i=10\%$，求该设备所耗费的全部费用的现值。

解： 已知$P_1=50000$ 元，$G=300$ 元，$A_1=1000$，$i=10\%$，$n=10$，求现值。

$$P=P_1+P_2=50000+A_1\left[\frac{(1+i)^n-1}{i(1+i)^n}\right]+\frac{G}{i}\left[\frac{(1+i)^n-1}{i(1+i)^n}-\frac{n}{(1+i)^n}\right]$$
$$=50000+1000(P/A, 10\%, 10)+300(P/G, 10\%, 10)$$
$$=50000+1000\times6.1446+300\times22.8913$$
$$=63011.99(元)$$

2. 等差序列年费用系数

若要将等差现金流量序列换算成等额支付系列，则产生了等差序列年费用公式。具体推导公式见表 2-7。

表 2-7　等差序列年费用公式推导过程

步骤	已知条件	推得
第一步	已知等额序列现值公式， 已知等差序列现值公式	$P=A\left[\frac{(1+i)^n-1}{i(1+i)^n}\right]$ $P=A_1\left[\frac{(1+i)^n-1}{i(1+i)^n}\right]+\frac{G}{i}\left[\frac{(1+i)^n-1}{i(1+i)^n}-\frac{n}{(1+i)^n}\right]$
第二步	等额序列现值公式代入等差序列现值公式	$A\left[\frac{(1+i)^n-1}{i(1+i)^n}\right]$ $=A_1\left[\frac{(1+i)^n-1}{i(1+i)^n}\right]+\frac{G}{i}\left[\frac{(1+i)^n-1}{i(1+i)^n}-\frac{n}{(1+i)^n}\right]$
第三步	第二步公式两边同时乘以 $\left[\frac{i(1+i)^n}{(1+i)^n-1}\right]$	$A=A_1+G\left[\frac{1}{i}-\frac{n}{(1+i)^n-1}\right]$

综上，可得等差序列年费用公式为：

$$A=A_1+G\left[\frac{1}{i}-\frac{n}{(1+i)^n-1}\right]$$

上式中 $\left[\frac{1}{i}-\frac{n}{(1+i)^n-1}\right]$ 称为“等差序列年费用系数”，可用符号（A/G，i，n）表示。

【例 2-8】 某物业公司第一年获得租金收入 100 万元，随着市场的发展预计在未来的 5 年内租金收入将逐年增加 10 万元，年利率 10%，那么 5 年内该公司平均每年获得租金多少？

解： 已知 $A_1=100$ 万元，$G=10$ 万元，$i=10\%$，$n=5$，求年值。

$$A=A_1+G\left[\frac{1}{i}-\frac{n}{(1+i)^n-1}\right]=A_1+G\ (A/G,\ 10,\ 5)=100+10\times1.8101=118.10\ (\text{万元})$$

(五) 等比序列的现值系数和年费用系数

下面来了解每个计息期发生的现金流量成等比的情况，也就是现金流量序列的收入或支出每年以一个固定的比例增加或减少。其现金流量如图 2-6 所示。

视频：等比序列的现值系数和年费用系数

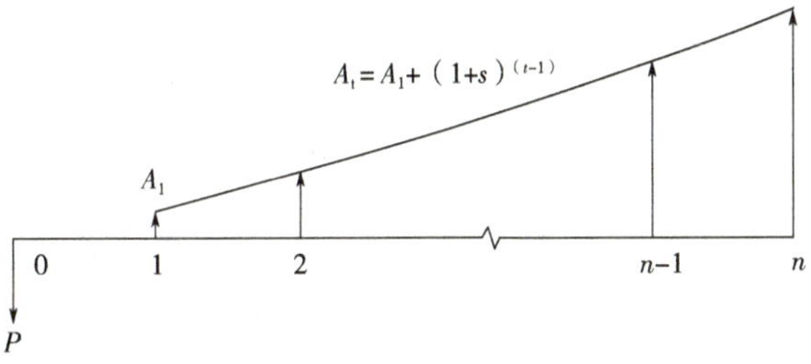

图 2-6　等比序列支付现金流量图

1. 等比序列现值系数

等比序列是指各期发生的现金流量成等比序列。如果以 s 表示现金流量的各期变化的百分率，那么当第一个计息周期的现金流量为 A_1 时，则第二个计息周期的现金流量为 $A_1(1+s)$，

依次可知第 n 个计息周期的现金流量为$A_1(1+s)^{n-1}$。求等比序列现值则可将每个计息期末的现金流量全部折算到期初的一次性现金流量。推导公式见表2-8。

表 2-8　等比序列现值公式推导过程

步骤	已知条件	推得
第一步	第一个计息周期现金流量 A_1， 现金流量的各期变化百分率 s， 利率 i， 利息周期 n	利用一次支付复利公式，将每个计息期末现金流量折算成期初现值并相加 $P=\frac{A_1}{(1+i)^1}+\frac{A_1(1+s)}{(1+i)^2}+\cdots+\frac{A_1(1+s)^{n-1}}{(1+i)^n}$
第二步	已得第一步公式	将第一步推得的公式化简 $P=\frac{A_1}{(1+i)}\left[1+\frac{1+s}{1+i}+\frac{(1+i)^2}{(1+i)^2}+\cdots+\frac{(1+s)^{n-1}}{(1+i)^{n-1}}\right]$
第三步	设 $x=\frac{1+s}{1+i}$	则： $P=\frac{A_1}{(1+i)}[1+x+x^2+\cdots+x^{n-1}]$
第四步	已得第三步公式	利用等比数列求和公式可得： $P=\begin{cases}\frac{A_1}{i-s}\left[1-\left(\frac{1+s}{1+i}\right)^n\right] & (i\neq s)\\ \frac{nA_1}{1+i} & (i=s)\end{cases}$

综上，可得等比序列现值公式为：

$$P=\begin{cases}\frac{A_1}{i-s}\left[1-\left(\frac{1+s}{1+i}\right)^n\right] & (i\neq s)\\ \frac{nA_1}{1+i} & (i=s)\end{cases}$$

上式中 $\frac{1}{i-s}\left[1-\left(\frac{1+s}{1+i}\right)^n\right]$ 称为“等比序列现值系数”。

2. 等比序列年费用系数

若要将等比现金流量序列换算成等额支付系列，则产生了等比序列年费用公式。具体推导过程类似等差序列年费用推导过程，即得公式：

$$A=A_1\frac{i}{i-s}\left[1-\frac{(1+s)^n-1}{(1+i)^n-1}\right]$$

上式中 $\frac{i}{i-s}\left[1-\frac{(1+s)^n-1}{(1+i)^n-1}\right]$ 称为“等比序列年费用系数”。

【例 2-9】 现有一套住房年租金为 12000 元，今后 5 年内每年租金增加 6%，年利率 10%，那么如果想租 5 年这套住房，现在需要准备多少钱？平均每年租金为多少？

解： 已知$A_1=12000$ 元，$s=6\%$，$i=10\%$，$n=5$，求现值和年值。

$$P=\frac{A_1}{i-s}\left[1-\left(\frac{1+s}{1+i}\right)^n\right]=\frac{12000}{10\%-6\%}\times\left[1-\left(\frac{1+6\%}{1+10\%}\right)^5\right]=50760\text{（元）}$$

$$A=A_1\frac{i}{i-s}\left[1-\frac{(1+s)^n-1}{(1+i)^n-1}\right]=12000\times\frac{10\%}{10\%-6\%}\left[1-\frac{(1+6\%)^5-1}{(1+10\%)^5-1}\right]=13381\text{（元）}$$

三、综合应用

【例 2-10】 某物业企业准备投资某商业物业，预计持有期 10 年，在持有期内预估每年净运营收益均能达到 50 万元，10 年后售出，预计第 10 年末净转售收入为 1000 万元，如果折现率为 10%，求该商业物业投资项目的收益现值。

解： 已知 $A=50$ 万元，$i=10\%$，$n=10$，$F_{10}=1000$ 万元，则该商业物业项目收益现值

$$P=A(P/A,\ i,\ n)+F_{10}(P/F,\ i,\ n)=\frac{A}{i}\left[1-\frac{1}{(1+i)^n}\right]+\frac{F_{10}}{(1+i)^{10}}$$

$$=\frac{50}{10\%}\times\left[1-\frac{1}{(1+10\%)^{10}}\right]+\frac{1000}{(1+10\%)^{10}}=692.73(\text{万元})$$

【例 2-11】 某物业企业购买了一台设备，购买成本为 20000 元，估计能使用 15 年，15 年末的残值为 1000 元，运行费用固定为每年 1000 元，此外每使用 5 年后必须大修一次，大修费用每次 2000 元，设年利率为 10%，试求设备的等值年费用。

解： 已知 $A_1=1000$ 元，$P=20000$ 元，$F_5=2000$ 元，$F_{10}=2000$ 元，$F_{15}=1000$ 元，$i=10\%$，$n_1=15$，$n_2=5$，$n_3=10$，则该设备的等值年费用

$$A=A_1+[P+F_5(P/F,\ i,\ n_2)+F_{10}(P/F,\ i,\ n_3)](A/P,\ i,\ n_1)-F_{15}(A/F,\ i,\ n_1)$$

$$=1000+[20000+2000(P/F,\ 10\%,\ 5)+2000(P/F,\ 10\%,\ 10)](A/P,\ 10\%,\ 15)-1000(A/F,\ 10\%,\ 15)$$

$$=1000+(20000+1241.8+771)\times0.1315-1000\times0.0315$$

$$=1000+2894.68-31.5=3863.18(\text{元})$$

【例 2-12】 某物业企业急需仓库，若租用某仓库 10 年，第一年年租金为 30000 元，之后每年租金上涨 5%。若买下该仓库，需一次支付 30 万元，但 10 年后估计仍可以 30 万元的价格售出，按折现率 10% 计算，若该物业企业只使用仓库 10 年，是租合算，还是买合算？

解： 已知 $A_1=30000$ 元，$P_1=30$ 万元，$F=30$ 万元，$s=5\%$，$i=10\%$，$n=10$

若租用，10 年内全部租金的现值

$$P=\frac{A_1}{i-s}\left[1-\left(\frac{1+s}{1+i}\right)^n\right]=\frac{30000}{10\%-5\%}\times\left[1-\left(\frac{1+5\%}{1+10\%}\right)^{10}\right]=223194.36\ (\text{元})$$

若购买，10 年后售出全部费用的现值

$$P=P_1-F\ (P/F,\ i,\ n)=300000-300000\times0.3855=184350\ (\text{元})$$

综上购买该仓库合算。

【例 2-13】 某物业投资者想通过商业用房抵押贷款的方式购买一处写字楼单元，面积为 $800m^2$，单价为 10000 元/m^2。银行可为其提供 10 年期的商业用房抵押贷款，抵押贷款额度为商业用房销售价格的 60%。该贷款的年利率为 6%，按月等额还本付息。预期该写字楼物业每年升值 2%，投资者在第六年年初可按升值价将该物业转售，则其在转售收入中需要偿还的贷款本金是多少？投资者剩余的物业权益价值是多少？

解： 已知 $n_1=10\times12=120$（月），$n_2=5\times12=60$（月），$i=6\%\div12=0.5\%$，则

写字楼售价 $P_1=800\times10000=800$（万元）

抵押贷款额度 $P_2=800\times60\%=480$（万元）

投资者等额月还本付息 $A=P_2(A/P,\ 0.5\%,\ 120)=P_2\left[\frac{i(1+i)^{n_1}}{(1+i)^{n_1}-1}\right]=P_2 i+\frac{P_2 i}{(1+i)^{n_1}-1}=$ $480\times0.5\%+\frac{480\times0.5\%}{(1+0.5\%)^{120}-1}=5.3290$（万元）

第六年初写字楼物业的价值 $F_1=P_1(F/P,\ 2\%,\ 5)=800\times(1+2\%)^5=883.26$（万元）

则第六年初投资者可获得的转售收入 $P_3=883.26$（万元）

那么第六年初尚未偿还的贷款本金数额 $P_4=A(P/A,\ 0.5\%,\ n_1-n_2)=\frac{A}{i}\left[1-\frac{1}{(1+i)^{n_1-n_2}}\right]=\frac{5.3290}{0.5\%}\times\left[1-\frac{1}{(1+0.5\%)^{120-60}}\right]=275.65$（万元）

投资者在第六年初转售后剩余的物业权益价值 $P_5=P_4-P_3=883.26-275.65=607.61$（万元）

任务三　设备更新的经济分析

建筑物和相关配套设施设备在使用中会发生磨损，导致物业空间服务质量降低、收益能力下降，设施设备的运行效率下降，运行成本上升等。如果不及时对建筑物及配套设施设备进行大修，对设备进行升级换代或者更新，将严重影响物业整体服务质量，降低市场竞争力，甚至导致物业资产的贬值。因此，在物业经营管理中需要掌握建筑物和配套设施设备更新中的经济分析方法，做出相应的更新投资决策。

一、设备更新的原因与特点

建筑物具有更长的寿命，如公寓、酒店的经济寿命可达 40 年，工业厂房、普通住宅、写字楼经济寿命可达 45 年，银行、零售商业的经济寿命可达 50 年，而附属于建筑物上的配套设施设备的寿命往往很难达到这么长的年限，因此在物业资产使用过程中，需要对设施设备进行更新的决策分析。

设备更新的原因是设备的磨损，设备磨损是设备使用（或闲置）过程中发生的损耗，通常将磨损分为有形磨损、无形磨损和综合磨损。

1. 设备的有形磨损

设备在使用（或闲置）过程中发生的实体磨损或损失，称为有形磨损或物质磨损。设备的有形磨损分为第一类有形磨损和第二类有形磨损。

第一类有形磨损是指设备在使用过程中，由于外力的作用使零部件发生摩擦、振动和疲劳等现象，导致设备的实体发生磨损。它通常表现为机器设备零部件的原始尺寸改变，甚至形状也发生变化，公差配合性质改变，精度降低，零部件损坏。第一类有形磨损一般可分三个阶段，如图 2-7 所示：第一阶段是新设备磨损较强的“初期磨损”阶段；第二阶段是磨损量较小的“正常磨损”阶段；第三阶段是磨损量增长较快的“剧烈磨损”阶段。例如电梯绞合齿轮，初期磨损是由于安装不良、人员培训不当等造成的。正常磨损是设备处在正常工作状态下发生的，它与设备开动的时间长短及负荷强度大小有关，当然也与设备的安装牢固程度有关。剧烈磨损则是正常工作条件被破坏或使用时间过长的结果。

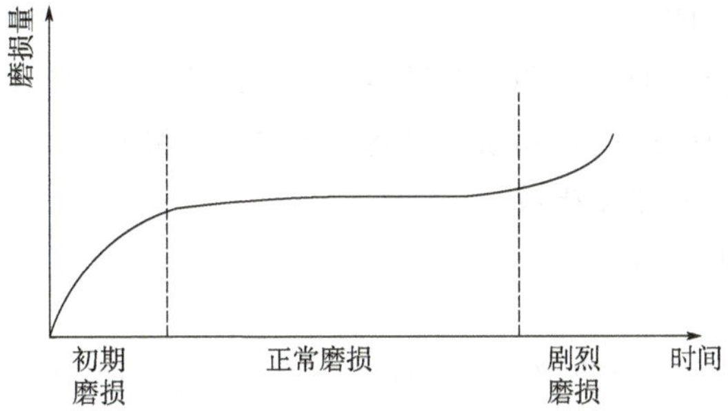

图 2-7 设备第一类有形磨损曲线

第二类有形磨损是指设备在闲置过程中，由于自然力的作用而使其丧失了工作精度和使用价值。设备闲置或封存也同样产生有形磨损，这是由于机器生锈、金属腐蚀、橡胶和塑料老化等原因造成，时间长了会丧失精度和工作能力。

在物业资产管理中，对于有形磨损的度量最方便的是用修理费用作指标，从价值上来度量有形磨损程度。可用如下公式进行计算：

$$\alpha_p = \frac{R}{K_1}$$

式中 α_p——设备的平均磨损程度；

R——恢复全部磨损零件（包括装拆）所需的修理费；

K_1——在确定机械设备磨损时，该种设备再生产（或再购）的价值。

α_p 应小于1，若 $\alpha_p \geqslant 1$，则此设备已无修理的必要，可用买新换旧的方法来解决问题了。

2. 设备的无形磨损

设备的无形磨损是指由于科学技术进步而不断出现性能更加完善、生产效率更高的设备，使原有设备的价值降低，或者是生产同样结构设备的价值不断降低而使原有设备贬值，也称经济磨损或精神磨损。无形磨损也分为第一类无形磨损和第二类无形磨损。

第一类无形磨损是指由于相同结构设备再生产价值的降低而产生原有设备价值的贬低。这类磨损不改变设备的结构性能，但由于技术的进步，工艺的改善，成本的降低，劳动生产率不断提高，使生产这种设备的劳动耗费相应降低，而使原有设备贬值，但设备的使用价值并未降低，设备的功能并未改变，不存在提前更换设备的问题。

第二类无形磨损是指由于不断出现技术上更加完善，经济上更加合理的设备，使原设备显得陈旧落后，因此产生经济磨损。这类磨损的出现，不仅使原设备的价值相对贬值，而且使用价值也受到严重的冲击，如果继续使用原设备，会相对降低经济效益，这就需要用技术更先进的设备来代替原有设备，但是否更换，取决于是否有更新的设备，及原设备贬值的程度。

在物业资产管理中，对于无形磨损的度量可用设备的价值降低系数 α_I 来估计：

$$\alpha_I = \frac{K_0 - K_1}{K_0}$$

式中 K_0——设备的原始价值（购置价格）；

K_1——考虑无形磨损时，设备的再生产（再购）价值。

$$K_1 = K_n \left(\frac{q_0}{q_n}\right)^{\mu} \left(\frac{C_n}{C_0}\right)^{\beta}$$

式中　K_n——设备的价值；

q_0、q_n——使用相应的旧设备和新型设备时的生产率（件/单位时间）；

C_0、C_n——使用相应的旧设备和新型设备时的单位产品耗费（元/件）；

μ——劳动生产率提高指数；

β——成本降低指数。

3. 设备的综合磨损

设备在购置安装后，不论使用与否，同时存在着有形磨损和无形磨损，两者都使它的价值降低。因为以上各式计算出的磨损程度都是一些百分数，所以设备有形磨损后的残余价值系数为 $1-\alpha_p$；设备无形磨损后的残余价值系数为 $1-\alpha_I$。

考虑到两类磨损后，设备的残余价值系数为 $(1-\alpha_p)(1-\alpha_I)$，因此，设备在某个时刻的综合磨损程度为：

$$\alpha = 1-(1-\alpha_p)(1-\alpha_I)$$

设 K 为设备的残值，也就是在经历有形磨损和无形磨损后的残余价值，这是决定设备是否值得修理的重要依据。

$$K=(1-\alpha)K_0$$

上述公式经过化简后，可得到：

$$K=K_1-R$$

即设备残值等于再生产的价值减去修理费用。

当 $K_1>R$ 时，$K>0$，设备还有价值。

当 $K_1=R$ 时，$K=0$，设备已无价值。

当 $K_1<R$ 时，$K<0$，设备不再具有修理的意义。

4. 设备磨损的补偿

设备磨损的补偿是为了恢复或提高设备系统组成单元的功能。一些有形磨损是可消除的，例如零部件的弹性变形，可以在拆卸后进行校正；在使用中逐渐丧失的硬度，可用热处理的办法恢复它；表面光洁度的丧失，可以重新加工等。但有些有形磨损则不能消除，例如零件断裂、材料老化等。而对无形磨损的补偿，只有在采取措施改善设备技术性能，提高其生产工艺的先进性等后才能实现。这样，在物业经营管理中就有了针对不同磨损程度的设备组成单元的补偿对策：对于可消除的有形磨损，通过修理来恢复其功能；对于不可消除的有形磨损，修理已无意义，必须更新才能进行补偿；对于第二种无形磨损，因为它是由于科学技术进步产生了相同功能的新型设备所致，要全部或部分补偿这种差距，只有对原设备进行技术改造，即现代化改装或技术更新，如图 2-8 所示。

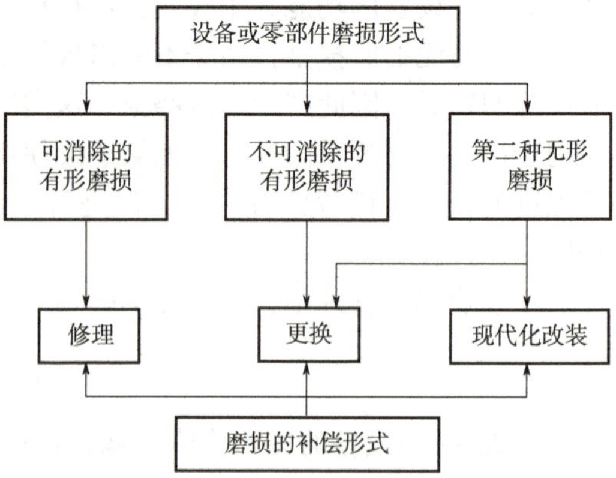

图 2-8　设备磨损的补偿方式

二、设备经济寿命的确定

设备的寿命包含了自然寿命、技术寿命和经济寿命。自然寿命也称物质寿命，是由有形磨损所决定的设备的使用寿命，是指一台设备从全新状态开始使用，产生有形磨损，造成设备逐渐老化、损坏、直至报废所经历的全部时间。技术寿命又称有效寿命，是指设备在市场上维持其价值的时间。即设备从开始使用到因技术落后而被淘汰所延续的时间。设备的技术寿命即从技术角度分析设备的最合理使用期限，它主要由设备的无形磨损决定，与技术进步的速度有关。经济寿命是指从设备安置投入使用开始，到因继续使用在经济上已不合理而被更新所经历的时间。一般是指由设备开始使用到其年平均使用成本最低年份的延续时间长短。设备的经济寿命即从经济角度分析设备最合理的使用期限，它与设备的有形磨损和无形磨损有关，因此设备更新的中心内容是确定设备的经济寿命。对于设备经济寿命的确定需要遵循如下原则：

1）设备经济寿命的确定应站在咨询者的立场分析问题，而不是站在资产所有者的立场上考虑问题。咨询者并不拥有任何资产，故若要保留原资产，首先要付出相当于旧资产当前市场价值的现金，才能取得旧资产的使用权，这是设备经济寿命确定的重要原则。

2）设备经济寿命的确定只考虑未来发生的现金流量。这是设备经济寿命确定的又一个重要原则，是在分析中只考虑今后所发生的现金流量，对以前发生的现金流量及沉入成本，因为它们都属于不可恢复的费用，与更新决策无关，故不需再参与经济寿命的计算。

3）设备经济寿命的确定只比较设备的费用。这是因为通常在比较设备更新方案时，假定设备产生的收益是相同的，因此只对它们的费用进行比较。

4）设备经济寿命的确定以费用年值法为主。由于不同设备方案的服务寿命不同，因此通常都采用年值法进行比较。新设备往往具有较高的购置费和较低的运营成本，而要更新的旧设备往往具有较低的重置费和较高的运营费。

（一）利用静态法计算设备经济寿命

在不考虑资金时间价值的情况下，设备的年等额总成本用如下公式计算：

$$AC_n = \frac{TC_n}{n} = \frac{P - L_n}{n} + \frac{1}{n}\sum_{j=1}^{n} C_j$$

式中 AC_n——n 年内设备的年平均使用成本；

P——设备购置费；

C_j——第 j 年的运营成本；

L_n——第 n 年末的残值；

n——使用年限。

$\frac{P - L_n}{n}$代表设备的年等额资产恢复成本；$\frac{1}{n}\sum_{j=1}^{n} C_j$ 代表设备的年等额运营成本（图 2-9）。在所有的设备使用期限中，能

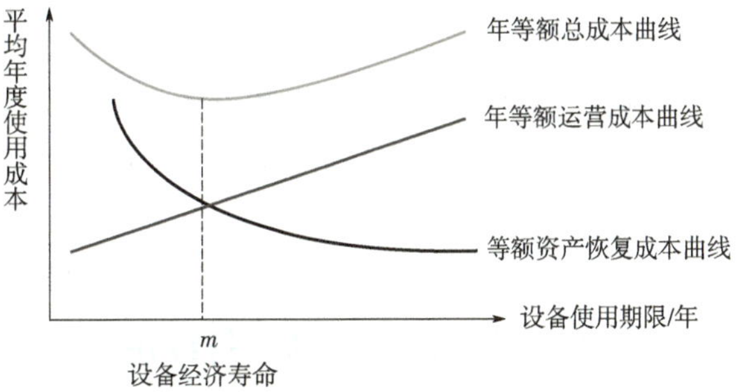

图 2-9 设备的经济寿命示意图

使设备年等额总成本 AC_n 最低的那个使用期限，就是设备的经济寿命。

例如，某物业企业一种新型保洁设备购置费为 6 万元，如果不考虑资金的时间价值，年度使用费及估计残值见表 2-9，试确定其经济寿命。

表 2-9　某新型保洁设备年度使用费及估计残值

年度	1	2	3	4	5	6	7
年度使用费/元	10000	12000	14000	18000	23000	28000	34000
年末估计残值/元	30000	15000	7500	3750	2000	2000	2000

结合公式：$AC_n = \frac{TC_n}{n} = \frac{P - L_n}{n} + \frac{1}{n}\sum_{j=1}^{n} C_j$

第 1 年度，该设备的平均年度使用成本 $AC_1 = 40000$ 元。

第 2 年度，该设备的平均年度使用成本 $AC_2 = 33500$ 元。

由此类推，第 3 年度至第 7 年度该设备的平均年度使用成本分别为：

$AC_3 = 29500$ 元，$AC_4 = 27563$ 元，$AC_5 = 27000$ 元，$AC_6 = 27167$ 元，$AC_7 = 28143$ 元。

经过比较，AC_5为最小值，因此，按静态法计算，该设备的经济寿命为 5 年。

特殊情况下，当每年运营成本的增量是均等的，即经营成本呈线性增长时，现金流量如图 2-10 所示。

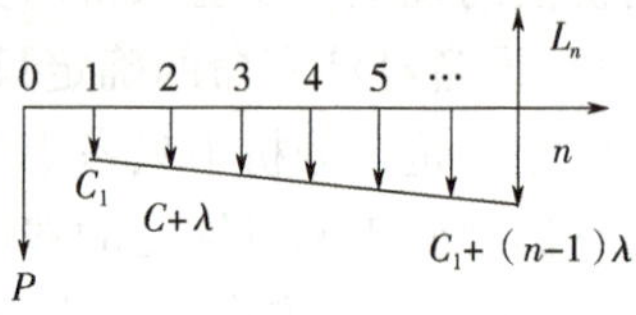

图 2-10　劣化增量均等的现金流量图

假定运营成本均发生在年末，设每年运营成本增加额为 λ，若设备使用期限为 n 年，则第 n 年时的运营成本为：$C_n = C_1 + (n-1)\lambda$

n 年内设备运营成本的平均值为：

$$C_1 + \frac{n-1}{2}\lambda$$

年等额总成本的计算公式为：

$$AC_n = \frac{P - L_n}{n} + C_1 + \frac{n-1}{2}\lambda$$

通过求上式的极值，可找出设备的经济寿命计算公式：

设 L_n 为一常数，令$\frac{d(AC_n)}{dn} = 0$，则经济寿命 m 为：

$$m = \sqrt{\frac{2(P - L_n)}{\lambda}}$$

例如，某物业公司有一安防设备，购置费为 8000 元，预计残值 800 元，运营成本初始值为 600 元，年运行成本每年增长 300 元，则设备的经济寿命为：

$$m = \sqrt{\frac{2 \times (8000 - 800)}{300}} = 7\ (年)$$

(二) 利用动态法计算设备经济寿命

当利率不为零时，计算经济寿命需考虑资金的时间价值。按照劣化增量均等的现金流量图，设备在 n 年内的等额年总成本 AC_n 可按下式计算：

$$\begin{aligned} AC_n &= P(A/P,\ i,\ n) - L_n(A/F,\ i,\ n) + C_1 + \lambda(A/G,\ i,\ n) \\ &= [(P-L_n)(A/P,\ i,\ n) + L_n i] + [C_1 + \lambda(A/G,\ i,\ n)] \end{aligned}$$

式中符号同前，其中 $(P-L_n)(A/P,\ i,\ n)\ + L_n i$ 为等额年资产恢复成本，$C_1+\lambda(A/G,\ i,\ n)$ 为等额年运营成本。

等额年总成本 AC_n更为一般的计算式如下：

$$\begin{aligned} AC_n &= TC_n(A/P,i,n) \\ &= \left[P - L_n(P/F,\ i,\ n) + \sum_{j=1}^{n} C_j(P/F,\ i,\ n)\right](A/P,\ i,\ n) \end{aligned}$$

式中，TC_n为设备在 n 年内的总成本现值。

承接前例，某物业企业一种新型保洁设备购置费为 6 万元，如果折现率为 10%，年度使用费和年末估计残值仍同表 2-9，试确定其经济寿命。

$AC_1=[60000+10000(P/F,\ 10\%,\ 1)-30000(P/F,\ 10\%,\ 1)](A/P,\ 10\%,\ 1)=$ 46000 元

$AC_2=[60000+10000(P/F,\ 10\%,\ 1)+12000(P/F,\ 10\%,\ 2)-15000(P/F,\ 10\%,\ 2)](A/P,\ 10\%,\ 2)=38382$ 元

$AC_3=33733$ 元，$AC_4=31317$ 元，$AC_5=30300$ 元，$AC_6=30027$ 元，$AC_7=30467$ 元

经过比较，AC_6为最小值，因此按照动态法该设备的经济寿命为 6 年。

三、设备折旧

在了解设备的经济寿命计算后，在物业经营管理的决策分析中还需对设备的按年计算、每月计提的方式进行折旧计算。按现行财务会计制度，企业应计提折旧的固定资产包括企业的房屋、建筑物；在用的机器设备、仪器仪表、运输车辆、工具器具；季节性停用和修理停用的设备；以经营租赁方式租出的固定资产；以融资租赁方式租入的固定资产。不计提折旧的固定资产包括房屋、建筑物以外的未使用和不需用的固定资产；以经营租赁方式租入的固定资产、以提足折旧继续使用的固定资产；破产、关停企业的固定资产；以前已经估价单独入账的土地。另外，当月开始使用的固定资产，从下月起计提折旧；当月减少或停用的固定资产，当月照提折旧，下月起停提折旧。对设备的折旧计提方式包括年限平均法、工作量法、双倍余额递减法和年数总和法等四种。

（一）年限平均法

年限平均法是指按固定资产预计使用年限平均计算折旧的一种方法。采用这种方法计算的每期（年、月）折旧额都是相等的。其计算公式如下：

固定资产折旧额 =（固定资产原值 − 净残值）/折旧年限固定资产

月折旧额率 =（固定资产折旧额/固定资产原值）/12

固定资产月折旧额 = 固定资产月折旧率 × 固定资产原值

例如，某物业企业一台专项设备账面原价为 160000 元，预计折旧年限为 5 年，预计残值 5000 元，年限平均法计算各年折旧额为：$160000\times(1-5000/160000)/5\times100\%=31000$（元），每月折旧额为 $31000/12=2583.33$（元）。

(二)工作量法

工作量法是按照固定资产预计可完工的工作量计提折旧额的一种方法。这种方法实际上是平均年限法的一种演变。计算公式如下：

每公里（每工作小时/每台班）折旧额 =(固定资产原值 - 预计净残值)/可行使公里(可工作小时/可工作台班)

月折旧额 = 每公里（每工作小时/每台班）折旧额 × 月实际行驶公里（月实际工作小时/可工作台班）

例如，某物业企业的一辆运货卡车的原价为 120000 元，预计总行驶里程为 50 万 km，其报废时的残值率为 5%，本月行驶 4000km，该辆汽车的本月折旧额为：

单位里程折旧额 = [120000 （1 - 5%）]/500000 = 0.228 （元/km）

本月折旧额 = 4000 × 0.228 = 912 （元）

(三)双倍余额递减法

双倍余额递减法是在不考虑固定资产净残值的情况下，根据每期期初固定资产账面价值和双倍的直线法折旧率计算固定资产折旧的一种方法。采用这种方法，固定资产账面价值随着折旧的计提逐年减少，而折旧率不变，因此，各期计提的折旧额必然逐年减少。其计算公式如下：

固定资产年折旧率 = 2/固定资产预计使用年限 × 100%

固定资产月折旧率 = 固定资产年折旧率/12

固定资产月折旧额 = 固定资产账面价值 × 月折旧率

采用双倍余额递减法计提折旧的固定资产，应当在固定资产使用后期，当发现某期按双倍余额递减法计算的折旧小于该期剩余年限按直线法计提的折旧时，改用直线法计提折旧，即将固定资产净值扣除预计净残值后按剩余年限平均摊销。

例如，某物业企业一台专项设备账面原价为 200000 元，预计折旧年限为 5 年，预计残值 5000 元，用双倍余额递减法计算各年折旧额见表 2-10。

表 2-10　某专项设备各年折旧情况

年次	期初账面净额/元	年折旧率	年折旧额/元	累计折旧额/元	期末账面净额/元
1	200000	40%	80000	80000	120000
2	120000	40%	48000	128000	72000
3	72000	40%	28800	156800	43200
4	43200	—	19100	175900	24100
5	24100	—	19100	195000	5000

注：该项设备年折旧率前三年为：2/5 × 100% = 40%。

(四)年数总和法

年数总和法是将固定资产的原值减去净残值后的净额乘以一个逐年递减的分数计算每年折旧额的一种方法。逐年递减分数的分子为该项固定资产年初时尚可使用的年数，分母为该项固定资产使用年数的逐年数字总和，假设使用年限为 N 年，分母即为 $1+2+3+\cdots+N=N(N+1)/2$。这个分数因逐年递减，为一个变数。而作为计提折旧依据的固定资产原值和净残值则各年相同，因此，采用年数总和法计提折旧各年提取的折旧额必然逐年递减。

计算公式如下：

年折旧率 = 该年尚可使用年数/各年可折旧年数之和

每年折旧额 =（固定资产原值 − 预计净残值）×年折旧率

月折旧额 = 年折旧额/12

承接上例，某物业企业一台专项设备账面原价为 200000 元，预计折旧年限为 5 年，预计残值 5000 元，用年数总和法计算各年折旧额见表 2-11。

表 2-11　某专项设备各年折旧情况

年次	原值 − 净残值/元	年折旧率	年折旧额/元	累计折旧额/元	尚可使用年数
1	195000	5/15	65000	65000	5
2	195000	4/15	52000	117000	4
3	195000	3/15	39000	156000	3
4	195000	2/15	26000	182000	2
5	195000	1/15	13000	195000	1

任务四　物业项目投资财务评价指标

对于一个物业投资项目，投资分析的目的一般是该项目的盈利能力和清偿能力。

盈利能力的财务指标包括静态指标和动态指标两类。静态指标即不考虑资金时间价值因素影响，直接通过现金流量计算得出的指标，通常在对投资项目进行概略评价时采用。动态指标是考虑资金时间价值因素进行计算的指标。动态评价指标能比较全面地反映投资方案整个计算期的经济效果，适用于详细可行性研究阶段的经济评价和计算期较长的投资项目。

清偿能力指标考察的是计算期内项目各年的财务状况及偿还到期债务的能力。一般投资者和为项目提供融资的金融机构都非常重视项目偿债能力的评价结果。

盈利能力和清偿能力可以分别用表 2-12 所示的财务指标来衡量。

表 2-12　物业项目投资分析的财务指标

盈利能力指标		清偿能力指标
静态指标	动态指标	
现金回报率	财务净现值	借款偿还期
投资回报率	内部收益率	偿债备付率
静态投资回收期	动态投资回收期	资产负债率

本节主要讨论静态投资回收期、财务净现值、动态投资回收期、内部收益率、借款偿还期、偿债备付率与利息备付率指标。

一、静态投资回收期

静态投资回收期（P_t）是指当不考虑现金流折现时，项目以净收益抵偿全部投资所需的时间。一般以年表示，对物业投资项目来说，静态投资回收期自投资起始点算起。其计算公式为：

$$\sum_{t=0}^{P_t}(CI - CO)_t = 0$$

视频：静态投资回收期

式中　P_t——静态投资回收期；

$t=0$——项目开始进行的时间点；

CI——现金流入量；

CO——现金流出量。

静态投资回收期可以根据财务现金流量表中累计净现金流量求得，其详细计算公式为：

$$P_t = 累计净现金流量开始出现正值的年份数 - 1 + \frac{上年累计净现金流量的绝对值}{当年的净现金流量}$$

上式得出的是以期为单位的静态投资回收期，应该再把它换算成以年为单位的静态投资回收期，其中的小数部分也可以折算成月数，以年和月表示，如3年零9个月或3.75年。

判别准则：将计算出的静态投资回收期 P_t 与所确定的基准投资回收期 P_c 进行比较：若 $P_t \leqslant P_c$，表明投资能在规定的时间内收回，项目可行；反之，若 $P_t > P_c$，则项目不可行。投资回收期越短，表明项目抗风险能力越强。

静态投资回收期指标的优点：概念清晰，容易理解，计算简便；可反映项目风险大小；被广泛用作项目评价的辅助性指标。缺点：无法准确衡量项目在整个计算期内的经济效果；难以对不同方案的比较选择做出正确判断。

二、财务净现值

视频：财务净现值

财务净现值（FNPV）是指项目按行业的基准收益率或设定的目标收益率 i_c，将项目计算期内各年的净现金流量折算到开发活动起始点的现值之和，是物业项目财务评价中的一个重要经济指标。基准收益率是财务净现值计算中反映资金时间价值的基准参数，是导致投资行为发生所要求的最低投资回报率，称为最低要求收益率（MARR）。决定基准收益率大小的主要因素是资金成本和项目风险。

财务净现值的计算公式为：

$$FNPV = \sum_{t=0}^{n}(CI - CO)_t(1+i_c)^{-t} = \sum_{t=0}^{n}CI_t(1+i_c) - \sum_{t=0}^{n}CO_t(1+i_c)^{-t}$$

式中　FNPV——项目在起始时间点的财务净现值；

i_c——基准收益率或设定的目标收益率；

CI——现金流入量；

CO——现金流出量；

$(CI - CO)_t$——项目在 t 年的净现金流量；

n——计算期，即项目的开发或经营周期（年、半年、季度或月）。

判别准则：当 FNPV >0 时，说明投资项目的资金产出大于项目的资金投入，或者说，该投资项目可实现的投资收益率会超过用作贴现率的最低投资期望收益率，项目可盈利。当 FNPV =0 时，表示投资项目资金的产出等于资金的投入，或者说，该项目可以实现的投资收益率正好等于用作贴现率的最低投资期望收益率。当 FNPV <0 时，表示投资项目资金的产出小于资金的投入，或者说，该项目可以实现的投资收益率低于用作贴现率的最低投资期望收益率，该项目亏本。

财务净现值指标的优点：考虑了项目投资期内各笔资金的时间价值，明确反映了投资项目的净利润，净现值越大，项目净利润越高，经济效益越好。缺点：贴现率不易确定。贴现率的大小取决于银行存款利率的高低、项目经营风险的程度、通货膨胀率等。净现值是个绝对指标，只能反映项目是否盈利，而不能反映盈利水平或单位资本投入的回报率。

三、动态投资回收期

视频：动态投资回收期

动态投资回收期（P_t'）是指当考虑现金流折现时，项目以净收益抵偿全部投资所需的时间，是反映项目投资回收能力的重要指标。对物业投资项目来说，动态投资回收期自投资起始点算起，累计净现值等于零或出现正值的年份即为投资回收终止年份，其计算公式为：

$$\sum_{t=0}^{P_t'} (\mathrm{CI}-\mathrm{CO})_t (1+i_c)^t = 0$$

式中　P_t'——动态投资回收期；

CI——现金流入量；

CO——现金流出量；

$(\mathrm{CI}-\mathrm{CO})_t$——第 t 年净现金流量。

动态投资回收期以年表示，其详细计算公式为：

$$P_t' = 累计净现金流量现值开始出现正值期数 - 1 + \frac{上期累计净现金流量现值的绝对值}{当期净现金流量现值}$$

上式得出的是以期为单位的动态投资回收期，应该再把它换算成以年为单位的动态投资回收期，其中的小数部分也可以折算成月数，以年和月表示，如 3 年零 9 个月或 3.75 年。

判别准则：将计算出的静态投资回收期 P_t'与所确定的基准投资回收期 P_c进行比较：若 $P_t' \leq P_c$，表明投资能在规定的时间内收回，项目可行；反之，若 $P_t' > P_c$，则项目不可行。投资回收期越短，表明项目的盈利能力越强。

动态投资回收期指标的优点：克服了传统的静态投资回收期法不考虑资金时间价值的缺点。缺点：动态投资回收期的长短受所选择贴现率的影响，而贴现率较难确定；计算相对比较复杂。

四、内部收益率

内部收益率（FIRR）是指项目在整个计算期内，各年净现金流量现值累计等于零时的折现率，是评估项目盈利性的基本指标。

$$\sum_{t=0}^{n}(\mathrm{CI}-\mathrm{CO})_t(1+\mathrm{FIRR})^{-t}=0$$

式中　FIRR——财务内部收益率；

CI——现金流入量；

CO——现金流出量；

$(\mathrm{CI}-\mathrm{CO})_t$——第 t 年净现金流量。

财务内部收益率的经济含义是在项目生命期内项目内部为收回投资每年的净收益率。财务内部收益率可以通过内插法求得，步骤（三步法）如下：

视频：内部收益率

1）先按目标收益率或基准收益率求得项目的财务净现值。

2）如为正，则采用更高的折现率使净现值为接近于零的正值和负值各一个。

3）最后用内插公式求出：

$$\mathrm{FIRR}=i_1+\frac{\mathrm{NPV}_1}{\mathrm{NPV}_1+\mathrm{NPV}_2}(i_2-i_1)$$

式中　i_1——当净现值为接近于零的正值时的折现率；

i_2——当净现值为接近于零的负值时的折现率；

NPV_1——采用低折现率时净现值的正值；

NPV_2——采用高折现率时净现值的负值。

内插公式应用注意：i_1 和 i_2 之差不应超过 1% ~2%，否则，折现率 i_1、i_2 和净现值之间不一定呈线性关系，从而使所求得的内部收益率失真。

判别准则：将计算出的内部收益率 FIRR 与基准收益率 i_c 进行比较：若 $\mathrm{FIRR}\geqslant i_c$，表明项目在经济上可以接受；反之，若 $\mathrm{FIRR}<i_c$，则应予拒绝。

财务内部收益率指标的优点：无须事先确定基准收益率，只需知道基准收益率的大致范围即可；与基准收益率相比较，能够评判独立项目的取舍；能够比较互斥项目的单位投资回报的优劣。缺点：计算相对比较麻烦；在具有非常规现金流量的情况下，财务内部收益率可能不存在或存在多个。

五、借款偿还期

借款偿还期（P_d）是指以项目投产后可用于还款的资金偿还固定资产投资国内借款本金和建设期利息（不包括已用自有资金支付的建设期利息）所需的时间。

借款偿还期的计算公式为：

$$I_d=\sum_{t=0}^{P_d}(B+D+R_o-B_r)_t$$

式中　I_d——投资借款本金和利息（不包括已用自有资金支付的部分）之和；

P_d——借款偿还期（从借款开始期计算）；

B——第 t 年可用于还款的利润；

D——第 t 年可用于还款的折旧和摊销费；

R_o——第 t 年可用于还款的其他收益；

视频：借款偿还期

B_r——第 t 年企业留利。

借款偿还期可用资金来源与运用表或借款还本付息计算表直接计算，其详细计算公式为：

$$P_d = \text{借款偿还后开始出现盈余期数} - \text{开始借款期数} + \frac{\text{上期偿还借款额}}{\text{当期可用于还款的资金额}}$$

上述计算是以计算周期为单位，实际应用中应注意将其转换成以年为单位。

判别准则：当借款偿还期满足贷款机构的要求期限时，即认为项目是有借款偿债能力的。

借款偿还期指标适用于不预先给定借款偿还期，且按最大偿还能力计算还本付息的项目。

六、偿债备付率与利息备付率

（一）偿债备付率

视频：偿债备付率与利息备付率

偿债备付率（DSCR）是指项目在借款偿还期内，各年可用于还本付息的资金与当期应还本付息金额的比值。其计算公式为：

$$\text{DSCR} = \frac{\text{EBITDA} - T_{\text{AX}}}{\text{PD}}$$

式中　EBITDA——企业息税前利润加折旧和摊销；

T_{AX}——企业所得税；

PD——应还本付息的金额。

判别准则：偿债备付率可以按年计算，也可以按项目的整个借款期计算。偿债备付率表示可用于还本付息的资金偿还借款本息的保证倍率。偿债备付率高，表明可用于还本付息的资金保障程度高。正常情况下应大于 1，并结合债权人的要求确定。当指标小于 1 时，表示当年资金来源不足以偿付当期债务，需要通过短期借款偿付已到期债务。一般情况下，偿债备付率不宜低于 1.3。

（二）利息备付率

利息备付率（ICR）也称已获利息倍数，是指项目在借款偿还期内各年可用于支付利息的息税前利润与当期应付利息费用的比值。其计算公式为：

$$\text{ICR} = \frac{\text{EBIT}}{\text{PI}}$$

式中　EBIT——息税前利润，即利润总额与计入总成本费用的利息费用之和；

PI——计入总成本费用的应付利息。

判别准则：利息备付率可以按年计算，也可以按项目的整个借款期计算。利息备付率从付息资金来源的充裕性角度反映项目偿付债务利息的能力，表示使用息税前利润偿付利息的保证倍率。正常情况下应大于 1，并结合债权人的要求确定。否则，表示项目的付息能力保障程度不足。一般情况下，利息备付率不宜低于 2。

项目小结

（1）在物业投资分析中，把某一项投资活动作为一个独立的系统，把一定时期各时点上实际发生的资金流出或流入称为现金流量。现金流量图是用简化的图示来反映投资项目在一定时期内资金运动状态，即把经济系统的现金流量绘入一个时间坐标图中，表示出各现金流入、流出与相应时间的对应关系。

（2）资金的时间价值主要受投资额、使用时间、投资收益率、通货膨胀因素和风险因素的影响。

（3）利息的计量包括单利计息和复利计息，而在复利计息的条件下，当利率标明的时间单位与计息周期不一致时，就出现了名义利率和实际利率的区别。

（4）复利系数与公式包括一次支付的现值和终值系数，等额序列支付的现值和资金回收系数，等额序列支付的终值和储存基金系数，等差序列的现值和年费用系数以及等比序列的现值和年费用系数。

（5）设备更新的原因是设备的磨损，设备磨损是设备使用（或闲置）过程中发生的损耗，通常将磨损分为有形磨损、无形磨损和综合磨损。

（6）设备的寿命包含了自然寿命、技术寿命和经济寿命。对物业设备的分析更需要注重经济寿命，经济寿命是指从设备安置投入使用开始，到因继续使用在经济上已不合理而被更新所经历的时间，其计算主要包括动态法和静态法。

（7）对设备的折旧计提方式包括年限平均法、工作量法、双倍余额递减法和年数总和法等四种。

（8）物业项目投资分析的财务指标包括盈利能力指标和偿债能力指标，其中静态投资回收期、现金回报率和投资回报率属于静态盈利能力指标，财务净现值、动态投资回收期和内部收益率属于动态盈利能力指标，借款偿还期、偿债备付率与利息备付率和资产负债率属于偿债能力指标。

能力训练

一、单选题

1. 关于资金的时间价值，下列论述不正确的是（　　）。
   A. 同样数额的资金在不同时点上的价值差别称为资金的时间价值
   B. 从投资者的角度来看，资金的增值特性使其具有时间价值
   C. 从消费者的角度来看，资金的时间价值体现为放弃即期消费的损失所应得到的补偿
   D. 资金的时间价值的大小，取决于通货膨胀率的大小
2. 关于设备磨损的补偿，表述不正确的是（　　）。
   A. 有形磨损的局部补偿是修理
   B. 无形磨损的局部补偿是现代化技术改造
   C. 有形磨损的局部补偿是现代化技术改造
   D. 无形磨损的完全补偿是更换
3. 设备更新的核心工作是确定设备的（　　）。
   A. 价值　　B. 自然寿命　　C. 技术寿命　　D. 经济寿命
4. 投资者所投入的资本在经营过程中所获得报酬，称为（　　）。
   A. 投资回收　　B. 投资回报　　C. 投资收益　　D. 现金回报
5. 等额还本利息照付是指（　　）。
   A. 借款期每期仅支付当期利息而不还本金，最后一期归还全部本金并支付当期利息
   B. 规定期限内分期归还等额的本金和相应的利息
   C. 借款期内任意偿还本金，到期末全部还清
   D. 在规定期内分期等额摊还本金和利息
6. 下列关于内部收益率的表述，正确的是（　　）。
   A. 内部收益率在数值上等于基准收益率
   B. 内部收益率是到项目生命期终了时所有投资可以被收回的比率
   C. 如果贷款利率高于内部收益率，项目投资就会面临亏损
   D. 内部收益率小于基准收益率时，项目在财务上是可接受的
7. 关于名义利率与实际利率关系的下列表述，不正确的是（　　）。
   A. 实际利率比名义利率更能反映资金的时间价值
   B. 名义利率和实际利率的考虑只在按复利计息时才有意义
   C. 名义利率越小，计息周期越长，名义利率与实际利率的差别就越大
   D. 当计息周期数为 1 时，名义利率与实际利率相等

二、多选题

1. 对于房地产开发投资项目来说，现金流出主要包括（　　）。
   A. 土地费用、建造费用　　B. 还本付息
   C. 税金　　D. 比较成本

E. 运营费用

2. 收益性物业的运营费用包括（　　）等。

A. 空置和收租的损失　　B. 抵押贷款还本付息

C. 房产税和所得税　　D. 为租客提供服务的费用

E. 物业管理费用

3. 财务净现值是指按（　　）将项目计算期内各年的净现金流量折算到开发活动起始点的现值之和，当 NPV≥0 时，该项目在财务上是可以接受的。

A. 基准收益率　　B. 目标收益率

C. 投资回报率　　D. 现金回报率

E. 内部收益率

4. 下列属于设备有形磨损的是（　　）。

A. 封存的设备因自然力产生的磨损

B. 设备生产成本降低导致设备市场价格降低，从而引发的原来设备贬值

C. 技术进步因素的影响，社会上出现了新型设备，从而使原有设备在技术上显得陈旧落后

D. 设备在运转过程中，在外力作用下产生的实体磨损、变形或损坏

E. 政府通过税收政策限制污染环境的设备使用

5. 动态盈利能力指标一般有（　　）。

A. 资产负债率　　B. 现金回报率

C. 动态投资回收期　　D. 财务内部收益率

E. 财务净现值

三、简述题

1. 简述名义利率和实际利率的关系。

2. 简述盈利能力的动态指标和静态指标。

四、计算题

1. 请你结合以下资料绘制现金流量图：

某物业企业进行了某项目的投资，第一年年初投入 1000 万元，第一年年末投入 800 万元，第二年年末投入 400 万元，第三年年末开始一直到第八年年末每年收入 500 万元，第九年年初将此物业售出，获得 3000 万元。

2. 已知某笔贷款的年利率为 8%，借贷双方约定按季度计息，问该笔贷款的实际利率是多少？

3. 某投资者向银行贷款 1500 万元，期限为 3 年，年利率为 10%，若该笔贷款的还款方式为期间按季度付息、到期后一次偿还本金，则开发商每次为该笔贷款支付的利息总额是多少？如果计算先期支付利息的时间价值，则贷款到期后开发商实际支付的利息又是多少？

4. 某写字楼投资项目在 10 年的持有期内各年净运营收益均为 60 万元，第 10 年末净转售收入为 800 万元，如果折现率为 10%，求该写字楼投资项目的收益现值。

5. 已知某出租公寓的年有效毛租金收入为 150 万元，年运营费用为 45 万元，如果租金收入和运营费用在未来 30 年的经营期内分别以每年 2% 和 1% 的速度增长，折现率为 8%，求该出租公寓的净运营收益现值。

6. 某投资者以 4000 元/m^2的价格，购买了一套建筑面积为 1000m^2的写字楼单元，银行为其提供了 15 年期的商业用房抵押贷款，抵押贷款价值比率为 60%。该贷款的年利率为 9%，按月等额还本付息。假设该写字楼物业每年升值 2%，投资者在第 6 年年初将该物业转售，则其在转售收入中需要偿还的贷款本金是多少？投资者剩余的物业权益价值是多少？

7. 某设备购置费为 3 万元，在使用中有表 2-13 的统计资料，如果不考虑资金的时间价值，试计算其经济寿命。

表 2-13 某设备统计资料 （单位：元）

使用年度 j	1	2	3	4	5	6	7
j 年度运营成本	5000	6000	7000	9000	11500	14000	17000
n 年末残值	15000	7500	3750	1875	1000	1000	1000

8. 某商场各年经营现金流量见表 2-14（折现率取 15%），请你完成下表，并计算其财务净现值与动态投资回收期。

表 2-14 某商场经营现金流量 （单位：万元）

年份	2002	2003	2004	2005	2006	2007	2008	2009	2010	2011	2012	2013	2014	2015
现金流入	0	150	180	200	210	220	230	250	280	280	290	300	300	7300
现金流出	1200	200	180	200	190	180	170	170	160	160	160	180	180	120
累计净现金流	-1200													
净现金流现值	-1200													
累计	-1200													

实训项目

某物业公司向银行贷款 1000 万元，年利率为 6%，十年内偿还完毕，试分析四种方案的偿还数额（表 2-15）：

方案 1：每年年底偿还利息，最后一次偿还本金。

方案 2：每年偿还利息外，归还本金 100 万元，十年到期全部归还。

方案 3：本金加十年利息总和均匀分摊到各期。

方案 4：十年末本利一次偿还。

表 2-15　四种等额偿还贷款方案　（单位：万元）

年数	贷款额	方案 1	方案 2	方案 3	方案 4
0	1000				
1					
2					
3					
4					
5					
6					
7					
8					
9					
10					
合计					

项目三 分析物业项目投资市场

知识目标

1. 掌握物业项目投资市场调研的方式、特点和程序。
2. 掌握物业项目投资市场调研的主要方法、特点和内容。
3. 了解物业项目投资市场宏观因素的分析。
4. 掌握物业项目投资市场供求因素的分析。
5. 掌握物业项目投资市场相关因素的分析。

能力目标

1. 学会物业项目投资市场细分与定位。
2. 学会对收益性物业进行市场调研，编制物业经营管理计划。

思政目标

1. 在对物业项目市场调研学习中培养学生吃苦耐劳和职业责任。

2. 在对整个项目投资市场分析学习中全面培养学生法律意识、安全意识、信息素养、创新思维、职业操守和社会责任。

任务引入

市场营销在物业经营管理中的应用（节选）

市场营销是企业把经营活动当作研究对象的一门科学。其主要的研究目标是，将商品以适当的价格、适当的金额、适当的时机卖给需要的客户，从而最大限度地满足客户对商品的实际需求。美国等发达国家已经对市场营销做出过明确的定义：“市场营销是将商品的实际价值传递给客户，利用商品的经营关系与客户达成经济利益的共识。”换而言之，市场营销就是利用贸易关系实现客户与企业的共赢。

物业服务不同于市场营销的实体商品，它提供的只有服务。无论是环境的清扫、设备的维修保养以及公共秩序的维持等都属于物业服务的范畴。服务是无形的，它是一方为一方工作而产生的，期间不会有任何物权的交换。它可能会受到环境的制约。物业服务与其他服务一样，都不具有实体性。大多数的物业服务存在于大型企业，因此物业服务多重视服务质量，致力于社区服务水平提升，但在工作的过程中对于营销往往有所欠缺。这就会常常产生物业辛苦提供社区服务，但业主根本不需要。物业管理忽略了业主的潜在需求，由此导致物业与客户之间存在很多问题。因此适当地做好市场营销对于整个物业公司来说，具有非常重要的战略意义。

口碑、信誉对于物业服务公司来说，是至关重要的。如何利用媒体改变人们对物业公司不好的看法，宣传自己的优势，提高客户的忠诚度，都需要企业善于利用市场营销理论。这样物业公司才能在激烈的市场竞争中站稳脚跟，稳定发展。企业作为一个大的社会成员，与客户之间的关系较为密切。改善与客户之间的关系有利于改善企业的社会形象。物业公司要与政府部门或者媒体建立良好的联系。按照关系营销理论，物业服务人员在服务的过程中应该按照商品的属性进行销售，通过物业服务，使客户与物业公司之间建立良好的信任关系。客户关系的维系不局限于物业服务，还可以拓宽到企业与客户的经济交往与社会交往，可以利用客户这个大的群体为企业寻求更多的盈利机会，所以物业公司在建立客户关系上需要做出更多的努力。（案例节选自《现代物业·中旬刊》2019 年第 7 期）

结合以上案例，请思考：

（1）为什么物业服务工作者要具有营销思维？

（2）物业营销对物业经营企业的发展具有哪些战略意义？

任务一　调研物业项目投资市场

营销大师菲利普·科特勒曾说过：“要管理好一个企业，必须管理它的未来，而管理未来就是管理信息。”而掌握及时、准确、可靠的市场信息，就必须进行全方位、多侧面的市场调研。

一、物业项目投资市场调研的方式

视频：物业项目投资市场调研的方式和方法

各种市场调查方式都具有一定的特点、规定，也各有适用的条件，物业项目投资市场调研的方式主要有四种：市场普查、市场典型调查、市场重点调查、市场个案调查。

（一）市场普查

市场普查也称市场全面调查或市场整体调查，是指市场调查对象总体的全部单位无一例外地逐个进行调查。目的是了解市场的一些至关重要的基本情况，对市场状况做出全面、准确的描述，从而为制定市场有关政策、计划提供可靠的依据。

（二）市场典型调查

市场典型调查是在对市场现象总体进行分析的基础上，从市场调查对象中选择具有代表性的部分单位作为典型，进行深入、系统的调查，并通过对典型单位的调查结果来认识市场现象的本质和规律性。显然，典型调查是一种非全面调查，它只对总体中的部分单位进行调查，目的是通过对典型单位的调查来认识市场现象总体的规律性及其本质。

（三）市场重点调查

市场重点调查是从市场调查对象总体中选择少数重点单位进行调查，并用对重点单位的调查结果反映市场总体的基本情况。这里的重点单位是指其数量在总体中占的比重不大，但其某一数量标志值在总体标志总量中占的比例却比较大，通过对这些重点单位的调查，就可以了解总体某一数量的基本情况。

（四）市场个案调查

市场个案调查也称个别调查，它是从总体中选取一个或几个单位对其进行深入研究。其主要作用在于深入细致地反映某一个或几个单位的具体情况，而不是想通过个案调查来推断总体。个案调查是市场调查初期经常采用的方式，它实际上是对市场现象某一“点”的研究。

二、物业项目投资市场调研方式的特点

（一）市场普查的特点

1）普查资料的准确性和标准化程度比较高，作为制定政策、计划的依据，其可靠程度比较高。

2）普查最适合于了解宏观、中观、微观市场的一些至关重要的基本情况，了解调查总体的特征。

3）费用较高，普查费用比较高的特点，决定了普查只对总体的基本特征进行研究，对组成总体的每个单位不做更多的具体分析。它以取得总体基本特征资料为目的，不以研究总体单位特征为目的。

（二）市场典型调查的特点

1）节省人力、物力、财力和时间。

2）调查内容可以做到深入、全面。

3）选择调查单位具有主观性。

4）调查结论适用范围的局限性。

典型调查的优点非常突出，由于调查的典型单位少，可以节省大量的人、财、物；调查内容可以做到深入、全面、细致地研究市场现象的本质和规律；在时间上也比较节省。它的不足是，在选择典型单位时难于完全避免主观随意性；对于调查结论的适用范围，只能根据调查者的经验判断，无法用科学的手段做出准确测定；也难于对市场现象总体进行定量研究。

（三）市场重点调查的特点

1）可将重点调查结果看作总体的基本情况。

2）重点调查在人、财、物和时间上都比较节省。

3）重点调查有其特定的适用对象。

重点调查与典型调查有相似之处，也有明显的区别。二者在选择调查单位的标准上有明显的不同，典型调查必须选择对总体具有代表性的单位；而重点调查选择的是总体中的重点单位。二者所能达到的目的不同，典型调查通过对典型单位的研究，可以认识同类现象的本质和规律性，借以达到由特殊到一般的认识目的：重点调查则是通过对重点单位的调查，认识总体的基本情况。

（四）市场个案调查的特点

个案调查是市场调查初期经常采用的方式，实际上是对市场现象某一点的研究。

三、物业项目投资市场调研的程序

要做好市场调研工作，必须首先弄清楚市场调研的目的和方法。物业市场调研是一项复杂而细微的工作，为提高调研工作的效率和质量，市场调研必须有计划、有步骤地进行。一般而言，一个完整的物业市场的调研工作一般分为三个阶段：调研准备阶段；收集和整理资料，实施调研计划阶段；撰写和提交调研报告阶段。

（一）调研准备阶段

调研准备阶段的重点是明确调研目标、确定调研项目、制定调研计划，为实质性的调研做好准备工作。

调研准备阶段：初步分析，明确调研目的和调研项目；制定调研计划。

开展市场调研，首先要明确调研目的，确定调研项目。确立调研项目应弄清的几个问题：为什么要调研？调研中想了解的内容是什么？调研结果对企业有什么用？

调研计划主要包括对调研项目、调研对象、调研地点、调研方法、调研人员、调研预算、调研进度等内容的计划。

（二）收集和整理资料，实施调研计划阶段

这个阶段就是要按照调研计划，通过各种方式到调研现场获取原始资料和收集他人整理过的二手资料，然后进行整理、归类和分析。

（1）收集资料　资料的收集必须满足可靠性和有效性两点要求。应按照工作进度日程和调研计划的要求进行调研工作的监督检查，及时发现问题，找出薄弱环节，改进工作，确保调研质量。

（2）整理资料　首先，要把分散的、凌乱的调研资料进行编校、分类，去粗取精，去伪存真，以保证资料的系统性、完整性和可靠性。其次，要分类编号，以便查找、归档和使用。再次，将已经分类的资料进行统计计算和分析，制成各种计算表、统计表。最后，对资料中的数据和事实进行比较、分析，得出一些可以说明有关问题的统计数据，最终得出必要的结论。

(三) 撰写和提交调研报告阶段

撰写和提交调研报告，应做到：客观、真实、准确地反映调研成果；简明扼要、重点突出；报告完整、内容清晰；还要指出使用的调研方法、调研的目的、调研的对象、通过调研得出的结论以及提出一些合理化建议。

四、物业项目投资市场调研的主要方法

物业市场调研有许多方法，企业调研人员可根据具体情况选择不同的方法。从调研对象的角度，物业项目投资市场调研的方法主要包括四种：文案调查法、实地询问法、网络调研法和抽样调研法。

(一) 文案调查法

文案调查法是利用物业企业内外部现有的各种信息、情报资料，对调研内容分析研究的方法。通过文案调研法获取的资料属于二手资料，因此，资料的准确性有待进一步验证。文案调查法有参考文献查找法和工具查找法。

(二) 实地询问法

实地询问法分为访问询问法、观察调研法、实验调研法。

1. 访问询问法

访问询问法是调研人员采用访谈询问的方式向被调研者了解市场情况的一种调研方法。通常事先设计好调研提纲或调研表，以便有的放矢、高效率地进行调研。

访问询问法按照询问方式的不同，又可以分为以下几种方法：

（1）面谈调研法　面谈调研是调研人员与被调研者面对面地交谈，提出有关问题，从而获得有关信息资料的方法。

面谈调研的优点是：回答率高；能够启发被调研者完成调研问卷；可以根据被调研者的特点，随时调整调研内容；可对调研背景和环境进行了解。缺点是：人力、物力耗费较大；要求调研人员的素质高；对调研人员的管理困难；调研过程容易受调研者主观偏见的影响；调研者容易被拒绝。面谈调研一般适合于调研比较复杂的问题。

（2）电话调研法　电话调研是由物业调研人员，通过电话向被调研者提出问题，而收集资料的一种方法。

电话调研的优点是：取得信息的速度快，节省调研费用和时间，调研覆盖面广；可以询问到一些不易见到面的被调研者。缺点是：由于受到时间的限制，被调研者没有足够的时间思考，调研者不能询问较为复杂的问题，不易取得被调查者的合作，仅限于有电话的被调研者。

（3）邮寄调查法　邮寄调查就是市场调研人员将事先设计好的市场调查表，邮寄给被调研者，请他们按要求填写完成后寄回以获取资料的方法。

邮寄调查的优点是：调研区域广，调研成本低；被调研者有充分的答卷时间，可让被调研者匿名回答隐私问题；无需培训调研人员。缺点是：回收率低，周期长；调研可靠性难以

保证，要求被调研者有一定的文字理解能力和表达能力。该方法简单易行，使用较多。

（4）留置问卷调研法　留置问卷调研是由调研人员将调查表当面交给被调研者，说明要求和意图，由被调研者自行填写回答，按约定的时间收回的调研方法。

留置问卷调研的优点是：回收率高；被调查者有充分的时间思考和回答问题。缺点是：所需费用较高；时间较长。

（5）日记调研法　日记调研是对固定样本连续调研的单位发放登记簿，由被调研者逐日、逐项记录，再由调研人员定期整理汇总的调研方法。

2. 观察调研法

观察调研法是调研人员凭借自己的感官和各种记录工具，深入调研现场，直接观察和记录被调研者行为并收集信息的方法。

（1）直接观察　直接观察是调研人员直接到现场进行观察以收集资料的方法。例如，调研人员直接到物业交易会、展销会等进行实地观察，只看不问，观察消费者购买时的表现，以及调查消费者对公司的信赖程度，这样容易得到真实情况。

（2）测量观察　测量观察是在取得被调研者同意后，在调研现场安装某种仪器设备，观察并记录被调研者的行为，以获取所需资料的调研方法。

3. 实验调研法

实验调研法是指市场调研人员有意识、有目的地改变一个或几个影响因素来观察市场现象在这些因素影响下的变动情况，以认识市场现象的本质特征和发展规律。

（1）实验室实验　实验室实验是在人造的环境中实验，调研人员可以进行严格的实验控制，比较容易操作，时间短，费用低。

（2）现场实验　现场实验的优点是：不是在等待某种市场现象发生了再去调研，而是采取积极主动的措施改变某种条件，来确立市场现象之间的相互关系。缺点是：不可控因素多，难以选择有代表性的实验对象和实验环境；结果具有特殊性，难以推广；花费时间多，不易保密。

（三）网络调研法

网络调研法是通过网络有系统、有计划、有组织地收集、调研、记录、整理、分析与企业物业产品和劳务有关的市场信息，客观地测定现在市场及潜在市场，用以解决市场营销的有关问题的方法。

（四）抽样调研法

抽样调研法分为随机抽样和非随机抽样。

（1）随机抽样　随机抽样就是对总体中的每个个体都给予平等的抽取机会的抽样方式。这种抽样方式使每个个体被抽取的概率是相等的，因而排除了人的主观因素的干扰。

随机抽样的优点是：一方面，可使抽取出来的部分单位的分布情况有较大的可能性接近总体的分布情况，从而使结论对于研究有充分的代表性；另一方面，有助于调研人员统计误差，并加以控制。

（2）非随机抽样　非随机抽样就是总体中的每个个体不具有平等的被抽取机会，而是根据主观标准来抽取样本的方式。

非随机抽样的优点是：按照一定的主观标准抽样，可以根据已知的资料选择较为典型的样本，使样本更具有代表性；可以缩小抽样范围，节省调研人员、调研时间和调研费用。缺点是：无法判断调研误差及检查调研结果的准确性。

五、物业项目投资市场调研方法的特点

(一) 文案调查法的特点

1）收集资料多。
2）收集过程方便、容易、迅速。
3）时间短、费用低。
4）可用于经常性的调查。
5）二手资料的准确性可能存在一些问题。

(二) 实地询问法的特点

1）访问法的优点是比较灵活，可以及时辨别回答的真伪，获得信息的速度快。

2）观察法的优点是信息客观真实，准确可靠，简便、易行、灵活性强。缺点是调研时间较长。

3）实验法的优点是方法科学，结果较准确，排除了人们主观估计的偏差。

(三) 网络调研法的特点

1）速度快。
2）成本低。
3）数据质量高。
4）样本对象的局限性。
5）网络的安全性和个人资料的保密问题。
6）调查技术与方法有待完善。

(四) 抽样调研法的特点

1）调查单位少，所需调查人员少。
2）经济性好。
3）所抽取样本是否具有代表性是抽样调查的关键。
4）具有不稳定性，存在一定的误差率。

六、物业项目投资市场调研的内容

物业项目投资市场调研的内容十分广泛，凡是与物业企业生产经营活动有关的信息资料，都是物业项目投资市场调研的内容。

(一) 物业营销环境调研

物业营销环境调研主要是对影响物业企业生产经营活动的外部环境的调研，主要包括以

下四个方面：

（1）人口环境

1）人口总量，主要是指物业所在区域的人口数量。

2）人口结构，包括人口的性别结构、年龄结构、民族结构、职业结构、受教育程度等。

3）家庭规模与结构，即物业所在区域的主体家庭的人口数量及构成情况。

（2）经济环境

1）国民经济发展状况，包括国民经济发展规模、趋势、速度和效益等。

2）产业结构，作为以往经济增长的结果和未来经济增长的基础，逐渐成为地区经济发展的重要因素。

3）城市化进程、经济体制和通货膨胀率。

（3）政策环境　主要包括财政政策；货币政策；产业政策；区域发展政策；土地政策；住房政策；房地产开发、销售政策和户籍制度等。

（4）社区环境　社区环境直接影响着物业产品的价格，这是物业商品特有的属性。优良的社区环境，对发挥物业商品的效能、提高其使用价值和经济效益具有重要作用。社区环境调查内容包括社区繁荣程度、购物条件、文化氛围、居民素质、交通和教育的便利、安全保障程度、卫生、空气和水源质量及景观等方面。

（二）物业市场需求和消费行为调查

调查内容包括：

1）消费者的需求及影响因素。

2）需求动机，如消费者的购买意向、影响消费者购买动机的因素、消费者购买动机的类型等。

3）购买行为，如不同消费者的不同购买行为、消费者的购买模式、影响消费者购买行为的社会因素及心理因素等。

（三）物业产品调查

调查内容包括：

1）现有客户的要求。

2）新技术的使用。

3）本企业的销售潜力。

4）建筑设计与施工。

（四）物业价格调查

调查内容包括：

1）影响价格的因素。

2）价格弹性。

3）价格策略的采用。

4）价格变动的情况。

（五）物业促销调查

调查内容包括：

1）物业广告的分布及广告效果测定。

2）物业广告媒体使用情况的调查。

3）物业广告预算的调查，人员促销的配备状况，各种公共活动对租售绩效的影响，各种营业推广活动的租售绩效。

（六）物业营销渠道调查

视频：物业项目投资市场调研的内容

调查内容包括：

1）物业营销渠道的选择。

2）客户对代理商的评价。

3）物业市场营销方式的采用情况、发展趋势及其原因。

（七）物业竞争情况调查

调查内容包括：

1）竞争项目的调研。主要包括竞争者的产品特征、交房时间、产品单价及总价、付款方式、广告以及销售情况等。

2）竞争企业的调研。主要包括企业的专业化程度、品牌知名度、推动或拉动的销售方式、商品房质量、纵向整合策略、成本状况、价格策略、与母公司的关系，以及与当地政府的关系等。

任务二　分析物业项目投资市场

物业项目投资市场分析指的是物业服务企业的管理人员根据市场调查所取得的数据，运用统计原理，对所研究的市场对象各方面的特性加以考察认识的活动过程。物业项目投资市场分析的内容主要包括对影响市场的宏观因素分析、市场供求分析、相关因素分析。

一、宏观因素分析

首先通过分析确定区域整体经济形势是处在上升阶段还是处在衰退阶段。在这个过程中，要收集和分析的数据包括国家与地方的国民生产总值及其增长速度、人均国内生产总值、人口规模和结构、居民收入、就业状况、社会政治稳定性、政府法规政策完善程度和连续性程度、产业结构、三资企业数量及结构、国内外投资的规模和比例、各行业投资收益率、通货膨胀率和国家金融政策等。其次分析研究物业所处区域的城市发展与建设情况。包括城市铁路、公路、机场、港口等对内对外交通设施情况，水、电、燃气、热力、通信等市政基础设施的完善程度及供给能力，劳动力、原材料市场状况，人口政策，地方政府产业发展政策等。

二、市场供求分析

市场供求分析是介于宏观和微观的分析。市场供求分析一般要从以下四个方面进行：

（1）供给分析

1）调查物业当前的存量、过去的走势和未来可能的供给。

2）分析当前城市规划及其可能的变化和土地利用、交通、基本建设投资等计划。

3）分析市场的商业周期和建造周期循环运动情况，分析未来相关市场区域内供求之间的数量差异。

4）分析当前市场提供物业服务产品的状况。

（2）需求分析

1）需求预测。

2）分析建设和运营中的主要物业项目。

3）吸纳率分析。

4）市场租户对产品功能需求。

5）业主及租户对物业服务产品的需求。

视频：物业项目投资市场分析内容

（3）竞争分析

1）列出与竞争有关物业的功能和特点。

2）市场细分，明确目标物业的目标使用者。

（4）市场占有率分析

1）基于竞争分析的结果，按各细分市场，估算市场供给总吸纳量、吸纳速度和目标物业的市场份额，明确目标物业吸引客户的竞争优势。

2）市场占有率分析要求计算出目标物业的市场占有率、出租进度、租赁价格和达到稳定出租率水平所需要的时间（租赁期），并提出有利于增加市场占有率的建议。

三、相关因素分析

不同类型物业需要重点分析的内容各有不同：

（1）居住物业　重点了解目标物业周围地区住宅的供求状况、价格水平、对现有住宅满意的程度和对未来住房的希望，以确定目标物业的装修、室内设备配置标准、需要向业主或租户提供的物业服务产品的种类、数量及标准等。

（2）写字楼物业　首先要研究其所处地段的交通通达程度，目标物业的周边环境及与周围商业设施的关系。还要考虑内外设计的平面布局、特色与格调、装修标准、大厦内提供公共服务的内容、满足未来潜在使用者的特殊需求和偏好等。

（3）商业零售物业　要充分考虑物业所处地区的流动人口和常住人口的数量、购买力水平以及该地区对零售业的特殊需求，还要考虑购物中心的服务半径及附近其他购物中心、中小型商铺的分布情况。

（4）工业或仓储物业　重点考察未来入住者的意见，如办公、生产和仓储用房的比例，大型运输车辆通道和生产工艺的特殊要求，以及对隔声、抗震、通风、防火、防潮、起重设备安装等的特殊要求；还要进一步了解业主或租户在物业使用过程中的相关服务需求。

四、市场细分与市场定位

市场细分是20世纪50年代中期美国学者温德尔·史密斯提出的一个新的概念。企业（营销者）从满足不同需求出发，将整个市场划分为若干个需求大致相同的消费者群，每个消费者群称为一个细分市场。

市场细分对物业企业的经营和发展来说，尤为重要，物业企业要想在市场竞争中取得优势地位，必须准确进行市场细分，针对每一个细分市场的不同顾客群进行准确恰当的市场定位。

（一）物业市场细分的概念

市场细分是指根据消费者对产品的不同欲望与需求、不同的购买习惯，把整个市场分割为若干相类似的消费者群。其中每个消费者群就是一个子市场，或称细分市场。

物业市场细分的概念是以物业消费需求的差异为依据，将物业市场分为相似需求和欲望的物业消费者群的过程，称之为物业市场细分。

（二）物业市场细分的作用

视频：市场细分与市场定位

1. 有利于市场分析、发掘新的市场机会

物业市场是一个容量大、品种多、配套服务性强、需求多样化、存在着很多机会的市场。抓住一个新的市场机会，对物业企业来说，就意味着开拓了一个新的经营业务领域，占据了更多的市场份额，市场细分是物业企业不断发现新的市场机会的有效手段，在对物业市场进行周密调查的基础上，企业应根据当时物业市场的竞争状况，了解、分析各个不同的物业消费者群的需求满足程度，掌握哪些类型的物业需求已经满足，哪些竞争力较弱，哪些值得开发，从而发现未得到满足的分市场或子市场。

2. 有利于企业制订和调整营销战略

通过市场细分，消费者的需求变得清晰、明了，企业便可以根据不同的商品制订出不同的市场营销策略，在细分市场上，信息反馈灵敏，一旦消费者的需求发生变化，企业可以迅速改变营销策略，真正做到有的放矢。

3. 有利于中小型企业开发和占领市场

中小型物业企业的人力、物力、财力和信息资源有限，在整个物业市场和较大的分市场竞争中缺乏优势。如果这些中小企业善于发现一部分消费者未得到满足的需求，细分出一个与本企业的实力和优势相适应的小市场，推出相应的产品或服务，往往能获得较好的经济效益。

4. 有利于提高企业的经济效益

企业确立了细分市场后，把企业的人力、物力、财力集中投入目标市场，形成规模优势。产品适销对路，加速周转，提高资金利用率，降低销售成本，提高经济效益。

（三）物业市场细分的方法

在进行物业市场细分时，每次可以取一个、两个或多个因素作为分析依据。按照这样的

组合原则，物业市场细分的方法分为两类：一类是单因素细分法、双因素细分法和多因素细分法；另一类是单一标准法、主导因素排列法、综合标准法和系列因素法。这里着重讨论第二类方法。

1. 单一标准法

单一标准法是指按照市场主体的某一因素进行细分。例如，可以按照地段的不同、价格不同、建筑风格不同等标准将物业市场进行细分。

2. 主导因素排列法

主导因素排列法是指一个细分市场的选择存在多种因素时，可以从消费者的特征中寻找和确定主导因素，然后与其他因素结合，确定细分市场。例如，收入水平一般是影响消费者物业购买选择的主导因素，文化因素、地理位置、交通便利程度则处于从属地位，因此，应该以收入水平作为细分物业市场的主要依据。

3. 综合标准法

综合标准法是指根据影响消费者需求的两种或两种以上的因素综合进行细分。其核心是并列多因素分析，所涉及的各项因素无先后顺序和重要与否的区别。

4. 系列因素法

系列因素法是指细分市场所涉及的因素是多项的，但各项因素之间先后有序。此时应由粗到细、由浅入深、由简到繁、由少到多地进行市场细分，采用该类方法对经营性物业市场进行的细分如图 3-1 所示。

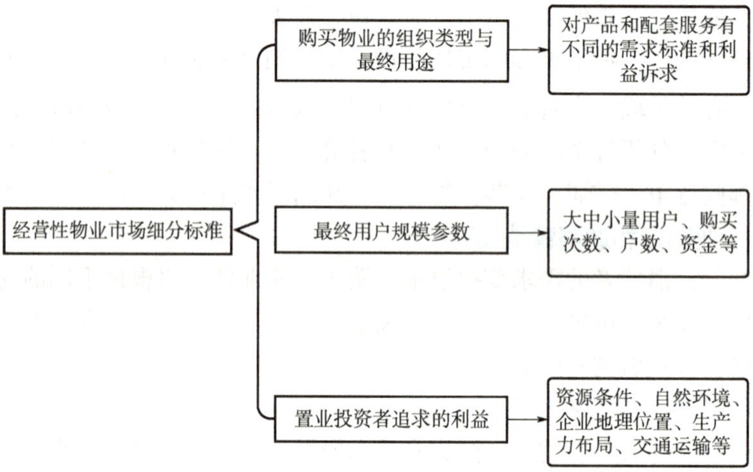

图 3-1　经营性物业市场细分标准

(四) 物业市场定位

市场定位是指企业确定自己产品在目标市场上位置的过程。市场定位强调的是与竞争者相比较，产品定位侧重于向顾客传递本企业产品与众不同的形象。市场定位和产品定位这两个概念经常交替使用。

物业市场定位是指物业企业根据市场竞争需求和企业自身实力，确定本企业及其在目标市场上的竞争地位的过程。物业开发前要进行投资分析、市场调研、市场预测。进行具体的个案开发时，首先要做市场研究分析，分析大气候，即分析如政治、经济、社会情况，包括一些具体政策，行业某阶段特定的规章等；同时还要分析市况，即环境、地点或位置、附近房地价，本区域内公众的消费倾向、市场供需情况等。产品定位是关键，关键在明确目标客户，同时确定产品相应的功能、规格、面积、价位。要明确客户来自哪个层次，他的承受能力有多强，品位如何，基本的爱好是什么，从而针对这类客户的需求展开建筑设计，这样才能适销对路。

（五）物业市场定位的依据

市场定位可以根据具体产品特色竞争定位，根据营销服务竞争定位，根据物业服务定位，根据企业形象定位，根据使用者类型定位。其核心是差异化——吸引现有或潜在顾客购买的基础，需要通过营销组合创造性地体现出来。常见的市场定位分为以下几种。

1. 产品特色竞争定位

根据物业产品的具体特征定位，即选择消费者重点关注的几个有关的产品因素，根据市场竞争的需要和结合企业的实际进行定位。物业产品首先是一种商品，消费者在购买物业产品的时候首先考虑的是商品本身的特征。这些特征具体包括物业的建筑质量、价格、户型设计、建筑风格、环境等。例如，有的物业开发企业强调与众不同的质量和价格，或者以优质低价为号召，显示其物业产品的物超所值；有的物业企业强调技术领先，为客户提供一个高度智能化的、便利的家居生活环境或生产经营活动空间；有的物业企业以独特别致的建筑风格吸引客户，给消费者一种美的感受和体验。

2. 营销服务竞争定位

营销服务竞争定位是企业在掌握了服务市场竞争行情的基础上，为达到促进销售目的而设计的。营销服务必须是有条件的、有选择的、有限的。物业企业给消费者提供的营销服务可以是多种多样的，主要包括购买咨询服务、接待服务、房屋主要设备（如水电气暖等）的操作使用演示服务、房屋保修期内的免费维修服务等。此外，很多物业开发企业为了促销，还向购房者提供样板房展示、免费看房专车接送、银行按揭贷款的联系、购房相关手续的代办等服务项目，有的企业甚至还根据客户的要求，提供装潢设计、家具布置咨询服务等。消费者往往根据营销者所提供各种利益的多少来选择自己的购买方向，谁能为消费者提供更多、更好的营销服务，顾客就选择谁。营销服务竞争定位也就成了当今企业竞争的一个重要领域。

3. 物业服务定位

物业服务是对投入使用的物业进行日常的维护与维修，在物业的整个生命周期内向入住的客户或业主提供所需要的卫生、绿化、保安、看车、代收水电气费用等多种服务。随着住房商品化进程的加速，物业市场的进一步规范运作，物业服务也逐步纳入了市场机制，实行企业化经营，因此它不同于一般商品的售后服务，所以在考虑市场定位依据时要单独提出。

4. 企业形象定位

企业形象是由企业产品形象、企业领导者形象和企业职工形象所综合构成的，主要通过企业产品在社会各界的知名度和赞誉度来体现。企业及其产品的形象问题有二：一是企业的名声扩展到了多大的范围，二是知晓企业的公众在多大程度上对企业表示赞誉。因而“知名度”和“赞誉度”构成了评价企业市场地位的重要因素。

5. 使用者类型定位

根据物业的类型不同，将物业产品的使用者按一定的分类标准进行分类，选择其中的某一个类别作为企业的服务对象，并为之设计开发出独特的产品，可以使物业产品更具人性化。例如，将某居住物业定位为“高级白领公寓”，就可以吸引不同细分市场的消费者，该物业产品就具有一定的竞争优势。又如，将某商场物业的主要客户定位于家电经销商、服装经销商或建材经销商，该商场投入使用后就可能具有较高的专业化规模收益，该物业也就具有与众不同的专业特色，从而吸引大量的专业经销商前来购买或租赁。

项目小结

（1）物业项目投资市场调研的方式主要有四种：市场普查、市场典型调查、市场重点调查、市场个案调查。

（2）完整的物业市场的调研工作一般分为三个阶段：调研准备阶段；收集和整理资料，实施调研计划阶段；撰写和提交调研报告阶段。

（3）物业项目投资市场调研的方法主要包括四种：文案调查法、实地询问法、网络调研法和抽样调研法。

（4）物业项目投资市场调研的内容包括物业营销环境调研、物业市场需求和消费行为调查、物业产品调查、物业价格调查、物业促销调查、物业营销渠道调查、物业竞争情况调查等。

（5）物业项目投资市场分析的内容主要包括对影响市场的宏观因素分析、市场供求分析、相关因素分析。

（6）市场供求分析一般要从供给分析、需求分析、竞争分析和市场占有率分析四个方面进行。

（7）结合不同类型的物业，相关分析具有不同的侧重点。

（8）物业市场细分是以物业消费需求的差异为依据，将物业市场分为相似需求和欲望的物业消费者群的过程。

（9）物业市场定位是指物业企业根据市场竞争需求和企业自身实力，确定本企业及其在目标市场上的竞争地位的过程。

能力训练

一、不定项选择题

1. 物业项目投资市场调研的方法主要有（　　）。
   A. 文案调查法　　B. 实地询问法
   C. 网络调研法　　D. 抽样调研法
2. 市场重点调查是从市场调查对象总体中选择（　　）单位进行调查。
   A. 少数重点　　B. 一个重点
   C. 两个重点　　D. 极少数重点
3. 物业产品调查的内容包括（　　）。
   A. 现有客户的要求　　B. 新技术的使用
   C. 本企业的销售潜力　　D. 建筑设计与施工
4. 物业竞争情况调查内容不包括（　　）。
   A. 竞争项目的调研　　B. 竞争企业的调研
   C. 竞争合作单位的调研　　D. 竞争单位的调研
5. 物业项目投资市场调研的内容包括（　　）。
   A. 物业营销环境调研
   B. 物业市场需求和消费行为调查
   C. 物业产品调查
   D. 物业价格调查
6. 需求分析包括（　　）。
   A. 需求预测
   B. 吸纳率分析
   C. 市场租户对产品功能需求
   D. 分析建设和运营中的主要物业项目
   E. 业主及租户对物业服务产品的需求
7. 相关因素分析是指不同类型物业需要（　　）分析的内容各有不同。
   A. 侧重　　B. 重点
   C. 相同点　　D. 相近点

8. （　　），首先要研究其所处地段的交通通达程度、目标物业的周边环境及与周围商业设施的关系。
   A. 居住物业　　B. 商业零售物业
   C. 写字楼物业　　D. 工业或仓储物业
9. 物业市场细分的方法有（　　）。
   A. 单一标准法　　B. 主导因素排列法
   C. 综合标准法　　D. 系列因素法

10. 根据物业的类型不同，将物业产品的使用者按一定的分类标准进行分类，选择其中的（　　）作为企业的服务对象，并为之设计开发出独特的产品，可以使物业产品更具人性化。

A. 某一个类别　　B. 少数种类

C. 个别单位　　D. 两个类别

二、填空题

1. 物业项目投资市场调研的方式主要有四种，包括________、________、________、________。

2. 市场典型调查是指从市场调查对象中选择具有代表性的部分单位作为________，进行深入、系统的调查。

3. 物业市场的调研一般分为三个阶段，包括________；________；________。

4. 物业营销环境调研主要是对影响物业企业生产经营活动的________的调研。

5. 社区环境直接影响着________，这是物业商品特有的属性。

6. 物业项目投资市场分析的内容主要包括__________、__________、__________。

7. ____________是介于宏观和微观的分析。

8. 企业（营销者）从满足不同需求出发，将整个市场划分为若干个需求大致相同的消费者群，每个消费者群称为一个____________。

9. 以物业消费需求的差异为依据，将物业市场分为相似需求和欲望的物业消费者群的过程，称之为____________。

10. 物业市场定位是指物业企业根据市场竞争需求和企业自身实力，确定本企业及其在目标市场上的____________的过程。

三、简答题

1. 物业市场结构是从哪些方面考察的？
2. 物业市场细分的方法有哪些？
3. 物业市场细分的作用是什么？
4. 物业市场细分包括哪三个方面？
5. 物业市场供求分析的内容有哪些？

实训项目

调查一宗收益性物业，编制物业经营管理计划，完成如下实训内容：

1. 分析区域宏观市场环境，对所在区域的社会、经济、政治、文化教育、城市发展、公共事业等方面的发展状况与趋势进行分析，确定影响物业发展的主要因素。

2. 分析房地产市场，重点分析细分市场和确定目标市场，结合不同的物业类型，对所在区位优劣进行分析，如是零售商业物业，分析内容包括：①周围人口密度；②交通、通信的方便程度；③居民的购买力水平和消费习惯。如是写字楼物业，分析内容包括：①与其他商业设施接近的程度；②周围土地利用情况和环境；③易接近性（交通方式可选择性、停车位数量等）。

3. 对物业现状进行分析，完成分析调查表（表3-1）。

表3-1　××物业现状分析调查表

<table>
<tr><td>物业名称</td><td colspan="6"></td></tr>
<tr><td>物业位置</td><td colspan="6"></td></tr>
<tr><td>建筑面积/m^2</td><td></td><td>可出租面积/m^2</td><td></td><td>租金水平</td><td colspan="2"></td></tr>
<tr><td>停车场（库）面积/m^2</td><td colspan="2"></td><td colspan="3">车位数</td><td></td></tr>
<tr><td>标准层布局图
（标准层层高：____ m）</td><td colspan="6"></td></tr>
<tr><td rowspan="4">机电设施设备状况</td><td>电梯系统</td><td colspan="5">客梯：____部；货梯：____部；消防电梯：____部</td></tr>
<tr><td>给水排水系统</td><td colspan="5">二次供水水泵：____台，____ kW/台
水景泵：____台，____ kW/台
潜水泵：____台，____ kW/台
生活用水水箱：____个，____ m^3/个
污水处理设备：____ kW
检查井：____个
化粪池：____个
水景：____ m^3</td></tr>
<tr><td>安保系统</td><td colspan="5">红外线探头：____对
摄像头：____个</td></tr>
<tr><td>照明系统</td><td colspan="5">疏散照明灯：____盏，____ kW/盏
楼梯灯：____盏，____ kW/盏
地下停车场照明：____盏，____ kW/盏
水景灯：____盏，____ kW/盏
建筑物射灯：____盏，____ kW/盏
霓虹灯：____盏，____ kW/盏
其他灯：____盏，____ kW/盏</td></tr>
</table>

（续）

<table>
<tr><td rowspan="7">机电设施设备状况</td><td>消防系统</td><td>消防专用水箱：____个，____ m^3 消防水池：____ m^3
消防泵：____台，____ kW/台 消防箱：____个
新风机：____台，____ kW/台 消防栓：____个
温感探测器：____个 疏散引导灯：____盏，____ kW/盏
烟感探测器：____个 消防备用发电机：____台，____ kW/台
灭火器：____具 消防卷帘：____台，____ kW/台
喷淋头：____个 电磁阀：____个
消防闸阀：____个</td></tr>
<tr><td>配电系统</td><td>低压配电房：____座，是否供电局维护
高压配电房：____座，是否供电局维护</td></tr>
<tr><td>道闸系统</td><td>车行道闸：____个
人行道闸：____个</td></tr>
<tr><td>空调系统配置情况</td><td></td></tr>
<tr><td>防雷系统</td><td>本建筑物属于____类防雷系统，监测点：____个</td></tr>
<tr><td>其他设施设备情况描述</td><td></td></tr>
</table>

4. 结合以上分析，设计主要物业服务产品。

项目四 物业租赁管理

知识目标

1. 理解物业租赁的内涵和特征。
2. 掌握物业租赁管理的模式。
3. 了解物业租赁合同的概念和法律特征。
4. 熟悉物业租赁合同的基本条款。
5. 掌握物业租赁合同的变更和终止。
6. 了解租赁双方的权利和义务。
7. 了解物业租赁营销的理论基础。

能力目标

1. 学会物业租赁营销中的客户关系管理技巧。
2. 进行物业租金的测算。
3. 学会拟定物业租赁合同和设计物业租赁方案。

思政目标

在对物业租赁管理知识的学习中培养学生职业素养、法律意识。

任务引入

策划改变命运——以北京新保利大厦为例

北京新保利大厦是一栋超甲级写字楼，位于东四十条桥西南侧，占地面积约两公顷，是中国保利集团在北京地产的倾心力作。新保利大厦拥有世界上最大的柔索玻璃幕墙设施，国内首例竖向遮光石材百叶，集高档写字楼、博物馆及商业娱乐于一体。2009 年连同鸟巢、水立方、国家大剧院等建筑被评为北京当代十大建筑。

除了硬件条件，新保利大厦更吸引客户的是它的地理位置：

东四十条位于北京东二环，这附近集中了大量的外国使领馆，因此很多跨国公司把驻中国办事处设立在附近。

新保利大厦楼下就是北京地铁二号线，并且距离机场高速、地铁机场快线也近在咫尺。

这里距离北京燕莎商圈、朝阳门商圈、王府井商圈、东直门商圈和 CBD 都非常近，而这一切正是金融企业、投资企业聚集的地方。

新保利大厦商务中心于2006年年底正式对外营业，通过销售人员同时也利用网络、中介门店等渠道对外宣传，并吸引客户入住，不过效果欠佳。尽管拥有一流的写字楼，硬件条件和绝佳的地理位置，而且充分满足了周边高端客户对顶级写字楼小面积办公空间的需求，但直到2009年年底，新保利大厦商务中心的出租率仅为60%。

2010年年初，我国台湾地区一家上市公司收购了新保利大厦商务中心，原来的精装修设备、雇员、客户都原封不动地保留了下来。但是对商务中心的经营和服务，该公司从三个方面做了大幅的改善。

1. 改进经营的第一步就是战略性的规划

该公司用心研究了北京的甲级和超甲级写字楼市场供需情况；通过调研充分了解商务中心，目前租户选择在这里办公的原因；学习北京市场乃至全国其他商务中心服务式办公室运营的经验。在这些研究的基础上，结合公司对新保利大厦商务中心的战略定位和目标预期，做了一份详细的战略发展报告。这其中最重要的就是明确新保利大厦商务中心的经营目标，核心关注点和财务分析。

2. 与新保利大厦的租售部建立了战略合作关系

公司一方面在网络及媒体上有针对性地对商务中心做了推广，并且和代理公司开展合作；另一方面，与新保利大厦的租售部建立了战略合作关系。通过这些举措引进了民生银行、保利科技相关产业链上的企业，这些高端的核心客户保证了租金水平，更重要的是能够通过群聚效应，对持续提高出租率带来了不可忽视的正面影响。

3. 尽力提高客户满意度

公司在收购原物业以后，对员工绩效考核进行了大幅调整。商务中心的员工薪资与客户满意度、客户续约率直接挂钩。对高质量的服务进行奖励，这直接导致所有员工将服务客户放在最重要的位置。在短短半年时间内，前台满意度的评分从不到4分迅速提高到了4.8分。逐渐形成了商务中心的口碑，客户甚至在自己的商务圈子里进行传播，而引来了很多签约的新客户。这样出租率提高到了100%，租金水平也有明显的提升。

结合以上案例，请思考：

（1）通过物业租赁经营策划，如何提升物业资产价值？

（2）如何理解提升服务质量不是抓标准，而是抓激励？

任务一　物业租赁管理的基本概念

2016年12月中旬，中央经济工作会议提出，要坚持“房子是用来住的，不是用来炒的”的定位，要求回归住房居住属性，着力加快住房租赁市场立法，加快机构化、规模化租赁企业发展。链家研究院院长杨现领在2016年《租赁崛起》报告分享会上表示：“未来3到5年，中国将有约2亿人进入租房市场，租金规模将超过1.5万亿元人民币，中国未来的租房市场空间巨大。”该报告更是预测，未来10年，我国租房市场租金交易额将接近3万亿元，租赁人口近2.3亿人；到2030年，租金交易额将达4.6万亿元，租赁人口达到2.7亿人，一线城市租金交易额将超万亿元。

一、物业租赁的内涵

通常意义的物业租赁指的是房屋租赁，即房屋产权人作为出租人将其房屋出租给承租人使用，承租人向出租人支付租金的行为。物业租赁管理主要包括对住房、写字楼、零售商业物业等在内的收益性物业租赁活动的管理。

在物业租赁中，出租人必须是房屋产权所有人。转租不等于出租，转租人也不等于出租人。承租人就是物业的需求者。承租人使用，包括承租人居住或从事经营活动；也包括承租人在租赁期间将其承租房屋的部分或者全部再出租的行为（即转租），包括以联营、承包经营和合作经营等名义，将承租房屋交付给他人使用并获得租金性质的保底收益。物业所有权人是为了获得经济收入而出让物业的使用权，而使用权人则是为了使用物业而以协商租金为代价向所有权人或经营者承租物业，房租是双方商品交换的价格。物业租赁的核心问题就是租金问题。

二、物业租赁的特征

物业租赁作为一种特定的商品交易的经济活动形式，它具有自己的法律特征：

（1）房屋租赁不转移房屋的所有权，承租人只享有房屋的使用权　房屋的承租人只享有房屋的占有权和使用权。因此，不能将其所租赁的房屋擅自转租，除非已经获得出租人的同意。

（2）房屋租赁的标的物是作为特定物的房屋　物业的物理特性是空间上的永久性、稀缺性和经济上的保值增值性，它属于不动产，这是房屋区别于其他任何财产的特征。因此，出租人在供应房屋时，只能按合同中规定的标的物出借，而不可以用其他房屋来代替。当租赁合同终止时，承租人也必须按合同规定的标的物还借，而不可用其他房屋来取代。并且，房屋租赁的标的物是特定物而非同类物，也就是说，房屋出租需要满足一定的条件；如出租的房屋具有以下特征，那么该房屋就不能出租：

1）未依法取得房屋所有权证的。

2）司法机关和行政机关依法裁定、决定查封或以其他形式限制房地产权利的。

3）共有房屋未取得共有人同意的。

4）权属有争议的。

5）属于违法建筑的。

6）不符合安全标准的。

7）已抵押，未经抵押权人同意的。

8）不符合公安、环保、卫生等主管部门有关规定的。

9）有关法律、法规规定禁止出租的其他情况。

（3）房屋租赁关系是一种经济要式契约关系　房屋租赁关系是一种经济的关系，应体现契约双方有偿、互惠互利的关系。同时由于房屋租赁的特殊性，租赁契约必须是要式合同，而且是法定要式合同。

（4）房屋租赁关系不因所有权的转移而中止　在房屋租赁的有效期内，即使出租人房屋的所有权发生转移，原租赁关系仍然有效，房屋新所有权人必须承担房屋原所有人在租赁合同中确定的义务，尊重承租人的合法权益。

(5) 租赁双方都必须是符合法律规定的责任人　租赁作为一种民事法律行为，对其租赁双方都有相应的法律要求，主要表现为：出租人必须是房屋所有权人或其指定的委托人或法定代管人；承租人遵守法律限制承租的要求。例如我国规定机关、团体、部队及其他企事业法人不得租用或变相租用城市私房等。

三、物业租赁管理模式

在对物业租赁活动进行管理运作过程中，根据业主对物业管理企业委托内容与要求的不同，物业管理企业有不同的管理模式。常见的有包租转租模式、出租代理模式和委托管理模式。不同的管理模式，业主与物业管理企业在物业租赁中各自承担的责任不同。

包租转租模式是物业管理企业接受业主委托，将出租物业全部或部分包租下来，支付业主租金，然后负责转租，获取一定的租金批零差价的物业租赁管理形式。在这一模式下，业主不需要承担具体责任和市场风险，只需要按约定收取租金即可；物业管理企业负责租赁经营和管理服务工作，并且承担相应的市场风险，并从中获取管理费用和批零差价利润。

出租代理模式是业主全权委托物业管理企业负责租赁活动以及租赁中的管理和服务。物业管理企业只获得代理佣金，代理佣金以租金收入的一定比例收取。在这一模式下，业主仍不需承担具体责任，但要承担一定的风险，尤其房屋空置时对业主的收入影响较大，业主的收入为扣除代理佣金外的全部租金。物业管理企业所获得的收益主要是管理、服务费用和佣金。在经租活动中，虽然佣金多少与经租获利有关，但从性质上分析它得到的仍然是佣金而不是租金，其市场风险相对较小。

委托管理模式下，业主自己直接负责租赁活动，获取全额租金，并承担全部市场风险；物业服务企业只需负责物业服务工作，收取相应的管理和服务费用，并不承担市场风险。表 4-1 将这三种管理模式的主要特征进行了比较。

视频：物业租赁管理的模式

表 4-1　物业租赁管理模式综合比较

管理模式	要点	业主			物业服务企业		
		责任	利益	市场风险	责任	利益	市场风险
包租转租模式	物业企业零售出租	无	收取租金	无	租赁经营和管理服务工作	管理费用和批零差价利润	承担市场风险
出租代理模式	物业负责租赁、管理和服务	无	扣除代理佣金外的全部租金	一定的市场风险	同上以及合同规定的责任	管理、服务费和佣金	一部分市场风险
委托管理模式	物业负责服务工作	负责租赁活动	全部租金	全部市场风险	物业管理和服务	管理和服务费用	无

四、物业租赁的分类

物业租赁是一个很宽泛的概念，在实践工作中，为了更有针对性地进行管理，可以按照不同的标准，把物业租赁分为不同的类型。比如，可以按房屋所有权的性质划分为公房租赁和私房租赁；按房屋租赁期限划分为定期租赁、自动延期租赁、意愿租赁；按物业租金的内涵划分为毛租、净租、百分比租金。

（一）公房租赁与私房租赁

视频：物业租赁的分类

公有房屋的所有权人是国家，但在租赁关系中，国家并不作为民事法律主体出现，而是采用授权的方式，由被授权的单位具体管理，按照我国的管理体制，公房又分为直管公房和自管公房。直管公房一般由各级人民政府房地产行政主管部门管理，房地产行政主管部门作为直管公房所有权人的代表，依法行使占有、使用、收益和处分的权利；自管公房由国家授权的单位即国有企事业单位自行管理，其法律特征就是持有《房地产权证》或《房屋所有权证》。

私有房屋是除公有房屋外的其他所有房屋。私有房屋的所有权人，既包括居民个人，又包括各种类型的企业法人和机构。出租私有房屋，是一种物业经营管理行为。

作为投资者需要结合市场的跟踪、分析判断，确定不同市场条件下的投资标准，包括现金流、租金波动和基于市场交易的收益变化。要将战略中确定资产组合达到收益的最大化通过标准来确定。

（二）定期租赁、自动延期租赁与意愿租赁

定期租赁是物业管理中最常见的租赁形式。它包含确切的起租日期和结束日期，当期限届满，合同自动失效而不需要预先声明，租户必须把物业交还给业主。定期租赁不因业主或租户的死亡而失去法律效力，即所有权益的归属形式不变。因此如果业主希望通告租户合同期满搬离，合同上必须注明截止日期。

自动延期租赁又称周期性租赁，除非合同一方提出要中止合约，否则将自动续约。合同按周、月、年的周期延续，中止通知应与周期对应。合同中止的提前时间可以是一个月到六个月不等。该形式的租赁行为不因合同一方的死亡而失效，可由双方根据协议达成，也可以依法建立。当物业所有者与承租人之间的租赁行为在本期租赁期限到期时以相似的租赁条件自动延续时，协议就达成了。

意愿租赁就是给租户以时期不确定的物业租用权，意愿租赁的延续依赖双方的意愿。意愿租赁可以未经提前通知而随意中止，但一般的做法是提前以书面形式提出中止租赁的通知。与定期租赁不同的是，意愿租赁关系在双方中的一方死亡时自动中止。

（三）毛租、净租与百分比租金

物业使用过程中所发生的费用，主要由税费、物业管理费和承租单元内部的能源使用费三部分组成。按照出租人所收取的租金中是否包含上述费用支出，通常将物业租金分为毛租、净租和百分比租金三种形式。

毛租是指出租人收取的租金中，已包含了税费、物业管理费和承租单元内部的能源使用费三部分费用，承租人在使用物业的过程中，不需要再另行缴纳任何费用。

净租是指出租人收取的租金中，不包含上述费用中的部分或全部，而不包含的费用，需要由承租人另行缴纳。净租通常在长期租赁中采用，租赁时间可达 10 年以上。净租金有三

种形式。第一种形式，租户除向业主支付租金外，还要负担水、电、热、煤气等能源使用费。第二种形式，租户除了负担第一种中所提及的各项费用外，还要支付物业管理费用。第三种形式，租户除需支付第二种形式中的费用外，还需负责支付房产税、保险费等固定费用，承担物业维护和修缮等一切开销。

百分比租金通常也称为超出性租金，常用于零售商业物业。此时，承租人除向出租人定期支付固定租金外，还要将其营业额中超出预订数额的部分，按一个百分比交予出租人，作为出租人的百分比租金收入。当出租人仅收取百分比租金时，通常要对承租人营业收入的下限做出规定，作为其获得最低租金收入的保障。出租人为了保证其物业在出租过程中获得预期的租金收入，还常在合同中订立有强制收回使用权的条款，该条款就确定了一个租期内最低的租户营业收入下限。当该限度在核算周期中未能达到合同要求时，出租人有权收回物业的使用权。另一种比较公平合理的做法是，当承租人未能完成条款中规定的最低租金时，可以另外追加费用以达到最低租金水平。

除以上提到的各种类型外，还可以把物业租赁分为居住用房租赁和非居住用房租赁；国内租赁和涉外租赁等多种类型。

任务二　物业租赁合同

一、物业租赁合同的概念和法律特征

物业租赁合同是出租人与承租人签订的、用于明确租赁双方权利义务关系和责任，以物业为租赁标的的协议，是一种债权合同。租赁是一种民事法律关系，在租赁关系中出租人与承租人之间所发生的民事关系主要是通过租赁合同确定的。因此，在租赁中出租人与承租人应当对双方的权利和义务做出明确的规定，并且以文字形式形成书面记录，成为出租人与承租人关于租赁问题共同遵守的准则。

其法律特征主要有以下四点：

（1）物业租赁合同是双务合同　双务合同是指合同当事人都享有权利和负有义务的合同。这类合同的每一方当事人既是债权人又是债务人，而且互为等价关系，即双方各自享有的权利和负有的义务，正是对方应尽的义务和享有的权利。双务合同的主要意义在于合同的履行，即任何一方在自己未履行合同义务的情况下，无权请求对方履行义务而自己只有权利，否则就成了单务合同。

（2）物业租赁合同是有偿合同　有偿合同是指当事人享有合同规定的权利时必须付出代价的合同。有偿合同大多数是双务合同。区分有偿合同与无偿合同的法律意义在于确定当事人履行合同义务时应达到和完成的程度及违约责任大小。一般而言，有偿合同义务的履行，其完成程度要高于无偿合同，有偿合同义务的违约责任比无偿合同义务的违约责任要重。

（3）物业租赁合同是要式合同　要式合同是相对不要式合同而言的。凡要求有特定形式和履行一定手续的合同称为要式合同，否则为不要式合同。要式合同由法律直接规定的，称为法定要式合同；法律无明文规定的，只是当事人约定必须履行特定方式和手续的合同，称为约定要式合同。房屋合同是法定要式合同。房屋租赁，当事人应当签订书面租赁合同，没有书面合同的租赁行为不受法律的保护。

（4）物业租赁合同是继续性合同　物业租赁当事人双方的权利和义务，均与合同的存续期相关，租赁时间是合同的基本元素，因而房屋租赁合同属于继续性合同。

二、物业租赁合同的基本条款

物业租赁合同作为出租人与承租人关于租赁问题共同遵守的相关准则，其内容的规范性和完整性的要求是很严格的。一般来说，一份完整的物业租赁合同的基本组成部分应包括：

（1）当事人姓名或者名称及住所　房屋租赁意味着房地产权益的转移，因此合同上必须注明出租者和租赁者的姓名，并且要由物业所有者或其合法代表签名方能生效；如果租赁方属于公司或组织机构，签署者应为租赁方法人，并且应在合同上加盖公章。

（2）房屋坐落、面积、装修及设施状况　在签订合同时对租赁场所做精确的描述是必要的，包括房屋坐落、面积、装修及设施状况等相关信息。如果出租对象是楼宇或公寓的一部分，合同应明确其所占空间的边界，如明确房间号和街道地址；但出租对象若是商业用房时，则需要在合同中附加所出租空间的楼面布置。为详细起见，合同中还要注明租户对楼梯、电梯、大堂、车道、道路享有的权限，以及被租房间的装饰、器具等项目及其状况和其他附属空间，如车库、储藏室、露台等的权限。在工商物业出租中，对物业描述的另一项内容是物业所有者将要为租户而进行的物业改造。例如要指明改造项目和所需要的费用分摊情况以及由哪一方实施改造。

视频：物业租赁合同的基本条款

（3）租赁用途　物业所有者在合同中要增加对物业用途加以限制的条款。例如，在办公物业租赁中可限制物业从事的业务类型，如“建议仅从事一般的保险代理业务，而不可涉及其他”或不得进行违法用途（如制假等），在公寓合同中可填加“只供居住不供商用”。此外对合租物业的，在合同中还要附加“物业管理公约”，各租户要共同遵守。

（4）租赁期限　合同中应明确租用期及其开始与截止日期，如可以叙述为：“租用期 20 年，起始日期 20** 年　月　日，截止日期 20** 年　月　日。”很多合同中还包含续租条款，就租户续租细节加以说明。续租细节包括租户提出续租的最迟期限、方式、向谁提出以及续租条件和租金追加额等。

（5）租金与支付方式及租价调整方式　合同中应注明租户租金的交付方式。无论毛租、净租还是百分比租赁，支付租金的时间和总数必须说明。

另外，由于通货膨胀、税收等因素的影响，一般合同越长，业主的利益就越可能受到威胁，因此在原始合同中应规定特定的租价调整方式，这一点非常重要。一把来说，调整租价的方式主要有渐进调整、百分比租赁、指数租赁、价格收缩条款等。

除此之外，租赁合同基本条款还包括房屋的修缮责任、关于转租的约定、变更和解除合同的条件、租赁双方的权利义务和当事人约定的其他条款等。

三、物业租赁合同的变更和终止

一份规范的租赁合同应包含当事人姓名、房屋基本情况、租赁用途、租赁期限等基本要素，在租赁期间，这些基本要素如果发生变化，就可能导致当事人对相应的合同条款进行变更。现实生活中，由于当事人意愿、租金变更、合同到期等多种因素，租赁合同的部分条款变更，甚至终止合同的履行的情况也比较常见。

视频：物业租赁合同的变更和终止

(一) 租赁合同的变更

租赁合同的变更主要是指物业租赁当事双方，即物业出租人与承租人经过协商，或依据相关法律规定，对已达成的部分合同条款进行更改的过程。在实践中，常见的变更情况主要有：

1）因租赁一方当事人更名；房屋产权转移；承租人家庭分户或承租人死亡、迁移等情况，皆可对租赁合同进行变更。这些情形主要指向的是租赁双方当事人自身，以及在租赁合同中的权利义务关系，比如在租赁期内房屋产权发生转移的，在不影响租赁合同的效力的前提下，双方可对合同主体以及租金归属等进行变更。

2）因出租房屋面积的增减、附属物的增减也可导致合同的变更，双方可根据增减后的实际面积及附属物情况对合同进行变更。其主要变更要素是房屋。

3）因租赁双方约定改变租赁房的用途或增减房屋用途的。根据相关法律规定，在租赁活动中，承租人应当按照租赁合同规定的使用性质使用房屋，不得变更使用用途，确需变动的，应当征得出租人的同意，并重新签订租赁合同。其主要变更要素是房屋用途。

4）因租金的增减或支付方式的改变导致协议条款更改。主要变更要素就是承租方的付租金额或付租方式。

5）经双方约定，还可改变租赁期限或者期限长短。这里的主要变更要素是合同期限。

物业租赁合同常见变更因素汇总见表 4-2。

表 4-2 物业租赁合同常见变更因素汇总

导致合同变更的因素	主要变更因素
租赁一方当事人更名，房屋产权发生转移，承租人家庭分户或承租人死亡、迁移	人变、权变
出租房屋面积的增减、附属物的增减	房变
租赁双方约定改变租赁房的用途或增减房屋用途	用途变
租金的增减或支付方式的改变导致协议更改	付租金额和方式变
由双方约定，改变租赁期限或者期限长短	期限变

(二) 租凭合同的终止

在租赁合同履行过程中，除了合同变更外，租赁双方因合同到期或者是某一方未履行相应义务的时候，由当事人双方或其中一方解除合同的，租赁合同也会因此而终止。

可以根据租赁合同终止的原因，将其分为自然终止和人为终止两种类型：

当租赁合同到期，合同就自然终止；如承租人需要继续租用的，应当在租赁期限届满前3个月提出，并经出租人同意，重新签订租赁合同。除此之外，如有符合法律规定或合同约定可以变更或解除合同条款的；或因不可抗力致使租赁合同不能继续履行的；或当事人协商一致不再继续履行租赁合同的，都属于自然终止的情形。

另外，因租赁双方人为的因素而使合同终止，称之为人为终止。人为终止一般分为无效合同的终止和由于出租人与承租人的人为因素而使合同终止。这些人为因素包括承租人将承租的房屋擅自转租的；承租人将承租的房屋擅自转让、转借他人或私自调换使用的；承租人将承租的房屋擅自拆改结构或改变承租房屋使用用途的；承租人利用承租的房屋进行违法活动的；承租人故意损毁房屋的；出租人未经协商擅自提高租金的等。

四、租赁双方的权利和义务

视频：租赁双方的权利义务

租赁合同是典型的双务合同，合同当事人都享有权利并负有义务。这类合同的每一方当事人既是债权人又是债务人，而且互为等价关系，即双方各自享有的权利和负有的义务，正是对方应尽的义务和享有的权利。

在物业租赁活动中，出租人和承租人主要的权利义务见表4-3、表4-4。

表4-3　出租人主要权利义务对照表

出租人享有的权利	出租人履行的义务
按期收取租金的权利	按照合同规定提供房屋给承租人使用的义务
监督承租人按合同规定合理使用房屋的权利	保障承租人合法使用房屋的义务
依法收回出租房屋的权利	保障承租人居住安全和对房屋装修、设备设施进行正常维修的义务
向用户宣传、贯彻执行国家房管政策和物业管理公约、管理规定等权利	组织住户、依靠群众管好房屋，接受租户监督，不断改进工作的义务

表4-4　承租人主要权利义务对照表

承租人享有的权利	承租人履行的义务
按照租约所列的房屋、规定的用途使用房屋的权利	按期交纳租金的义务
要求保障房屋安全的权利	维护原有房屋、爱护使用、妥善保管的义务
对物业管理状况进行监督、建议的权利	遵守有关国家政府法规和物业管理规定的义务
经出租人同意有转租获利的权利	按约定用途合理使用房屋，不得私自转租、转让他人的义务
出租房屋出售时，有优先购买权	

知识链接

房屋租赁合同（样本）

订立合同双方：

出租方：________________（以下简称甲方）

承租方：________________（以下简称乙方）

根据《中华人民共和国经济合同法》及有关规定，为明确甲、乙双方的权利义务关系，经双方协商一致，签订本合同。

第一条　甲方将自有的坐落在____市____街____巷____号的房屋____栋____间，建筑面积____平方米，使用面积____平方米，类型____，结构等级____，完损等级____，主要装修设备____，出租给乙方作____使用。

第二条 租赁期限

租赁期共____个月，甲方从____年____月____日起将出租房屋交付乙方使用，至____年____月____日收回。

乙方有下列情形之一的，甲方可以中止合同，收回房屋：

1. 擅自将房屋转租、分租、转让、转借、联营、入股或与他人调剂交换的。

2. 利用承租房屋进行非法活动，损害公共利益的。

3. 拖欠租金____个月或空关____个月的。

合同期满后，如甲方仍继续出租房屋的，乙方享有优先承租权。

租赁合同因期满而终止时，如乙方确实无法找到房屋，可与甲方协商酌情延长租赁期限。

第三条 租金或租金缴纳期限、税费和税费缴纳方式

甲乙双方议定月租金____元，由乙方在每____月____日缴纳给甲方，先付后用。甲方收取租金时必须出具由税务机关或县以上财政部门监制的收租凭证。无合法收租凭证的乙方可以拒付。

甲乙双方按规定的税率和标准缴纳房产租赁税费，缴纳方式按下列第____款执行：

1. 按有关税法和有关文件规定比例由甲、乙方各自负担。

2. 甲、乙双方议定____。

第四条 租赁期间的房屋修缮和装饰

修缮房屋是甲方的义务。甲方对出租房屋及其设备应定期检查，及时修缮，做到不漏、不淹、三通（户内上水、下水、照明电）和门窗完好，以保障乙方安全正常使用。

修缮范围和标准按住建部文件通知执行。

甲方修缮房屋时，乙方应积极协助，不得阻碍施工。

出租房屋的修缮，经甲、乙双方商定，采取下述第____款办法处理：

1. 按规定的维修范围，由甲方出资并组织施工。

2. 由乙方在甲方允诺的维缮范围和工程项目内，先行垫支维修费并组织施工，竣工后，其维修费用凭正式发票在乙方应缴纳的房租中分____次扣除。

3. 乙方因使用需要，在不影响房屋结构的前提下，可以对承租房屋进行装饰，但其规模、范围、工艺、用料等均应事先得到甲方同意后方可施工。对装饰物的工料费和租赁期满后的权属处理，双方议定：

工料费用________承担。

所有权属________方。

第五条 租赁双方的变更

1. 如甲方按法定程序将房产所有权转移给第三方时，在无约定的情况下，本合同对新的房产所有者继续有效。

2. 甲方出售房屋，须在三个月前书面通知乙方，在同等条件下，乙方有优先购买权。

3. 乙方需要与第三人互换用房时，应事先征得甲方同意。甲方应当支持乙方的合理要求。

第六条　违约责任

1. 甲方未尽本合同第一、二条的约定向乙方交付符合要求的房屋，负责赔偿____元。

2. 租赁双方如有一方未履行第四条约定的有关条款的，违约方负责赔偿____元。

3. 乙方逾期交付租金，除仍应补交欠租外，并按租金的____%，以滞纳天数计算向甲方交付违约金。

4. 甲方向乙方收取约定租金以外的费用，乙方有权拒付。

5. 乙方擅自将承租房屋转给他人使用，甲方有权责令停止转让行为，中止租赁合同。同时按约定租金的____%以天数计算由乙方向甲方支付违约金。

6. 本合同期满时，乙方未经甲方同意，继续使用承租房屋，按约定租金的____%以天计算向甲方支付违约金后，甲方仍有终止合同的申诉权。

上述违约行为的经济索赔事宜，甲乙双方议定在本合同鉴证机关的监督下进行。

第七条　免责条件

1. 房屋如因不可抗拒的原因导致损毁或造成乙方损失的，甲乙双方互不承担责任。

2. 因市政建设需要拆除或改造已租赁的房屋，使甲乙双方造成损失，互不承担责任。因上述原因而中止合同的，租金按实际使用时间计算，多退少补。

第八条　争议解决的方式

本合同在履行中如发生争议，双方应协商解决；协商不成时，任何一方均可向市房屋租赁管理机关申请调解，调解无效时，可向市工商行政管理局经济合同仲裁委员会申请仲裁，也可以向人民法院起诉。

第九条　其他约定事项

1.

2.

……

第十条　本合同未尽事宜，甲乙双方可共同协商，签订补充协议。补充协议报送市房屋租赁管理机关认可并报有关部门备案后，与本合同具有同等效力。

本合同一式4份，其中正本2份，甲乙双方各执1份；副本2份，送市房管局、工商局备案。

出租方：（盖章）	承租方：（盖章）
法定代表人：（签名）	法定代表人：（签名）
委托代理人：（签名）	委托代理人：（签名）
地址：	地址：
开户银行：	开户银行：
账号：	账号：
电话：	电话：
签约时间：	签约时间：

合同有效期限：至　　年　月　日

（以上样本摘自《物业管理指南》，中国城市出版社1995年版）

任务三　物业租赁营销

物业租赁营销的主要目的是吸引潜在的租户，以获取一个理想的出租率。营销人员必须熟悉当地相关类型的物业市场，并在此基础上制订一个有效的市场宣传计划，采取一系列有效的营销手段，来影响潜在租户的寻租行为及其承租决策，进而达到提升物业租金、提高入住率的目的。

视频：物业租赁营销管理的原则

在进行物业租赁营销管理的过程中，应始终坚持两条原则，即：

1）“熟悉你的产品”，首先要做好出租空间的检查。

2）“新业务的最好来源是你目前的顾客”，要重视现有租户的推荐介绍。

从这两个原则中不难发现，目前物业营销的理念是更加注重客户关系的管理，其本质是客户价值差别化管理，即识别客户价值的差别化和需求的差别化。要坚持租赁管理的两条原则，为取得较好的管理成效，必须要抓住两个关键词：“客户” 和 “客户关系”。

一、4P 理论

20 世纪 60 年代，美国营销学学者麦卡锡教授提出了著名的 4P 营销组合策略，即产品（Product）、价格（Price）、渠道（Place）和促销（Promotion），如图 4-1 所示。他认为一次成功和完整的市场营销活动，意味着以适当的产品、适当的价格、适当的渠道和适当的促销手段，将适当的产品和服务投放到特定市场的行为。

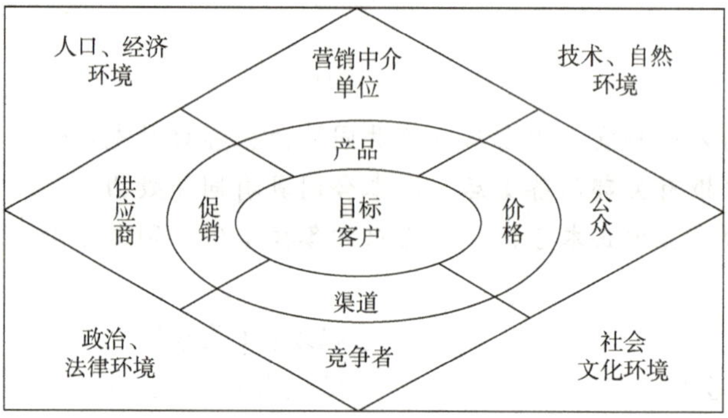

图 4-1　4P 营销理论模型

4P 理论对于产品开发非常重视，注重开发的功能，要求产品有独特的卖点，把产品的功能诉求放在第一位。同时根据不同的市场定位，制订不同的价格策略，产品的定价依据是企业的品牌战略，应注重品牌的含金量。在销售渠道建设上，企业并不直接面对消费者，而是注重经销商的培育和销售网络的建立，企业与消费者的联系是通过分销商来进行的。在销售过程中，企业注重销售行为的改变来刺激消费者，以短期的行为促成消费的增长，吸引其他品牌的消费者或导致提前消费来促进销售的增长。

正如科特勒所说：“如果公司生产出适当的产品，定出适当的价格，利用适当的分销渠道，并辅之以适当的促销活动，那么该公司就会获得成功。”因此，在营销活动中，4P 理论关注的核心就在于制订并实施有效的市场营销组合。

4P 理论重视产品导向而非消费者导向，以满足市场需求为目标。这是营销学的基本理论，它最早将复杂的市场营销活动加以简单化、抽象化和体系化，构建了营销学的基本框架，促进了市场营销理论的发展与普及。

但 4P 理论营销活动着重企业内部，对营销过程中的外部不可控变量考虑较少，难以适应市场变化。随着产品、价格和促销等手段在企业间相互模仿，在实际运用中很难起到出奇制胜的作用。况且，营销是交换关系的相互满足，而 4P 模型忽略了交换关系中大量因素的影响作用。

二、4C 理论

由于 4P 理论在营销实践过程中存在着一定的缺陷，美国营销专家劳特朋教授在 1990 年提出 4C 理论，它以消费者需求为导向，重新设定了市场营销组合的四个基本要素：消费者（Consumer）、成本（Cost）、便利（Convenience）和沟通（Communication）。

消费者（Consumer）是指顾客的需求。企业必须首先了解和研究顾客，根据顾客的需求来提供产品。同时，企业提供的不仅仅是产品和服务，更重要的是由此产生的客户价值。成本（Cost）不单是企业的生产成本，还包括顾客的购买成本。此外，这中间的顾客购买成本不仅包括其货币支出，还包括其为此耗费的时间、体力和精力消耗，以及购买风险。便利（Convenience）是通过多种渠道向顾客提供详尽的信息、为顾客提供良好的售后服务，减少顾客精神和体力的耗费。沟通（Communication）是企业应通过同顾客进行积极有效的双向沟通，建立基于共同利益的新型企业、顾客关系。

相比于 4P 理论而言，4C 理论瞄准消费者需求，满足消费者的需求不能仅表现在一时，而应始终贯穿于产品开发的全过程。并且，它重视顾客导向，以追求顾客满意为目标，这实际上是当今消费者在营销中越来越居主动地位的市场对企业的必然要求。

但也要看到，4C 营销理论是顾客导向，而市场经济要求的是竞争导向。企业不仅要看到需求，而且还需要更多地注意到竞争对手。其次，不同企业至多是个程度的差距问题，并不能形成营销个性或营销特色，不能形成营销优势，保证企业顾客份额的稳定性、积累性和发展性。另外，在 4C 理论的引导下，企业往往失之于被动适应顾客的需求，为被动地满足消费者需求付出更大的成本，如何将消费者需求与企业长期获得利润结合起来，是 4C 理论有待解决的问题。

从以上的分析可以看出，从 4P 理论到 4C 理论的演变，并不意味着 4C 完全取代了 4P，二者之间还是存在的联系的。统筹规划企业的营销策略时，应从顾客需求的角度思考如何设计和研发产品，从顾客成本的角度考虑如何制订最合理的价格。此外，顾客需求本身对于产品价格也有着直接的影响，从与顾客如何实现沟通的角度思考促销和推广的方式，从客户购买的便利性的角度来确定企业通路的选择，如图 4-2 所示。

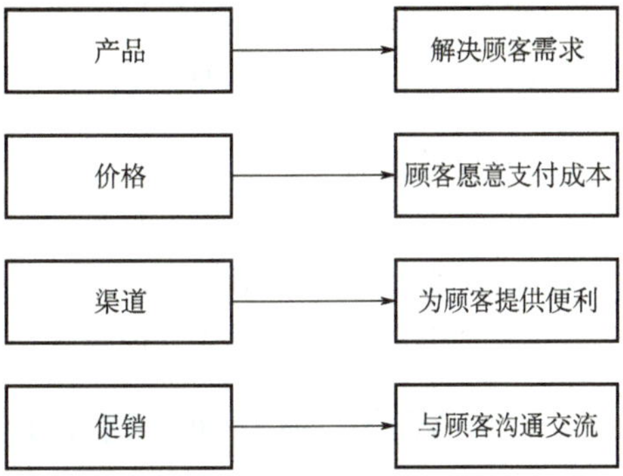

图 4-2　4P 理论与 4C 理论综合运用框架

三、客户关系管理

（一）客户关系管理的内涵

客户关系管理（Customer Relationship Management，CRM）是一种通过围绕客户细分来组织企业，鼓励满足客户需要的行为，并通过加强客户与供应商之间联系等手段，来提高盈利、收入和客户满意度的遍及整个企业的商业策略。

西方工业界不断用各种工具和方法进行产业升级：流程、财务、IT 和人力资源，进展到最核心的堡垒——营销，而 CRM 就是工业发达国家对以客户为中心的营销的整体解决方案。同时，如果没有以互联网为核心的技术进步的推动，CRM 的实施会遇到特别大的阻力，可以说，互联网是 CRM 的加速器，具体的应用包括数据挖掘、数据仓库、呼叫中心、基于浏览器的个性化服务系统等，这些技术随着 CRM 的应用而飞速发展。

最早发展客户关系管理的国家是美国，在 1980 年初便有所谓的“接触管理”（Contact Management），即专门收集客户与公司联系的所有信息；1985 年，巴巴拉 · 本德 · 杰克逊提出了关系营销的概念，使人们对市场营销理论的研究又迈上了一个新的台阶；到 1990 年则演变成包括电话服务中心支持资料分析的客户关怀（Customer care）。1999 年，Gartner Group Inc 公司提出了 CRM 概念（Customer Relationship Management，客户关系管理）。Gartner Group Inc 在早些提出的 ERP 概念中，强调对供应链进行整体管理。而客户作为供应链中的一环，为什么要针对它单独提出一个 CRM 概念呢？

原因之一在于，在 ERP 的实际应用中人们发现，由于 ERP 系统本身功能方面的局限性，也由于 IT 技术发展阶段的局限性，ERP 系统并没有很好地实现对供应链下游（客户端）的管理，针对 3C 因素中的客户多样性，ERP 并没有给出良好的解决办法。另一方面，到 20 世纪 90 年代末期，互联网的应用越来越普及，CTI、客户信息处理技术（如数据仓库、商业智能、知识发现等技术）得到了长足的发展。结合新经济的需求和新技术的发展，Gartner Group Inc 提出了 CRM 概念。

值得注意的是：CRM 是一种管理理念而非管理软件，它是营销管理的创新。它的根本目的是通过不断改善客户关系、互动方式、资源调配、业务流程和自动化程度等，从而降低运营成本、提高企业销售收入、客户满意度和员工生产力。

（二）客户关系管理的作用

1）能够整合客户、企业和员工资源，优化业务流程。

2）能够提高企业、员工对客户的响应、反馈速度和应变能力。

3）能够提高企业销售收入。

4）能够改善企业服务、提高客户满意度。

（三）客户关系管理在物业租赁中的运用

1. 租赁管理中实施客户关系管理是市场化的要求

首先明确租赁管理所面向的客户对象和业务特征。租赁管理的客户对象是租用物业的租户。租赁管理的本质实际上是典型的服务营销与销售，换句话说就是租赁管理是以客户关系管理为工作中心，包含着服务、销售、市场营销等多个综合方面。

2. 实施客户关系管理涉及的工作

从整体上看，一个完整的物业租赁活动主要流程包括捕捉潜在租户、租户资格的审查、租约条款谈判、缔约技巧、核查物业、提供有效的租赁服务、建立良好的租赁关系、收缴租金、续签租约、租赁终（中）止等步骤。

（1）捕捉潜在租户　租赁营销活动是从捕捉潜在租户开始的，一般而言，当前运用较普遍的方法有：

第一，通过广告捕捉潜在租户。在实践过程中应注意，利用广告捕捉潜在租户时，不同类型物业的潜在租户的捕捉方式不同：对工业物业的潜在租户，可通过放置在工业区的主要干道上的大型广告牌找到或通过工业经纪人寻找；商业物业的潜在租户，可通过靠近写字楼或在写字楼上竖立广告牌或在大型橱窗里和城市报纸的特定版面上频繁登广告等方法寻找；而一个潜在的家庭租户有租赁需求时，往往通过邻居或朋友，也有通过看报纸来寻找的，因此居住物业的租赁广告可通过在物业上悬挂广告牌或在报纸上刊登。

第二，使用“免费”噱头捕捉潜在租户。如物业管理者可以提供一次免费旅行、免费游泳或网球课程、免费使用俱乐部的机会等。为了刺激和吸引更多的潜在租户光顾，广告中还可以声明：头六位签约者可免收第一个月的租金，或在一个特定的时期内享有某种优惠。

视频：物业租赁营销活动

第三，引导参观捕捉潜在租户。如参观工业区，物业管理者可宣传其交通的便利；参观综合办公楼或购物中心的途中，说一说其他租户的情况，使其了解周边租户的素质，相信周边没有直接的竞争者。

第四，建立租售中心捕捉潜在租户。对于大型综合住宅和商业物业来说，建立一个组织健全、有专业人员的租售中心是必要的。租售中心要有完整的装修并带有极富吸引力的家具，以使潜在租户看到完成后物业的情况。

（2）租户资格的审查　当找到了潜在租户后，在进入谈判前还需要对租户资格进行必要的审查，最大程度地降低租赁活动的风险，审查工作的内容主要包括进行潜在租户的登记；收集潜在租户的身份证明；了解潜在租户的租赁经历；核查潜在租户的资信状况。

（3）租约条款谈判　审查通过后，就进入了租约条款谈判的阶段，在谈判过程中，应掌握一定的谈判技巧和方法，其要点主要有：注意控制签约进程；邀请经纪人直接参与；注意谈判妥协的艺术；关注租期的确定情况。

除此之外，关于物业改造和扩租权等内容，一直以来都是引发租赁纠纷的重灾区，在进行谈判时应予以足够关注。

（4）提供有效的租赁服务　当租赁合同生效，租户正式入驻后，如何提供有效的租赁服务，建立良好的租赁关系就是核心问题了，对此，应从以下三方面入手：与租户进行良好的沟通；建立联系途径；开展优质的租赁服务。还可以通过数据统计与分析得到租户差异性需求的信息，即哪种服务能够给某类租户带来最大化的效用。根据这些信息，物业经营管理企业可以为租户提供差异性服务，提高服务的价值；同时在再次吸引租户和与租户签订租约时，根据不同的租户类型设置最具有吸引力的条款，使租约的价值最大化。

（5）租赁终（中）止　当租赁期届满，租户无续约意向；或由于其他因素使得租赁合同提前中止的，需要主动联系租户，在租户搬迁前就退租流程、手续办理环节等进行说明，并就物业检查的时间和其他事项进行协商，如物业检查没有问题的，需要及时归还押金，并完善租赁关系终（中）止的相关手续。

知识链接

在营销学的课堂上，有这样一个经典案例：如何把梳子卖给一个和尚？

甲是这样推销的：他跑了三座寺院，受到了无数次和尚的臭骂和追打，但仍然不屈不挠，终于感动了一个小和尚，买了一把梳子。乙是这样推销的：他来到一座名山古寺，由于山高风大，把前来进香的善男信女的头发都吹乱了。乙先生找到住持，说："蓬头垢面对佛是不敬的，应在每座香案前放把木梳，供善男信女梳头。"住持认为有理。那庙共有10座香案，于是买下10把梳子。丙是这样推销的：他来到一座颇负盛名、香火极旺的深山宝刹，对方丈说："凡来进香者，多有一颗虔诚之心，宝刹应有回赠，保佑平安吉祥，鼓励多行善事。我有一批梳子，您的书法超群，可刻上'积善梳'三字，然后作为赠品。"方丈听罢大喜，立刻买下1000把梳子。

甲先生的销售思维是典型的4P模式。在规定了产品梳子、渠道为一级销售短渠道、价格不变的情况下，销售人员只能通过拼命说服客户来促销梳子。乙先生运用的是4C营销理论，它首先满足了顾客的需求。顾客可以免费使用梳子，将商品放置于客户方便取用之处。而这个成本又使客户和香客都觉得没有负担。最后，他以"蓬头垢面对佛是不敬的"这样一种沟通的方式让香客愿意使用梳子。而丙先生则是将两套理论进行优势叠加。首先他通过书法与梳子之间关系重新界定产品与客户之间的关联性，丙看到寺庙的书法一下反应到梳子与书法以及与香客之间的关系。另外，丙与一级顾客方丈建立起了战略性、双赢的合作关系。而这个解决方案是可以让三方同时有回报的。

项目小结

（1）房屋租赁是房屋产权人作为出租人将其房屋出租给承租人使用，承租人向出租人支付租金的行为。它具有五个法律特征：房屋租赁不转移房屋的所有权，承租人只享有房屋的使用权；房屋租赁的标的物是作为特定物的房屋；房屋租赁关系是一种经济要式契约关系；房屋租赁关系不因所有权的转移而中止；租赁双方都必须是符合法律规定的责任人。

（2）物业租赁管理模式包括包租转租模式、出租代理模式和委托管理模式。

（3）物业租赁按房屋所有权的性质划分为公房租赁和私房租赁；按房屋租赁期限划分为定期租赁、自动延期租赁、意愿租赁；按物业租金的内涵划分为毛租、净租、百分比租金。

（4）物业租赁合同是出租人与承租人签订的、用于明确租赁双方权利义务关系和责任，以物业为租赁标的的协议，是一种债权合同。

（5）物业租赁合同的基本条款包括当事人姓名或者名称及住所，房屋坐落、面积、装修及设施状况，租赁用途和期限，租金与支付方式及租价调整方式。

（6）租赁合同的变更主要是指物业租赁当事双方，即物业出租人与承租人经过协商，或依据相关法律规定，对已达成的部分合同条款进行更改的过程。除了合同变更外，租赁双方因合同到期或者是某一方未履行相应义务的时候，由当事人双方或其中一方解除合同的，租赁合同也会因此而终止，包括自然终止和人为终止。

（7）客户关系管理是一种通过围绕客户细分来组织企业，鼓励满足客户需要的行为，并通过加强客户与供应商之间联系等手段，来提高盈利、收入和客户满意度的遍及整个企业的商业策略，在租赁营销策划中至关重要。

（8）一个完整的物业租赁活动主要流程包括捕捉潜在租户、租户资格的审查、租约条款谈判、缔约技巧、核查物业、提供有效的租赁服务、建立良好的租赁关系、收缴租金、续签租约、租赁终（中）止等步骤。

能力训练

一、单选题

1. 下列关于物业租赁特征的说法中，不正确的是（ ）。
   A. 当房屋所有权发生转移时，房屋租赁关系随之终止
   B. 租赁双方必须是符合法律规定的责任人
   C. 房屋租赁关系是一种经济要式契约关系
   D. 房屋租赁的标的是作为特定物的房屋
2. 以下情形中，房屋可以正常出租的是（ ）。
   A. 某汽车制造企业被查封的厂房
   B. 业主私自搭建的阁楼
   C. 业主依法购买并闲置的商品房
   D. 某处未通过消防安全检测的房屋
3. 业主全权委托物业管理公司负责租赁活动以及租赁中的管理和服务是（ ）。
   A. 包租转租模式　　B. 出租代理模式
   C. 委托管理模式　　D. 以上答案皆不正确
4. 物业管理企业的收入与物业经营获利多少没有直接关系，这种管理模式是（ ）。
   A. 包租转租模式　　B. 出租代理模式
   C. 委托管理模式　　D. 以上三种皆是
5. 房屋租赁按所有权的性质分为公房租赁和私房租赁，那么直管公房所有权人的代表是（ ）。
   A. 房地产行政主管部门　　B. 国家
   C. 物业管理行政主管部门　　D. 各级地方人民政府
6. 下列租赁关系会因租赁双方中的一方死亡而自动终止的是（ ）。
   A. 定期租赁　　B. 周期性租赁
   C. 意愿租赁　　D. 以上答案都不正确
7. 针对物业租金形式的说法中正确的是（ ）。
   A. 采用毛租形式的租金中一定不包含物业使用过程中所发生的物业管理费
   B. 采用毛租形式的租金中一定包含物业使用过程中所发生的物业管理费
   C. 采用净租形式的租金中一定不包含物业使用过程中所发生的物业管理费
   D. 采用净租形式的租金中一定包含物业使用过程中所发生的物业管理费
8. 净租通常在（ ）中采用。
   A. 定期租赁　　B. 中短期租赁
   C. 短期租赁　　D. 长期租赁
9. 物业租赁合同的法律特征不包括（ ）。
   A. 双务合同　　B. 有偿合同
   C. 诺成合同　　D. 实践合同

10. 房屋租赁合同产生效力是在（　　）。
A. 租赁双方谈妥所有条件之后
B. 租赁双方达成协议并在书面合同上签字、盖章之后
C. 租赁双方达成协议并且承租人搬进所租房屋之后
D. 租赁双方达成协议并且到当地房地产行政主管部门登记备案之后
11. 下列不属于房屋租赁合同基本条款的是（　　）。
A. 当事人姓名或名称　　B. 租金支付方式
C. 投资回报率　　D. 房屋修缮责任
12. 承租人需要继续租用房屋，应在租赁期限届满前（　　）提出。
A. 一个月　　B. 三个月
C. 五个月　　D. 半年
13. 下列情形中，不可对租赁合同进行变更的是（　　）。
A. 租赁一方当事人更名
B. 出租房屋的附属物有增减
C. 未经承租人同意，出租人自行提高租金的
D. 租金支付方式由现金支付变成使用网络支付转账
14. 房屋租赁合同自然终止的情形不包括（　　）。
A. 租赁合同到期　　B. 发生地震致使房屋无法再使用
C. 承租人长期不支付租金的　　D. 租赁双方当事人协商一致的
15. 对于房屋出租人享有的权利，不正确的是（　　）。
A. 按期收取租金
B. 向承租人宣传国家房管政策
C. 监督承租人按合同规定合理使用房屋
D. 随时收回出租房屋
16. 对于房屋出租人要履行的义务，不正确的是（　　）。
A. 保障承租人合法使用房屋　　B. 保障承租人居住安全
C. 接受租户监督　　D. 为承租人缴纳水电费
17. 对于房屋承租人享有的权利，不正确的是（　　）。
A. 要求保障房屋安全　　B. 对房屋的物业管理状况进行建议
C. 未经出租人同意，自行转租房屋　　D. 在房屋出售时，享有优先购买权
18. 对于房屋承租人要履行的义务，不正确的是（　　）。
A. 按期缴纳租金　　B. 对房屋设备设施进行正常维修
C. 遵守有关物业管理规定　　D. 按约定用途合理使用房屋
19. 营销学中的 4P 是指（　　）。
A. 客户、成本、渠道、便利性　　B. 产品、价格、渠道、促销
C. 知识、挑战、便利性、促销　　D. 客户、成本、渠道、促销
20. 营销学中的 4C 是指（　　）。
A. 客户、成本、沟通、便利性　　B. 产品、价格、渠道、促销
C. 知识、挑战、便利性、促销　　D. 客户、成本、渠道、促销

21. CRM 是一种以（　　）为中心的企业管理理论、商业策略和企业运作实践。

A. 成本　　B. 利润

C. 客户　　D. 价格

22. CRM 的本质是（　　）。

A. 客户产品差别化管理　　B. 客户价值差别化管理

C. 客户价格差别化管理　　D. 客户成本差别化管理

23. 捕捉潜在租户的主要策略不包括（　　）。

A. 建立租售中心　　B. 引导参观

C. 使用“免费”噱头　　D. 进入小区派发传单

24. 租户资格审查内容不包括（　　）。

A. 潜在租户的学历　　B. 潜在租户身份证明

C. 潜在租户的租赁经历　　D. 潜在租户的资信状况

二、判断题

1. 双方未约定租赁期限的，房屋所有人要求收回房屋自住时，一般应当准许。（　　）
2. 租期内承租人可根据自身需要改变房屋的使用性质，而无需征得出租人的同意。（　　）
3. 承租人夫妻双方离婚需进行家庭分户时，应对租赁合同进行变更。（　　）
4. 房屋出租后，承租人有义务对房屋装修、设备设施进行正常维修。（　　）
5. 为提高物业租赁营销活动的效率，可不进行租户资格审查，直接开展租约条款谈判。（　　）

三、简答题

1. 请简述物业租赁所具有的特征。
2. 请列举出导致租赁合同变更的因素。

实训项目

某写字楼位于重庆市渝中区大坪时代天街，面积约为 11000m^2，有一套建筑面积为 150m^2 的单间办公室，价值 300 万元，在容积率为 10 的情况下，请完成以下实训内容：

1. 编制一份规范的租赁合同。

2. 请你结合以下条件计算商品租金：

利率 $i=6\%$；房屋耐用年限为 50 年；维修费率为 30%；管理费率为 10%；土地使用标准 20 元/(m^2·年)；年保险费率 2%；利润率 12%；土地每平方米年税额 6 元。

项目五 物业经营风险管理

知识目标

1. 了解风险的内涵和风险管理理论。
2. 掌握物业项目投资风险的内涵及分类。
3. 掌握物业项目投资系统风险和个别风险。
4. 掌握物业项目投资风险的处置。
5. 了解物业保险的主要险种。
6. 掌握物业保险的原则。

能力目标

1. 学会识别物业项目投资风险。
2. 学会初步拟定常用物业保险合同。
3. 学会编制物业企业风险管理表。

思政目标

通过学习物业经营管理风险的类型和识别风险对物业投资决策的影响，培养学生安全意识、法律意识。

任务引入

我国物业管理责任保险发展中存在的问题

2000 年 9 月，中国人民保险公司最早推出物业责任保险，该险种是专门针对物业管理服务企业的风险状况而开发、设计的险种。2001 年 12 月 26 日，万科物业与人保深圳分公司签订了全国首例物业管理责任险协议。各家保险公司看好物业管理责任险这一保险市场，一些大型的保险经纪公司和保险代理公司也都认为物业管理责任险前景较好，但由于各种因素，此险种一直没有在保险市场上很好地推广，市场占有率很低。而保险经营是以“大数法则”为基础的，要想通过保险来分散风险，需要承保足够多的风险单位。目前，开展物业管理责任保险的保险公司由于承保此险种的业务少，面临的风险无法分散，不能很好地实现风险损失分摊，同时在经营的过程中还存在着“逆选择”等道德风险。所以，开办 20 多年的物业责任保险在保险市场上并没有呈星星火燎原之势。我国物业管理责任保险发展过程中存在如下问题。

1. 产品销售量低，风险损失难以分摊

近些年，我国物业管理服务行业发展较快，已经有一些大型的物业管理服务企业形成公司化运作和品牌化管理，但这些物业管理服务企业却很少用保险这种方法来转移风险。购买此险种的物业企业较少，带来的结果是物业管理责任保险产品销量一直较低。据中国银行保险监督管理委员会官网显示，2018 年 1 ~ 11 月份产险公司承保的保险金额总和为 5446.29 万亿元，责任险保额 751.85 万亿元，在产险保险金额中所占比率为 13.8%，而物业管理责任保险作为责任保险中的一个险种所占比率更加小一些。截至 2018 年 11 月份在我国经营财产险业务的保险企业有 88 家，而开展物业管理责任保险业务的保险企业不到 30 家，占比不到三分之一，销售量低迷，保费收入少，好多经营此险种的保险公司年保费收入不到 30 万元。各家保险公司承保的物业管理责任险营业总额基本都只占到财产险总额的 1% ~2.5%。

2. 保险理赔纠纷多，多重矛盾并存

自开展物业管理责任保险以来，在理赔环节上时常伴随着纠纷，在责任认定上常常出现异议。本险种保障范围是因被保险人（物业管理服务企业）管理上的疏忽或过失而发生意外事故造成损失或产生费用，依法应由被保险人承担的经济赔偿责任，保险人负责赔偿，而对具体哪些损失和费用是由被保险人物业管理服务公司管理上的疏忽或过失而发生意外事故造成的这一点很难确定。同时即使确定了哪些是物业管理服务企业来承担的损失，那么到底是不是都应该由保险公司全额赔付，这些问题都是保险人、被保险人（物业管理服务企业）和物业使用者之间争议的要点。所以，在实践保险理赔过程中常常出现多重矛盾。

3. 保障水平低，不能较好地满足物业管理企业的需求

目前，各家保险公司为了控制风险，在开发的物业管理责任保险产品时都规定了每次事故最高赔偿限额和每年累计最高赔偿限额，且每次事故最高赔偿限额中还限定单项最高赔偿限额，即每次事故人身最高赔偿限额和每个人财产最高赔偿限额。而在实践中常常是一次事故造成的损失远远高于保险企业赔偿的最高金额，这样带来的是物业管理部门还要自己承担剩余赔偿金。而且由于购买此险种的投保人少，损失分摊困难，保险公司都将该险种的费率定到比较高的水平，这样的结果是此产品不能很好地满足被保险人（物业管理服务企业）的需求。（该文节选自《我国物业管理责任保险发展中存在的问题及对策》，常兴华，《长春金融高等专科学校学报》，2019 年 03 期）

结合以上案例，请思考：

（1）什么是“逆选择”，如何规避这种风险？

（2）请你提出 2 ~3 条促进物业管理责任保险发展的措施的建议。

任务一　认识风险管理理论

传说在远古时期，渔民们每次出海捕捞前都要祈祷，祈求神灵保佑自己能够平安归来，其中主要的祈祷内容就是让神灵保佑自己在出海时能够风平浪静、满载而归；他们在长期的捕捞实践中，深深地体会到“风”给他们带来的无法预测无法确定的危险，他们认识到，

在出海捕捞打鱼的生活中，“风”即意味着“险”，因此有了“风险”一词的由来。

在整个物业项目投资活动过程中，风险是一种特殊事件，这种事件会带来多个不确定的结果，风险一旦发生，就可能使物业投资方蒙受巨大损失。因此，重视并研究相关风险因素对学习和了解物业项目投资有着极为重要的意义。

一、风险的内涵

前面提到过，人类对于风险的最初认识来源于对大自然不确定现象的描述。随着时间的推移，风险的内涵已有了更深的发展，这里讲的风险，是由于各种难以预测因素的影响，使得行为的主体的期望目标与实际状况之间发生的差异，从而给行为主体造成的经济损失的可能性。为了加深理解，可以看下表 5-1 及图 5-1。

表 5-1 几类常见金融工具平均收益率及收益标准差对比

类别资产	收益率	标准差
货币市场工具（短期债券）	2.50%	1.00%
中长期国债、金融债（含债券基金、企业债）	3.00%	2.00%
可转债	11.00%	10.00%
股票（含股票基金、证券类信托、投资类保险）	15.00%	20.00%

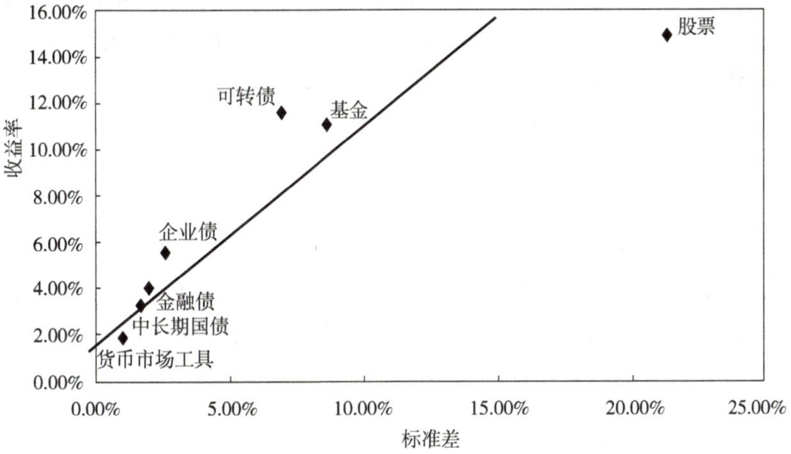

图 5-1 国内主要金融工具风险收益对比图

对于常见的投资工具，主要包括以短期债券为代表的货币市场工具、中长期国债、金融债、可转换债券和股票等。一项产品投资风险越大，往往其预期收益也越大。可以用预期平均收益率来衡量某种理财产品的收益，用标准差来衡量其投资风险，标准差越大，代表该类理财产品可能变动的程度就越大，稳定度就越小，投资风险自然就越高。通过图表可以发现，货币市场工具预期平均收益率仅为 2.5%，但其标准差也只有 1%，那么就代表着这类产品价值波动的幅度较小，风险就小。反之，股票收益率虽然达到了 15%，但其标准差却高达 20%，也就是说，虽然投资股票可能带来丰厚的回报，但也会有很大的概率造成损失。

二、风险管理理论

(一)风险管理理论的发展

对风险管理进行系统性研究始于18世纪，法国著名管理学家亨利·法约尔（Hneri Fayol）在其著作《工业管理和一般管理》一书中正式把风险管理思想引入企业经营领域。1952年，美国学者格拉尔在其调查报告《费用控制的新时期——风险管理》中正式提出并使用“风险管理”一词。学者莫布雷（Mowbray）在其合著《保险学》一书中详细阐述了“风险管理”的内涵。

1963年，美国学者赫奇斯和梅尔合著的《企业的风险管理》一文在《保险手册》上发表，引起了欧美各国的普遍重视。此后，对风险管理的研究逐步趋向系统化、专门化，使风险管理逐步成为企业管理中一门独立的专门学科。1975年，美国保险管理协会更名为风险与保险管理协会，标志着风险管理从原来意义上的保险方式转变为真正按照风险管理思想来处置风险，风险管理开始了一个新的里程。

20世纪七八十年代以来，风险管理理论有了快速的发展，各种风险研究协会也相继成立。1978年，日本的风险管理学会成立。1980年，美国风险分析协会（The Society For Risk Analysis's）成立。1983年，美国风险与保险管理协会颁布“101条风险管理准则”，成为各国风险管理的一般准则，标志着风险管理的发展进入一个新阶段。1986年，欧洲11国成立“欧洲风险研究会”，同年10月风险管理国际学术研讨会在新加坡召开，标志着风险管理思想在亚太地区的传播。1987年，联合国出版关于风险管理的研究报告《发展中国家风险管理的推进》，进一步推动了风险管理思想在发展中国家的扩散和普及。

(二)风险管理的内涵

风险管理是研究风险发生规律和风险控制技术的一门新兴管理科学，是指风险管理单位通过风险识别、风险衡量、风险评估和风险决策管理等方式，对风险实施有效控制和妥善处理损失的过程。风险管理作为一门新兴学科，具有管理学的计划、组织、协调、指挥、控制等职能，同时又具有自身的独特功能。

(三)风险管理的主要流程

1. 风险识别

风险识别是风险管理的第一步，它是指对企业家庭或个人面临的和潜在的风险加以判断、分类和对风险性质进行鉴定的过程。即对尚未发生的、潜在的和客观存在的各种风险，系统地、连续地进行识别和归类，并分析产生风险事故的原因。风险识别主要包括感知风险和分析风险两方面内容。风险在一定时期和某一特定条件下是否客观存在，存在的条件是什么，以及损害发生的可能性等都是风险识别阶段应予以解决的问题。

视频：风险管理的主要流程

2. 风险评估

风险评估是在风险识别的基础上，通过对所收集的大量资料进行分析，利用概率统计、沙盘推演等方式，估计和预测风险发生的概率和损失程度。风险评估不仅使风险管理建立在科学的基础上，而且使风险分析定量化，为风险管理者进行风险决策、选择最佳管理技术提供了科学依据。

3. 风险评价

风险评价是指在风险识别和风险评估的基础上，对风险发生的概率、损失程度，结合其他因素进行全面考虑，评估发生风险的可能性及其危害程度，并与公认的安全指标相比较，以衡量风险的程度，并决定是否需要采取相应的措施。处理风险需要一定费用，费用与风险损失之间的比例关系直接影响风险管理的效益。通过对风险的定性、定量分析和比较处理风险所支出的费用，来确定风险是否需要处理和处理的程度，以判定为处理风险所支出的费用是否有效益。

4. 选择风险管理方式

根据风险评价结果，为实现风险管理目标，选择最佳风险管理技术是风险管理中最为重要的环节。风险管理技术分为控制型和财务型两类。前者的目的是降低损失频率和缩小损失范围，重点在于改变引起意外事故和扩大损失的各种条件；后者的目的是以提供基金的方式，对无法控制的风险做财务上的安排。

5. 评估风险管理效果

评估风险管理效果是指对风险管理技术适用性及收益性情况的分析、检查、修正和评估。风险管理效果的大小，要看是否能以最小风险成本取得最大安全保障，同时，在实务中还要考虑风险管理与整体管理目标是否一致，是否具有具体实施的可行性、可操作性和有效性。

知识链接

2020 年初爆发的新型冠状病毒肺炎无疑对中国经济影响很大。正值春节黄金周假期，消费、零售、交通等多个行业受疫情影响明显。其中，贺岁片集体撤档。专业版数据显示，在 2020 年农历新年第一天，中国电影（12.090，0.26，2.20%）票房收入仅为 181 万元，而 2019 年同期这一数据超 14 亿元。此外，农历新年第一天春运总体运输量同比下跌 28.8%，铁路、道路、民航的运输量分别同比下跌 41.5%、25% 和 41.6%。

疫情对中国经济会带来多大的影响？据路透社引用的标准普尔全球评级的一份报告：“如果消费类服务支出下降 10%，整体中国经济 GDP 增长将下降约 1.2 个百分点。”疫情是非常典型的外生事件冲击。疫情对中国经济的影响主要在 2020 年一季度，在疫情事件冲击下，经济活动短期内骤然降温，服务业、工业投资等经济活动都受到影响。尤其是非耐用消费品的消费明显受到影响，比如电影票房、旅游等。

但也要看到，很多耐用品的消费只是受疫情影响被延后了而已，待疫情结束后还会出现补偿性的消费。比如，很多人可能打算春节假期买车、买房，但受疫情影响无法出门，这方面的需求并未消失，只是延迟到疫情结束后。相信随着疫情防控情况的好转，经济活动会出现反弹，中国经济重回正常运行轨道。

——摘自新浪财经

任务二　认识物业项目投资的风险

正如人们所认识到的一样，风险几乎无处不在、无时不有。当在进行物业项目投资活动时，如何科学地认识风险，规避风险，已成为项目投资者或管理者的一项必修课。

一、物业项目投资风险的内涵及分类

把受随机因素的影响，引起的物业投资收益偏离预期收益的程度称为物业项目投资风险。从宏观上看，物业项目投资中的风险分为两大类：

第一类是系统风险，系统风险会对市场内所有投资项目产生影响，并且投资者自身无法对其产生和进一步的发展进行控制。

第二类是个别风险，个别风险仅对市场内个别项目产生影响，并且可以由投资者控制。

二、物业项目投资系统风险

系统风险的诱因多发生在投资者或企业等经济实体外部，并且投资者本身又无法完全控制它，系统风险带来的波动面一般都比较大，有时也表现出一定的周期性。此类系统风险是不可分散的。在物业项目投资中主要面临的系统风险包括通货膨胀风险、市场供求风险、周期风险、变现风险、利率风险、政策风险、政治风险和或然损失风险等。

（一）通货膨胀风险

通货膨胀风险又称购买力风险，是指投资完成后所收回的资金与初始投入的资金相比，由于资金购买力降低给投资者带来的风险。比如按长期固定租金方式出租所拥有的物业的投资者，实际上承担了本来应由承租人承担的通货膨胀风险。

由于通货膨胀风险直接降低了投资的实际收益率，因此，物业投资者往往会通过适当调整其要求的最低收益率来降低该风险对实际收益率的影响程度。但房地产投资的保值性，又使投资者要求的最低收益率并不是通货膨胀率与行业基准折现率的直接相加，由于房地产价格的年平均增长幅度通常会超过同期通货膨胀率水平，所以一般情况下，投资者能容忍最低收益率略低于通货膨胀率与行业基准折现率之和。

（二）市场供求风险

视频：系统风险

市场供求风险是指投资者所在地区房地产市场供求关系的变化给投资者带来的风险。但可能和人们的常识不一样的是，房地产市场是地区性的市场，当地市场环境条件变化的影响比整个国家市场环境条件变化的影响可能要大得多。

市场的供给与需求在不断变化，而供求关系的变化必然造成物业价格的波动，具体表现为租金收入的变化和物业价值的变化，这种变化会导致物业项目投资的实际收益偏离预期收益。当市场内结构性过剩（某地区某种物业的供给大于需求）达到一定程度时，物业项目投资者将面临房地产积压或空置的严峻局面，导致资金占压严重、还贷压力日增等严重的后果。

（三）周期风险

周期风险是指房地产市场的周期性波动给投资者带来的风险。房地产市场周期波动一般可分为复苏与发展、繁荣、危机与衰退、萧条四个阶段。由于各国国情不同，所以其周期长短也会有些差异，目前来看，美国房地产市场的周期为 18～20 年，日本约为 7 年。

（四）变现风险

变现风险是指投资者急于将商品兑换为现金时，由于折价而导致资金损失的风险。显而易见，不同性质的资产或证券其变成货币的难易程度是不同的，一般来说，储蓄存款、支票等的变现性能最好，股票、外汇、期货和债券投资等的变现性能次之。

物业项目投资的变现性能相对来说较差，由于物业项目交易性质较复杂、交易过程较繁琐，在交易过程中可能因变现的时间和方式变化而导致房地产商品不能变成货币或延迟变成货币，从而给房地产经营者带来损失。

（五）利率风险

在卖方市场下，利率上升增加开发成本，但开发商可以转嫁给购房者从而推高房价；同时，利率上升会抑制需求，导致房地产价格下降。但由于抑制需求的影响会更大，作用更显著，所以利率与房地产价格总的来说是负相关关系：利率上升，房地产价格下降。利率上升给物业项目投资带来的影响主要体现在三个方面：

首先，导致房地产实际价值的折损，利用升高的利率对现金流折现，会使投资项目的财务净现值减小，甚至出现负值。

其次，加大投资者的债务负担，导致还贷困难。

第三，抑制房地产市场上的需求数量，从而导致房地产价格下降。

（六）政策风险

政策风险是指政府有关房地产投资的土地供给政策、税费政策、金融政策、住房政策等，都会对物业投资者收益目标的实现产生巨大的影响，从而给投资者带来风险。

在市场经济条件下，由于受价值规律和竞争机制的影响，各企业争夺市场资源，都希望获得更大的活动自由，因而可能会触犯国家的有关政策，而国家政策又对企业的行为具有强制约束力。另外，国家在不同时期可以根据宏观环境的变化而改变政策，这必然会影响企业的经济利益。因此，国家与企业之间由于政策的存在和调整，在经济利益上会产生矛盾，从而产生政策风险。

（七）政治风险

政治风险是指国家政治环境或政治关系发生改变而给物业项目投资者的经济利益带来的不确定性。由于物业具有不可移动性的特征，使物业项目投资者要承担相当程度的政治风险。其可能性的事件包括没收、征用、国有化、政治干预、政变、战争、经济制裁、外来侵略、罢工、骚乱等。

（八）或然损失风险

这里所谓的“或然”，与必然相对，是“偶然”的意思，是指火灾、风灾或其他偶然发生的自然灾害引起的置业投资损失。尽管物业项目投资者可以将部分风险转移给保险公司，但保险公司的责任并不是包罗所有的，一旦发生火灾或者其他自然灾害，将直接影响物业项目的经营和发展。

三、物业项目投资个别风险

物业项目投资中的个别风险，是指那些仅对市场内个别项目产生影响、可以由投资者控制的风险，其表现形式主要包括：

（1）现金流风险　现金流风险是指物业投资过程中，由于现金循环中存在的不确定因素而给投资者带来的风险。现金循环要经历投入、销售、分配等诸多环节，不论某一环节出现问题都会给投资者带来风险。通常情况下，现金流风险产生的原因主要包括营运资金不足、投资规模急速扩张、资产流动性不足等。

视频：个别风险

（2）未来运营费用风险　未来运营费用风险是指物业实际运营费用支出超过预期运营费用而带来的风险。由于未来经营活动存在着很大的不可知性，评估房地产市场价值时，要注意到在未来进行设备添置、重新装修甚至更新改造时，拟投入的费用对当前房地产市场价值的影响。当然，还要合理评估其他未来会遇到的经营费用，主要包括由于建筑物存在内在缺陷导致结构损坏的修复费用，以及可能由此引发的诉讼、赔偿相关费用。

（3）资本价值风险　资本价值风险是指预期资本价值和现实资本价值之间的差异。在理想状态下。投资风险价值实际报酬率可能大于期望报酬率。但对于物业投资者来说，投资风险价值更加关心实际报酬率会小于期望报酬率的可能性。所以，对于风险比较大的投资来说，实际报酬率与期望报酬率之间具有差异的可能性就较大。由于实际报酬率与期望报酬率之间具有差异的可能性增加，所以投资者往往要求一个更高的期望报酬率。

资本价值在很大程度上取决于预期收益现金流和可能的未来运营费用水平。即使收益和运营费用都不发生变化，资本价值也会随着收益率的变化而变化。这种变化使得预期资本价值和现实资本价值之间的差异，即资本价值的风险，在很大程度上影响着置业投资的绩效。

（4）比较风险　即机会成本风险，是指投资者将资金投入房地产后，失去了其他投资机会，同时也失去了相应的可能性收益。

（5）时间风险　时间风险是指物业项目投资中与时间和时机选择因素相关的风险。物业项目投资强调在适当的时间、选择合适的地点和物业类型进行投资，这样才能使其在获得最大投资收益的同时，使风险降至最低限度。时间风险的含义不仅表现为选择合适的时机进入市场，还表现为物业持有时间的长短、物业持有过程中对物业重新进行装修或更新改造时机的选择、物业转售时机的选择以及转售过程所需要时间的长短等。

（6）持有期风险　持有期风险是房地产投资持有时间内可能遭遇的相关风险。投资项目成本越高、生命周期越长，可能遇到的影响项目收益的不确定性因素就越多。物业项目投资实际收益和预期收益间的差异是随持有期的延长而加大的。

四、物业项目投资风险的处置

在物业项目投资活动中，每个投资者不可避免地都要承担一定的系统风险和个别风险，在遇到风险时，不应只想着逃避和拒绝，而应该经过科学的探索和分析，积极地去应对和处置。经过人们对长期物业投资活动的总结，经常运用到的风险处置方法主要有五种，分别是：风险回避、平衡交易、资产组合、风险转移和风险自留。

（一）风险回避

风险回避是指在投资过程中选择风险较小的项目或放弃风险较大的项目，这是一种相对消极的风险防范策略，虽然可以有效防范风险，但放弃了获取更高利润的可能。

其适用范围为在风险程度特别高或风险不太高，但获利也不理想时进行处置。

（二）平衡交易

平衡交易的处置方式主要有两种方法：

（1）购买期权　当考虑一个发展项目时，开发商可以通过在一定期限内以一定价格购买期权的办法，来置办可供选择的位置。这可为投资者赢得制订投资规划、获取必需的许可证书及融通足够的资金等所需的时间。

（2）市场经济发达的国家，投资人可以签订临时或备用的融资协定　为了避免高利率，如果项目投资人预计工程建设期间利率下降，可购买一项贷款协议，贷款人需遵守协议的利率，但投资人有自由选择的权利，这样就变相地降低了投资中的风险。

（三）资产组合

如以发展工业物业见长的香港天安中国投资有限公司在其经营策略中要求必须投资一定比例的商用物业和居住物业，以分散投资风险。

视频：风险对物业投资决策的影响

（四）风险转移

风险转移即投资主体将其损失有意识地转嫁给其有相互经济利益的另一方承担，风险转移主要包括两种方式：

（1）非保险型转移　投资者通过合同，将风险损失转由另一方承担和赔偿。如转移给承包商。

（2）保险型转移　即通过参加保险，以小数额的保费为代价，避免所承受的风险。

（五）风险自留

风险自留是指投资者预期某些风险不可避免时，自行设立基金，自行承担风险发生后的财产后果，风险自留分为主动自留和被动自留。

主动自留是通过风险的分析，明确风险的性质及其预期变现损失，对多种预计处置方式的优劣明了之后，投资者主动选择风险自留措施，同时做好财务准备。被动自留是在风险变动带来损失之后，被迫采取自身承担损失的风险处置方法，这往往造成严重的财务后果。

知识链接

非洲国家最常被人八卦的就是津巴布韦了。他们在21世纪初期的传奇性通货膨胀、面额为100万亿的纸币以及后来干脆不要自己国家的通货改用美元等行为成了无数人茶余饭后的谈资。

津巴布韦面积39万km^2，但人口只有1600万，每平方公里土地只有41人。这个国家有秀丽的风景、肥沃的土地和丰富的资源，津巴布韦是全世界最优质的烟叶出产地之一，是世界第三大烟草出口国。津巴布韦的支柱产业是农业，后来由于各种原因，农业进入了持续的萎缩，再加上国际资本的外逃，从2012年津巴布韦的政府预算报告可看出：20世纪80年代外国投资约占GDP的18%，90年代之后进一步增加，达到了20%，但21世纪头十年降到了只有1.1%。

产业失败、资本流出再加上一系列西方国家的制裁使得津巴布韦出现恶性通货膨胀，2004年的年通货膨胀率为624%，2006年4月上升到1042.9%，2007年6月的预计是9000%，但实际上是11000%。2008年5月5日，出现了1亿元和2.5亿元的货币，10天后就出现了5亿元的货币（相当2.5美元），这个月的通货膨胀率上升到2200000%，6月份是11200000%，2008年12月出现最有名的100万亿纸币，据说相当于25美元，1980年英镑兑换美元的汇率是2.35，25美元相当于10.6英镑。1980年津巴布韦独立发行津币时的币值是对英镑1∶2，一津币等价于两英镑。就是说28年中津币的通货膨胀率是百分之20万亿以上。于是在2009年就干脆取消津币，直接使用美元，才解决了汇率问题。

——摘自腾讯新闻

任务三　认识物业保险

物业保险来源于物业风险转移的需要，物业经营管理中的物业保险侧重于物业财产保险，是指以物业以及与物业相关财产、责任利益或者人身利益为保险标的，以自然灾害或意外事故为保险事故，保险人（保险公司）围绕物业经营管理和管理所涉及的各类风险，按照约定的保险责任对相关经济损失和人身利益损失进行补偿和给付。结合概念，对于物业经营管理中保险的研究主要包括物业保险的三个主要险种：物业企业财产保险、雇主责任保险和公众责任保险，此外还包括物业保险的原则，即最大诚信原则、可保利益原则、近因原则、损失补偿原则和代位求偿原则。

一、物业保险的主要险种

（一）物业企业财产保险

1. 含义

物业企业财产保险是物业企业对因火灾及保险单中列明的各种自然灾害和意外事故引起

的保险标的的直接损失、从属或后果损失和与之相关联的费用损失提供经济补偿的财产保险。

2. 物业企业财产保险的保险标的

（1）可保财产　在物业企业中通常是按照会计科目加以反映，如固定资产、流动资产、投资资产、账外或已摊销的资产和代保管财产等。其界定主要包括三点：①属于被保险人所有或者与他人共有而由被保险人负责的财产；②由被保险人经营管理或替他人保管的财产；③具有其他法律上承认的与被保险人有经济利害关系的财产。

（2）特约可保财产　是指必须由保险双方当事人特别约定，并在保险单上载明才能成为保险标的的财产。可以分为三类：①市场价格变化较大，保险金额难以确定的财产，如古玩、金银、邮票等；②价值较高，风险较特别的财产，如道路、桥梁、码头等；③风险较大，需要提高费率的财产，如矿井、矿坑内的设备和物资。

（3）不保财产　是指投保人不能将其作为保险合同标的而投保的物品，保险公司一般列明该类财产不予承保。通常为价值难以确定、或是损失率较高、或是诱发道德风险、或是存在违法事情，保险公司不予承保或不能承保。如违章建筑、货币、票证、有价证券、账本等。

3. 物业企业财产保险金额和保险价值

（1）固定资产类　固定资产的保险金额可以按照账面原值、账面原值加成数或重置价值确定保险金额，但保险价值一般是按出险时的重置价值确定。

（2）流动资产类　流动资产类的保险金额可以由被保险人按最近 12 个月任意月份的账面余额确定，也可以自行确定，由保险公司核实。其保险价值是出险时的账面余额。

（3）账外财产和代保管财产　账外财产和代保管财产的保险金额可以由被保险人自行估价或按重置价确定，在保险单上分项列明，其保险价值根据出险时的重置价值或账面余额确定。

（二）雇主责任保险

视频：物业企业财产保险与雇主责任险

1. 含义

雇主责任保险是指以被保险人即雇主的雇员在受雇期间从事雇主所要求的业务时，因意外事故导致伤残、死亡或职业病，而依法或根据雇佣合同应由被保险人承担的经济赔偿责任为承保风险的一种责任保险。

2. 保险责任

雇主责任保险的保险责任主要包括以下三类：

1）雇主提供危险的工作地点、机器工具或工作程序。

2）雇主提供的是不称职的管理人员。

3）雇主本人直接的疏忽或过失行为，如对有害工种未提供相应的合格的劳保用品等行为过失。

3. 责任免除

保险公司对下列原因导致的责任事故不予赔偿：

1）战争、暴动、罢工、核风险等引起雇员的人身伤害。

2）被保险人的故意行为或重大过失。

3）被保险人对其承包人的雇员所负的经济赔偿责任。

4）被保险人的合同项下的责任。

5）被保险人的雇员因自己的故意行为导致伤害。

6）被保险人的雇员由于疾病、传染病、分娩、流产以及由此而施行的内外科手术所致的伤害。

4. 赔偿金额

雇主责任保险赔偿金额的确定，作为保险公司首先确立受害人与致害人之间是否有雇佣关系，赔偿限额通常是以每一雇员若干月的工资收入作为其发生雇主责任事故时的保险赔偿额度。

5. 雇主责任保险的附加险

雇主责任保险的附加险包括附加第三者责任保险、附加雇员第三者责任保险、附加医药费保险与附加疾病引起的雇员人身伤亡的保险。

（三）公众责任保险

视频：公众责任险

1. 含义

公众责任保险又称普通责任保险或综合责任保险，它是以被保险人在保险期限内，在保险地点发生的，由被保险人的侵权行为造成的依法应由被保险人承担的对第三者的民事赔偿责任。需要注意几点：①保险人在任何情况下均不承担任何刑事责任；②被保险人依法承担对第三者人身伤害的经济赔偿仅是指身体上的伤残、疾病、死亡，不包括受害人的精神伤害；③公共责任保险直接保险的对象是被保险人，受害人无权直接向保险人索赔。

2. 保险责任

公众责任保险的保险责任包括在保险期内、在保险地点发生的依法由被保险人承担的经济赔偿责任和有关的法律诉讼费用等。

3. 责任免除

1）被保险人故意行为引起的损害事故。

2）战争、内乱、叛乱、暴动、骚乱、罢工或封闭工厂引起的任何损害事故。

3）核事故引起的损害事故。

4）有缺陷的卫生装置及除一般食物中毒以外的任何中毒。

5）由于振动、移动或减弱支撑引起的任何土地、财产或房屋的损坏责任。

6）人力不可抗拒的原因引起的损害事故。

7）被保险人的雇员或正在为被保险人服务的任何人所受到的伤害或其财产损失，他们通常在其他保险单下获得保险。

8）各种运输工具的第三者或公众责任事故，由专门的第三者责任保险或其他责任保险险种承保。

9）公众责任保险单上列明的其他除外责任等。

4. 赔偿限额与免赔额

1）赔偿限额是公众责任保险人承担经济赔偿责任的最高限额。由于公众责任险承保了人身伤害与财产损失两种情况，因此赔偿限额的确定有几种不同的计算方法，包括：①规定每次事故的混合限额，无分项限额，无累计限额。②规定每次事故的人身事故和财产损失的分项限额，再规定保险期内累计赔偿限额。③规定每次事故赔偿限额，不分项，在规定整个保险期内累计赔偿限额。

2）免赔额是保险人的免责限度。公众责任保险对他人的财产损失一般规定了每次事故的免赔额。即无论受害人财产损失程度如何，保险人不负责赔偿免赔额以内的赔偿，而由被保险人自己承担。

3）法律费用的承担：如果被保险人承担的对第三者的赔偿金超过了赔偿限额，则法律费用按以下公式分摊：

保险人应摊费用 = 全部法律费用 × 赔偿限额 ÷ 被保险人应付赔偿额

5. 理赔程序

按以下七个步骤理赔：

1）保险公司接到出险通知或索赔要求时，立即记录被保险人的名称、保险单号、出险原因、时间、地点，第三方损害程度和受害方索赔要求。

2）进行现场查勘，调查核实责任事故的相关情况，协助现场施救。

3）写出查勘报告。

4）进行责任审核，看事故是否发生在保险期限内，是否在保险责任范围，受害人是否向被保险人提出索赔要求或起诉。

5）做好抗诉准备，必要时可以被保险人的名义或同被保险人一起出面抗诉。

6）根据法院判决或多方协商确定的赔偿额为依据，计算保险人赔款。

7）支付保险赔款。

二、物业保险的原则：最大诚信原则

（一）最大诚信原则的含义

最大诚信原则是指保险双方当事人签订和履行保险合同的过程中，必须向对方提供影响对方做出签约与履约决定的全部重要事实，同时绝对信守合同义务和承诺。

（二）最大诚信原则的内容

1. 对保险人的要求

1）在展业和承保时，应如实告知，特别是除外责任。因其所出售的是无形商品、非即时可试用的商品而是远期有条件的承诺，因此必须在订立合同时向投保人如实说明保险合同的责任条款内容，尤其是免责条款，不能含糊其词，以免误导投保人。

2）准确及时进行保险赔付。

3）保密。保险公司应该保护客户也就是投保人或者被保险人的经济秘密或者私人信息不被泄露。

4）弃权与禁止反言。弃权与禁止反言是指合同一方任意放弃在保险合同中可以主张的某种权利，将来不得再向他方主张这种权利。从保险实践看，这一规定主要是约束保险人的。

视频：最大诚信原则

2. 对投保人或被保险人的要求

（1）告知　投保人或被保险人的告知主要包括三层含义：①在保险合同订立时，投保人根据保险人的询问，对保险标的有关的重要事实如实回答。其中重要事实是指与保险标的有关的重要事实，足以影响保险人决定是否同意承保或提高保险费率的事实，如年龄、健康状况、工作性质、财产存放地点、使用性质、消防设备等。②保险合同订立后，保险标的危险程度增加时，应及时告知保险人。保险标的发生转移或保险合同有关事项变动时及时通知保险人。③保险事故发生后，应及时通知保险人，如实申报受损情况。

因疏忽、过失未告知或无意的误告行为，保险人有权解除保险合同不承担赔偿责任，但必须退还保险费；对于故意隐瞒或欺诈行为，保险人有权解除保险合同而不承担赔偿责任，并且可以不退还保险费。

（2）保证　保证是指保险人要求投保人或被保险人在保险期间对某一事项的作为或不作为或某种状态的存在与不存在做出许诺，如在火灾保险中，投保人保证所有房屋安装有报警装置。保证分为两种，一种是根据保证事项是否已存在，可以分为确认保证和承诺保证；另一种是根据保证的存在形式，可分为明示保证和默示保证。违反保证义务，保险人有权解除保险合同而不承担赔偿责任，并且不退还保险费。

案例

投保人未履行如实告知义务被拒赔

2014年9月10日某物业公司员工张某（投保人）与被告保险公司签订了一份定期保险、一份养老年金保险，两份保险的被保险人是张某、受益人均为原告方某（张某的养父）。2017年1月，张某又在被告处投保了定期保险的附加住院保险，交一年保一年。

定期保险合同中约定：保险责任起止时间为2014年9月20日至2059年9月20日，保险金额为5万元，每年交纳850元保费，共交20年，保险条款第四条第二款规定："被保险人身故，本公司按基本保额给付身故保险金，本合同终止。

养老年金保险合同中约定：保险责任起止时间从2014年9月20日至投保人终身，保险金额为1万元，每年交纳1220元保费，共交20年，保险条款第五条第二款第（1）项规定："被保险人身故，本公司按基本保额的六倍给付身故保险金，本合同终止。"

2018年9月28日投保人张某在该市某中心医院住院时初步诊断为：肾病综合症、慢性肾功能衰竭（尿毒症期）、系统性红斑狼疮等。2018年10月20日投保人依定期附加住院医疗保险合同要求被告给予赔偿，被告审查后于2018年10月28日向投保人赔付1679.92元。2018年11月24日投保人张某去世，11月29日，受益人方某向被告提交了相关材料，提出"身故保险金"11万元的索赔申请。

被告经过调查，发现投保人张某在2014年7月3日因系统性红斑狼疮、银屑病在胜利石油管理局中心医院住院治疗。2014年7月14日投保人张某再次因系统性红斑狼疮、寻常型银屑病在胜利石油管理局中心医院住院治疗，同年8月24日投保人张某治愈而出院，带药巩固治疗。

但在定期保险、养老年金保险两份合同中对投保人张某询问事项中第11条第（2）项最近三个月是否接受过医生的诊断、检查和治疗？是否住院或手术？第 12 条过去是否因疾病或受伤住院或手术？对以上的问题合同中记载投保人的回答是“否”。为此被告以投保人张某违反如实告知义务为由拒赔。

三、物业保险的原则：可保利益原则

（一）可保利益原则的含义

可保利益原则是指保险双方当事人签订和履行保险合同的过程中，保险人或被保险人对保险标的具有法律上承认的经济利益。其构成要件包括：

（1）可保利益必须是合法利益　这是指可保利益符合法律规定和社会公德要求的利益，违禁品、违章建筑、贪污盗窃、欺诈走私之物不可列入保险合同承保的对象。

（2）可保利益必须是经济上可以确定的利益　这是指可保利益所要保障的程度是以货币形式确认和估价。现实生活中，少数技术资料、计算机软件、企业账册之类的财产由于实际价值难以确认，属于不可保对象。但是部分本身是不可保财产诸如金银饰品、古玩文物，如双方事先商定，可以按特约形式估定保险金额，予以承保。人身保险也是通过双方协定确定保险金额，最终被保险人获得的是货币形式的赔偿金或给付金，获取经济利益上的赔偿。

视频：可保利益原则

（二）可保利益原则的意义

1. 规定了保险金额不可超过保险利益

规定了保险金额不可超过保险利益体现了保险的宗旨和基本职能，按照可保利益的损失程度为标准，不得谋求额外利益。如甲有一批价值 20 万元的货物暂存某仓库，并为这批货物投保火灾保险，保险金额 20 万元。后甲将货物的一半卖给乙，双方办理了货物所有权转让手续。就在乙前来取货的前一天晚上，仓库失火，标的全损。由于甲对标的仅有一半的保险利益，则保险公司最多负责 10 万元的赔偿责任。

2. 防止道德风险

无可保利益关系的投保，当保险标的受损时投保人或被保险人并无任何伤害，此时如果可以获得保险金，则和赌博无区别，此外无损害也能获利，则必然会产生期待甚至故意促使事故发生，会侵害社会公共利益。

（三）可保利益原则的主要内容

可保利益原则是保险合同成立的必要条件，投保人或被保险人对保险标的不具有保险利益，保险合同无效。物业可保利益原则可以分为物业财产保险的保险利益以及物业人身保险的保险利益。

1. 物业财产保险的保险利益

物业财产保险的保险利益可以包括财产权利、合同权利和法律责任三类。财产权利是指对财产的所有权或使用权而享有的利益，包括所有权利益、占有利益、股权利益、担保利益等。合同权利是指依照合同产生的债权请求权。法律责任是因为侵权行为、合同或者法律规定而发生的责任。对于保险利益的认定按照以下顺序：

1）财产所有权人与经营管理人。

2）抵押权人、留置权人。

3）财产保管人、承运人、工程承包人、房屋承租人。

4）意外事故造成他人伤害或财产损失，负有赔偿责任的企业和个人。

2. 物业人身保险的保险利益

物业人身保险的保险利益是指投保人对被投保人的生命或身体所具有的利害关系，也就是投保人将因保险事故的发生而遭受损失，因保险事故的不发生而维持原有的利益。人身保险利益并不直接体现为投保人对保险标的利害关系，而体现为保险人与被保险人之间的人身依附关系或者依赖关系。对于保险利益的认定按照以下顺序：

1）本人。

2）配偶、子女、父母。

3）与投保人有抚养、赡养或者扶养关系的家庭其他成员、近亲属。

4）与投保人有劳动关系人。

四、物业保险的原则：近因原则

（一）近因原则的含义

近因是引起保险标的损失的最有效的或者起支配、决定作用的原因，并非是时间上空间上最接近损失的原因。因此近因原则是指保险损失近因属于保险责任范围的事故，保险人负责赔偿，反之则不负责赔偿。

（二）近因的判定方法

1. 单一原因造成损失

若造成损失的原因是单一的，且属于承保范围，即为近因，保险人应负保险给付义务。例如，某小区建筑物因雷击而导致大火，该保险标的火灾保险公司就应履行赔偿责任；然而，如若该保险标的是由于人为纵火而引发的火灾，那么保险公司就无需承担赔偿责任，因为人为纵火属于除外责任。

2. 多种原因造成损失

（1）多种原因同时发生导致损失　多种原因同时发生而无先后之分，若同时发生导致损失的原因皆为承保责任，则保险人承担全部损失的保险给付义务；若同时发生导致损失的多种原因不全属于承保范围，则应严格区分何种原因属于承保范围，何种原因不属于承保范围，保险人只对其承保范围内所导致的损失承担保险给付义务。

视频：近因原则

（2）多种原因连续发生导致损失

1）若连续发生致损的原因皆属于承保范围，则保险人应负对损失的全部保险给付义务。

2）若连续发生致损的原因皆属于承保范围之外，则保险人不负对损失的全部保险给付义务。

3）若连续发生致损的原因不全属于承保范围，而最先发生的原因属于承保范围，则保险人应负对损失的全部保险给付义务。

4）若连续发生致损的原因不全属于承保范围，而最先发生的原因不属于承保范围，则保险人不负对损失的全部保险给付义务。

案例

多种原因连续发生导致损失

某地连续多天暴雨发生洪涝，某商业街积水深达几十厘米，殃及底层商店的陈列商品，由于浸泡受损数十万元。同时，商店内的防潮设施也因长期受淹而失效，货架上层的床上用品受潮，无法出售。显然，直接受浸泡的商品属于财产保险的责任范围，而防潮设施受损引起货架顶部的床上用品受潮无法出售导致的损失，保险公司是否需要赔付？

按照因果关系进行分析：

暴雨洪涝——积水浸入商店——防潮设施受淹失效——货架顶层的床上用品受潮——无法出售——损失，其中的因果关系始终存在。由此可见，在这连续发生的各项原因中，承保范围暴雨发生在先，并引发连锁因果关系，因此保险人应对损失予以赔偿。

（3）多种原因间断发生而导致损失　在致损原因有多个且是间断发生的情况下，在一连串连续发生的原因中，有一种新的独立的因素介入，使原有的因果关系链条断裂，导致损失，则新介入的是近因。如某建筑物虽遭遇了一场火灾，外墙坚固性受损，但没有塌，数天后，一场大风将建筑物推倒，压坏了临近保险标的，如果没有购买风灾险，保险公司不该赔付。

3. 多种原因都是近因

以上分析，对于近因的都只有一个。如果存在两个或两个以上的损失原因，同时对损失发生作用，有三种情况：

1）所有近因都是承保范围或除外责任。如果都属于承保范围，则保险人应依约负保险给付义务，如果都属于除外责任，保险人不负保险给付义务。

2）如果所有近因中有承保范围，但也有非承保范围，保单中未明确约定为除外责任，保险人应依约负保险给付义务。

3）如果所有近因中有承保范围，但也有除外责任，存在两种情况：

①如果这些近因相互依存，除外责任优于承保范围，保险人不负保险给付义务。

②如果这些近因相互独立，承保范围优于除外责任，保险人应负保险给付义务。

五、物业保险的原则：损失补偿原则

（一）损失补偿原则的内涵

损失补偿原则是指物业保险合同生效后，如发生保险责任范围内的损失，被保险人有权按照物业保险合同约定，获得全面、充分的赔偿；保险赔偿是弥补被保险人由于保险标的遭受损失而失去的经济利益，被保险人不能因保险赔偿而获得额外的利益。损失补偿原则主要适用于财产保险以及其他补偿性保险合同。

（二）被保险人请求损失赔偿的条件及意义

1. 条件

1）保险人对保险标的必须具有保险利益。

2）被保险人遭受的损失必须是在保险责任范围之内。

3）被保险人遭受的损失必须能用货币衡量，比如高档精装修住宅，其利润率远远高于普通住宅。

2. 意义

1）能使保险基金公平而有效地发挥其职能，避免个别人损害众多保险人的经济利益而获得额外利益。

2）可以减少道德危险的发生，划清保险的界限。

需要注意的是：由于人身保险是以人的身体和生命为保险标的的一种保险，不能以货币来衡量，因此，损失补偿原则一般不适用于人身保险。

(三)保险人履行损失赔偿责任的限度

（1）以保险金额为限　是指一旦发生保险合同范围内的风险事故，投保人能获得保险额度内的充分赔偿。

（2）以实际损失为限　是指赔偿以实际损失为尺度，不能让被保险人从中获得额外利益。

（3）以可保利益为限　是指投保人获得的赔偿金额以其可保利益为限。

六、物业保险的原则：代位求偿原则

(一)代位求偿原则的含义

代位求偿原则是指在物业保险中，保险标的发生保险事故造成推定全损，或者保险标的由于第三者责任导致保险损失，保险人按照合同的约定履行赔偿责任后，依法取得对保险标的的所有权或对保险标的的损失负有责任的第三者的追偿权。损失补偿原则主要适用于财产保险以及其他补偿性保险合同。

坚持代位求偿原则是为了防止被保险人由于保险事故的发生，从保险人和第三者责任方同时获得双重赔偿而额外获利，确保损失补偿原则的贯彻执行。

(二)行使代位求偿原则的条件

1）受损的标的和受损的原因均属于保险责任范围内的，保险人应该承担赔偿义务。

2）由第三方直接导致了保险事故的发生，依照民法第三方应该承担民事损害赔偿责任，且被保险人尚未向第三方行使自己的请求赔偿权。

3）保险人在完全执行了自己的赔偿责任以后，才有权取得代位追偿权。

(三)不适合代位求偿原则的情形

1. 代位原则不可以在人身保险合同中使用

人身保险的被保险人在保险合同的有效期内发生了保险事故，可以同时得到保险公司给付的保险金和负有责任的第三者的赔偿金。

2. 在财产保险中，代位原则不适合在被保险人的家人之间使用

被保险人的家人往往与被保险人具有一致的经济利益，当家庭成员或组成人员的利益受

到损失也就意味着被保险人的利益同样受损了。

（四）代位求偿原则的主要内容

代位求偿原则的主要内容包括权利代位和物上代位两种。权利代位是指在财产保险中，如果保险标的损失是由第三者的责任导致的，保险人在完全履行了自己的赔偿责任之后，便依法获得向第三方的追偿权。物上代位是保险标的在遭受保险责任范围内的保险事故发生了全损或被推定为全损，保险人按保险金额全额赔付后，依法取得对保险标的的所有权。

项目小结

（1）受随机因素的影响，引起的物业投资收益偏离预期收益的程度称为物业项目投资风险，包括系统风险和个别风险。

（2）系统风险包括通货膨胀风险、市场供求风险、周期风险、变现风险、利率风险、政策风险、政治风险和或然损失风险等。

（3）个别风险包括收益现金流风险、未来运营费用风险、资本价值风险、比较风险、时间风险和持有期风险等。

（4）风险处置方法主要包括风险回避、平衡交易、资产组合、风险转移和风险自留。

（5）物业保险的险种主要包括物业企业财产保险、雇主责任保险和公众责任保险。

（6）物业企业财产保险是指物业企业对因火灾及保险单中列明的各种自然灾害和意外事故引起的保险标的的直接损失、从属或后果损失和与之相关联的费用损失提供经济补偿的财产保险。

（7）雇主责任保险是指以被保险人即雇主的雇员在受雇期间从事雇主所要求的业务时，因意外事故导致伤残、死亡或职业病，而依法或根据雇佣合同应由被保险人承担的经济赔偿责任为承保风险的一种责任保险。

（8）公众责任保险是以被保险人在保险期限内，在保险地点发生的，由被保险人的侵权行为造成的依法应由被保险人承担的对第三者的民事赔偿责任。

（9）物业保险的原则包括最大诚信原则、可保利益原则、近因原则、损失补偿原则和代位求偿原则。

（10）最大诚信原则是指保险双方当事人签订和履行保险合同的过程中，必须向对方提供影响对方做出签约与履约决定的全部重要事实，同时绝对信守合同义务和承诺。

（11）可保利益原则是指保险双方当事人签订和履行保险合同的过程中，保险人或被保险人对保险标的具有法律上承认的经济利益。

（12）近因原则中近因是指引起保险标的损失的最有效的或者起支配、决定作用的原因。

（13）损失补偿原则是指物业保险合同生效后，如发生保险责任范围内的损失，被保险人有权按照物业保险合同约定，获得全面、充分的赔偿。

（14）代位求偿原则是指在物业保险中，保险标的发生保险事故造成推定全损，或者保险标的由于第三者责任导致保险损失，保险人按照合同的约定履行赔偿责任后，依法取得对保险标的的所有权或对保险标的的损失负有责任的第三者的追偿权。

能力训练

一、填空题

1. 房地产投资风险的处置，主要包括________、________、________、________和________五种方式。

2. 对于不同的投资者而言，由于其对待________的态度存在着差异，所以会采取不同的投资策略。

3. 物业保险的三个主要险种：________、________、________。

4. 物业保险的原则，即：________、________、________、________和________。

二、不定项选择题

1. 下列不属于物业项目投资系统风险的是（　　）。

A. 周期风险　　B. 政策风险

C. 变现风险　　D. 时间风险

2. 某人口较少的城市同时有几个物业项目开盘，但其销售业绩并没有开发商预期的好，体现了房地产投资的（　　）。

A. 市场供求风险　　B. 政策风险

C. 或然损失风险　　D. 变现风险

3. 2003 年，国家出台了国有土地使用权出让实行“招拍挂”的政策，对我国房地产投资产生了深远的影响，这种情形属于（　　）。

A. 市场供求风险　　B. 政策风险

C. 政治风险　　D. 周期风险

4. 房地产投资的系统风险包括（　　）。

A. 通货膨胀的风险　　B. 利率风险

C. 政治风险　　D. 变现风险

5. 下列不属于物业项目投资个别风险的是（　　）。

A. 周期风险　　B. 收益现金流风险

C. 资本价值风险　　D. 时间风险

6. 投资者将资金投入房地产后，失去了其他投资机会，同时也失去了相应可能收益，这种风险被称作（　　）。

A. 周期风险　　B. 比较风险

C. 资本价值风险　　D. 时间风险

7. 投资者通过参加保险，以小数额的保费为代价，避免所承受的风险，属于风险处置中的（　　）。

A. 风险回避　　B. 风险转移

C. 平衡交易　　D. 资产组合

8. 下列投资项目中，相对来说风险性较大的是（　　）。

A. 国债　　B. 保险

C. 股票型基金　　D. 定期存款

9. 下列投资项目中，相对来说升值性较大的是（　　）。

A. 国债　　B. 保险

C. 储蓄存款　　D. 住宅

10. 在进行物业投资决策时，我们应（　　）。

A. 根据项目风险大小确定相应的投资收益水平

B. 根据风险管理的能力选择投资方向

C. 根据风险周期变化特点把握投资时机

D. 投资风险大的项目，风险越大赚的钱越多

三、判断题

1. 一般来说，标准差越小，各种可能收益的分布就越集中，投资风险就越小；反之，标准差越大，各种可能收益的分布就越分散，风险就越大。(　　)

2. 一般来说，根据不同市场区域、不同物业类型的市场风险状态及其发展变化规律，就可以判断不同房地产子市场在周期波动中所处的阶段。(　　)

3. 保险合同的成立是以不存在某种促使危险增加的事实为先决条件。(　　)

4. 定值保险的被保险人有可能获得超过实际损失的赔偿。(　　)

5. 近因是指时间上与空间上距离损失最近的原因。(　)

6. 若保险金额高于实际损失，则保险赔偿应以实际损失为准。(　　)

四、简答题

1. 风险管理的流程包括哪些步骤？

2. 重复保险成立的要件包括哪些？

3. 商业保险和社会保险的区别是什么？

实训项目

请编制某物业企业主要部门（客服、安保、环境、工程）LEC 风险管理表（要求每个部门 20 个以上的事件）。

提示：LEC 法也称风险度评价法，是对人们在具有潜在危险性环境中作业时的危险性半定量评价方法。首先将作业条件的危险性作为因变量（D），将事故或危险事件发生的可能性（L）、人们暴露于危险环境的频率（E）、一旦发生事故会造成的损失后果（C）作为自变量，采取半定量计值法，给三个自变量分别确定分值，再以三个变量的乘积评价风险的大小：

$$D = LEC$$

式中　D——风险度；

L——事故或危险事件发生的可能性；

E——人员暴露于危险环境的频率；

C——发生事故可能产生的损失后果。

对 L、E、C、D 值的界定见表 5-2 ~ 表 5-5。

表 5-2　L——事故或危险事件发生的可能性

分数值	事故或危险事件发生的可能性
10	完全可以预料
6	相当可能
3	可能，但不经常
1	可能性小，完全意外
0.5	很不可能，可以设想
0.2	极不可能
0.1	实际不可能

表 5-3　E——人员暴露于危险环境的频率

分数值	人员暴露于危险环境的频率
10	连续暴露
6	每天工作时间内暴露
3	每周一次，或偶然暴露
2	每月一次暴露
1	每年几次暴露
0.5	非常罕见地暴露

表 5-4　*C*——发生事故可能产生的后果

分数值	发生事故可能产生的后果
100	大灾难，许多人死亡
40	灾难，数人死亡
15	非常严重，一人死亡
7	严重，重伤
3	重大，致残
1	引人注目，需要救护

表 5-5　*D*——风险度

D 值	危险程度	风险等级
>320	极其危险，不能继续作业	5
160～320	高度危险，要立即整改	4
70～160	显著危险，需要整改	3
20～70	一般危险，需要注意	2
<20	稍有危险，可以接受	1

项目六 物业经营成本管理

知识目标

1. 掌握物业经营管理中营业成本、期间费用及其分类。
2. 了解物业经营管理成本按照与决策的关系分类。
3. 掌握成本控制的含义与分类。
4. 掌握成本控制的原则与程序。

能力目标

1. 了解物业经营成本预算编制方法，重点学会弹性预算与零基预算的编制方法。
2. 学会成本预算的编制方式和程序。
3. 学会物业服务费用的测算。

思政目标

1. 在对物业经营成本知识的学习中培养学生职业素养、法律意识。
2. 在对成本控制和预算的学习中，培养学生职业操守。

任务引入

降低写字楼物业成本的对策

一、开源

（1）调整财务管理模式　酬金制在应对通胀压力方面有很大优越性，这也是中国香港、欧美地区普遍采取项目酬金制的原因。对于采取包干制收费方式的既有写字楼管理单位，应考虑改进酬金制方案，采取合理的方法，由业主来承担亏损的风险。新接管的写字楼应该优先考虑实行项目管理酬金制。

（2）写字楼前期介入管理　前期介入是指在接管验收前，通过缺陷分析和新技术应用，拾遗补缺，大幅降低后期管理成本，如对尚未投入运行的写字楼，在出入口设置、交通组织、设备选型、物业用房设置上提出优化方案，可以大幅减少岗位配置，节约运行成本。

（3）向房地产产业链纵向延伸　高品质的写字楼往往是地标建筑，物业公司拥有先进的管理经验，完全可以利用自身的声誉和优势拓展业务领域，大幅增加营业收入，如前期介入、承接查验服务、顾问咨询、租售代理、酒店经营等。

(4) 增值服务　增值服务是指物业服务企业利用各种管理方式和手段，提供多种物业服务和衍生项目，达到或超越委托合同约定的服务标准，获得合理收入的服务方式。写字楼可以因地制宜，利用自身优势开展会议室租赁、空调延时、洗车、洗衣、有偿保洁、休息室、健身房等有偿增值服务项目。

二、节流

(1) 利用先进科技提高基层操作岗位劳动生产率　科学技术是第一生产力，对于劳动密集型的写字楼物业管理企业，可以通过设备改造大幅降低人力投入。例如，停车场设备升级可降低收费员、管理员投入；自动化洗地机可以大幅提高作业劳动生产率，降低保洁的成本。

(2) 提高管理岗位生产率　写字楼项目管理岗位在人力成本中占比较高，合理的管理岗位配置可以提高生产率；否则企业机构臃肿、决策迟缓，成本压力极大。管理者应尽量使组织结构扁平化；同时，运用统计工具确定合理的管理岗位投入比，即总收入/管理岗员工数量，逐年进行比较；如果呈下降趋势，就意味着应压缩编制。

(3) 管做分离模式　写字楼物业管理中的清洁、秩序维护、停车场管理完全可以外包给专业化公司打理，以获得规模化效益，专业化公司的成本要远低于物业企业自招自管的服务成本。

(4) 节能降耗　写字楼的节能降耗途径，主要是管理节能和技术节能；特别注重采取“少花钱多办事、不花钱也办事”的管理节能手段。应注意以下问题：

1) 节能降耗不能以牺牲舒适性为代价。写字楼配置高端，客户群对服务品质要求高，一旦降低了舒适性，会引起客户满意率的大幅降低，企业在行业内的声誉就会受到影响，不但不能解决成本问题，反而会导致收入降低，衍生出新的矛盾。

2) 管理节能是指通过加强组织管理，利用各种手段来减少能源消耗以达到节能目的。写字楼项目应推行能源目标责任制，将节能指标纳入绩效考核内容之中，实行达标受奖，不达标处罚的机制。

3) 技术节能是指在能源使用过程中，运用各种技术手段进行的节能活动。技术节能往往要面临资金投入的难题，但写字楼技术节能可以带来长久效益，投资回收期很短，管理者应该尽力推动；遇到资金困难可以考虑合同能源管理、节能自愿协议等社会机制的支持。(本文节选自《写字楼物业服务成本上涨的应对举措》，桂胜利，《中国管理信息化》，2015年5月)

结合以上案例，请思考：

(1) 造成写字楼物业经营成本上涨的原因是什么？

(2) 分别从管理节能和技术节能两方面各提出2～3条写字楼经营管理的节能措施。

任务一　物业经营管理中成本及分类

一、营业成本

营业成本是指物业管理企业在物业管理活动中为物业产权人、使用人提供维修、管理和服务等劳务而发生的各项实际支出，包括主营业务成本、其他业务成本、物业工程成本。

(一)主营业务成本

物业服务企业应设置“主营业务成本”账户，来核算为取得主营业务收入而发生的各项成本，该账户属于损益类账户，借方登记各项实际成本的发生额，按经营成本的种类设置明细账，如“物业管理成本”“物业经营成本”“物业大修成本”等；贷方登记主营业务成本的结转额；期末余额全部结转“本年利润”账户后，应无余额。

【例 6-1】 某物业服务企业 2017 年 5 月修理小区道路设施，共发生维修成本 8000 元，其中领用库存原材料 3000 元，维修人员工资 5000 元。根据有关资料，编制会计分录如下：

借：主营业务成本——物业管理成本（公共性服务成本）　　8000

　贷：原材料　　3000

　　应付职工薪酬　　5000

(二)其他业务成本

其他业务成本是指物业管理企业从事其他经营活动所发生的有关成本和费用支出。“其他业务成本”账户属于损益类账户，该账户借方登记物业管理企业除主营业务成本以外的其他业务所发生的成本，包括销售商品、提供劳务等而发生的相关成本、费用以及相关税金及附加等；贷方登记其他业务成本的结转额；期末应将全部余额转入“本年利润”账户，结转后本账户应无余额。

【例 6-2】 某物业服务企业本月销售积压的材料水泥 20 袋，每袋销售 23 元，每袋原购价 25 元，收到现金，根据有关会计凭证，做会计分录如下：

借：库存现金　　460

　贷：其他业务收入　　460

同时结转成本：

借：其他业务成本　　500

　贷：原材料——水泥　　500

(三)物业工程成本

物业工程是指物业服务企业承接的房屋共同部位、共同设施设备大修、更新改造及对业主委员会或者物业产权人、使用人提供的管理用房、商业用房进行装饰装修等工程。

物业工程按其实施的方式不同一般可分为自营方式和出包方式两种。自营方式是指物业服务企业自行组织施工。出包方式是指物业服务企业委托外单位承包工程，出包方式又可分为包工包料和包工不包料两种情况。

【例 6-3】 自营工程的核算：某物业服务企业自行组织对其所管理的某小区内公共照明系统进行改造。改造过程中，共领用材料及备品备件 2500 元；参与施工工人工资 3000 元；工程完工后，工程价款为 21000 元。做会计分录如下：

(1) 计算物业工程成本

借：物业工程——照明工程　　5500

贷：原材料　　　　　　　　　　　　　　　2500
　　应付职工薪酬——工资　　　　　　　　3000

（2）工程完工后，其工程款经业主委员会签证认可后，结转物业大修收入

借：代管基金　　　　　　　　　　21000
　贷：主营业务收入——物业大修收入　　　　21000

（3）结转已完物业工程成本

借：主营业务成本——物业大修成本　　　5500
　贷：物业工程——照明工程　　　　　　　5500

【例 6-4】 出包工程的核算：某物业服务企业委托某装修公司对业主委员会提供的管理用房进行装修，共支付装修价款 10500 元。做会计分录如下：

（1）支付工程款时

借：物业工程——装修工程　　　　10500
　贷：银行存款　　　　　　　　　　　10500

（2）工程交付时

借：长期待摊费用——物业大修支出　　10500
　贷：物业工程——装修工程　　　　　　10500

二、期间费用

期间费用是指本期发生的，不能直接或间接归属于某种产品的成本的，直接计入损益的各项费用，包括销售费用、管理费用、财务费用。

（一）销售费用

销售费用主要包括运输费、装卸费、包装费、保管费、保险费、燃料费、展览费、广告宣传费、邮电费、水电费、差旅费、物料消耗费、折旧费、修理费、低值易耗品摊销；销售部门人员的工资奖金、福利费、工作餐费、服装费等。公司可根据自身业务的需要，增加、减少或合并销售费用的有关明细账户，自行设置销售费用的明细分类账。

该账户属于损益类账户，借方登记物业公司销售部门在经营中所发生的各项费用；贷方登记结转额；期末，应将该账户的余额全部转入“本年利润”账户，结转后，该账户无余额。本账户应按销售费用项目设置明细账。

【例 6-5】 某物业服务企业本期发生的销售费用有：以银行存款支付广告费 10000 元，应付专设销售机构的职工工资 5000 元。以银行存款支付应由本企业负担的送货费 1000 元。

（1）借：销售费用　　　　　　　　16000
　　贷：银行存款　　　　　　　　　　11000
　　　　应付职工薪酬　　　　　　　　5000

（2）会计期末，将销售费用账户归集的费用 16000 元转出。

借：本年利润　　　　　　　　16000
　贷：销售费用　　　　　　　　　16000

(二)管理费用

管理费用主要包括企业在筹建期间发生的开办费、董事会和行政管理部门在企业的经营管理中发生的或者应由企业统一负担的公司经费、工会经费、董事会费（包括董事会成员津贴、会议费和差旅费等)、聘请中介机构费、咨询费、诉讼费、业务招待费、房产税、车船使用税、印花税、技术转让税、矿产资源补偿费、研究费用、排污费、绿化费以及行政管理部门发生的固定资产修理费用等。

该账户属于损益类账户，借方登记物业公司行政管理部门为组织和管理物业管理经营活动而发生的管理费用；贷方登记结转额；期末，应将本账户的余额全部转入“本年利润”账户，结转后，该账户应无余额。本账户应按管理费用项目设置明细账。

【例 6-6】 某物业服务企业当月发生管理费用总额 42800 元。其中，行政管理人员工资、奖金 24000 元；职工福利费 3360 元；待业保险费 240 元；折旧费 13500 元；印花税 200 元；长期待摊费用摊销 1500 元。上述费用支出应分别编制会计分录如下：

(1) 结转管理人员工资、奖金时

借：管理费用　　27360

　贷：应付职工薪酬——工资　　27360

(2) 支付待业保险费时

借：管理费用　　240

　贷：银行存款　　240

(3) 计提折旧费时

借：管理费用　　13500

　贷：累计折旧　　13500

(4) 支付印花税款时

借：管理费用　　200

　贷：银行存款　　200

(5) 摊销长期待摊费用时

借：管理费用　　1500

　贷：长期待摊费用　　1500

(6) 月末结转本月管理费用时的会计分录

借：本年利润　　42800

　贷：管理费用　　42800

(三)财务费用

财务费用主要包括利息净支出、汇兑净损失、相关的手续费及其他财务费用。

企业通过设置“财务费用”账户核算企业为筹集资金而发生的财务费用。该账户属于损益类账户，借方登记企业为进行资金筹集等理财活动而发生的财务费用；贷方登记结转额；期末，应将该账户的余额全部转入“本年利润”账户，结转后，该账户无余额。本账户应按财务费用项目设置明细账。

【例 6-7】 某物业服务企业 2017 年 2 月 28 日支付短期借款利息 5000 元，月终时结转财务费用。做会计分录如下：

借：财务费用	5000	
贷：银行存款		5000
借：本年利润	5000	
贷：财务费用		5000

三、物业经营成本的分类

物业经营成本有多种分类方式，包括按照经济性质分类、按照经济用途划分、按照与业务量的关系划分、按照计算依据不同划分和按照与决策的关系划分。

物业经营成本按照与决策的关系可划分为边际成本、差异成本、机会成本、估计成本、沉没成本、可缓成本、可免成本以及附加价值成本。

1. 边际成本

边际成本是指在一定物业管理服务量水平下，增加或减少一个单位服务量所引起成本总额的变动数，用以判断增减服务量在经济上是否合算。

2. 差异成本

差异成本是指不同经营管理方案间成本的差异，又称增量成本或减量成本。在数量上，差异成本等于不同方案之间增加或缩小单位物业管理服务量的成本变化量，乘以增加或减少的单位服务量，再加上由于增加或缩小服务规模而导致的“固定成本”。

3. 机会成本

机会成本是指选择使用经济资源于某方案，而放弃另一方案所发生的潜在利益损失。

4. 估计成本

估计成本是指在会计期间开始前，对所承担的实际物业管理工作预估的成本，目的在于预测实际成本以供定价参考。

5. 沉没成本

沉没成本是指因为过去决策已发生，而在目前和未来无论实行何种方案均无法改变的成本。

6. 可缓成本

可缓成本是指可延缓至以后期间支出，而对当期营业效率无影响的成本。

7. 可免成本

可免成本是指一项成本仅与某一方案有关，当该方案被取消时，此项成本也可免除。

8. 附加价值成本

附加价值成本是指当投入的成本可使顾客觉得服务质量或价值有增加，或是将此成本删减后顾客会觉得服务质量或价值会减低时所对应的成本。

任务二　成本预算

一、成本预算的编制方法：弹性预算

编制预算的方法按其业务量基础的数量特征不同，可分为固定预算法和弹性预算法。本节重点介绍弹性预算法。

弹性预算法又称动态预算法，是在成本分析的基础上，根据业务量、成本和利润之间的联动关系，按照预算期内可能的一系列业务量水平编制的系列预算方法。编制弹性预算，需要选用一个最能代表经营活动水平的业务计量单位，对于物业经营管理来说，可以选择收费率、管理面积、总收入等计量单位。

弹性预算法有两个显著特点：①弹性预算是按一系列业务量水平编制的，从而扩大了预算的适用范围；②弹性预算是按各项成本的性态分别列示的，可以方便地计算出在任何实际业务量水平下的预测成本，进而为在事前严格控制费用开支提供方便，也有利于在事后细致分析各项费用节约或超支的原因，并及时解决问题。

编制弹性成本（费用）预算的主要方法一般有两种：①列表法。列表法又称多水平法，就是按照物业服务企业管理服务能力的利用程度的不同而编制的多种管理服务水平的预算。②公式法。公式法就是利用 $y=a+bx$ 的公式，计算各种管理经营活动水平下的预算成本。其中：y 代表某项成本预算总金额；a 代表其中的固定成本金额；b 代表单位变动成本金额；x 代表业务量。因此，只要具备某项成本中固定成本 a 和单位变动成本 b，就可以根据实际的物业管理服务业务量随时计算出该项成本的预算金额，并用此预算金额对成本支出进行控制和考核。

编制弹性预算的步骤如下：

1）选择和确定物业管理各种经营活动的计量单位消耗量、人工小时、机器工时等。

2）预测和确定可能达到的各种经营活动业务量。在确定经济活动业务量时，要与各业务部门共同协调，一般可按正常经营活动水平的 70% ~120% 确定，可按过去历史资料中的最低业务量和最高业务量为上下限，然后再在其中划分若干等级，这样编出的弹性预算较为实用。

3）根据和业务量之间的依存关系，将企业划分为变动和固定两个类别，并逐项确定各项费用与业务量之间的关系。

4）计算各种业务量水平下的预测数据，并用一定的方式表示，形成某一项的弹性预算。

弹性预算法适用于各项随业务量变化而变化的项目支出。

二、成本预算的编制方法：零基预算

预算编制方法按其出发点的特征不同，可以分为增量预算法和零基预算法。本节重点介绍零基预算法。

零基预算法的全称为“以零为基础编制计划和预算的方法”，又称零底预算法。零基预算法是指在编制预算时，不考虑以往的预算项目和预算数额，主要以预算期（比如下一年度）的需要、企业预测目标为依据设定预算项目构成和预算水平。

零基预算编制有以下五个步骤：

（1）划分和确定基层预算单位　物业服务企业里各基层业务单位通常被视为能独立编制预算的基层单位。

（2）编制本单位的费用预算方案　由物业服务企业提出总体目标，然后各基层预算单位根据企业的总目标和自身的责任目标出发编制本单位为实现上述目标的费用预算方案，在方案中必须详细说明提出项目的目的、性质、作用，以及需要开支的费用数额。

（3）进行成本—效益分析　基层预算单位按下达的“预算年度业务活动计划”，确认预算期内需要进行的业务项目及其费用开支后，管理层对每一个项目的所需费用和所得收益进行比较分析，权衡轻重，区分层次，划出等级，挑出先后。基层预算单位的业务项目一般分为三个层次：第一层次是必要项目，即非进行不可的项目；第二层次是需要项目，即有助于提高质量、效益的项目；第三层次是改善工作条件的项目。进行成本效益分析的目的在于判断基层预算单位各个项目费用开支的合理程度、先后顺序以及对本单位业务活动的影响。

（4）审核分配资金　根据预算项目的层次、等级和次序，按照预算期可动用的资金及其来源，依据项目的轻重缓急次序，分配资金，落实预算。

（5）编制并执行预算　资金分配方案确定后，就制订零基预算正式稿，经批准后下达执行。执行中遇有偏离预算的地方要及时纠正，遇有特殊情况要及时修正，遇有预算本身问题要找出原因，总结经验加以提高。

和传统预算编制方法相比，零基预算法不受过去因素的影响，有利于合理分配资金，提高员工的投入—产出意识，发挥基层单位参与预算编制的创造性，提高预算管理水平。但同时，由于一切工作从“零”做起，因此采用零基预算法编制工作量大、费用相对较高；分层、排序和资金分配时，主观影响容易引起部门之间的矛盾；若过分强调当前的项目，可能造成有关人员注重短期利益，而忽视本单位作为一个整体的长远利益。

零基预算法适用于企业开拓新项目或组织结构发生重大变化时采用。

三、成本预算的编制方式和程序

1. 成本预算的编制方式

物业管理企业常用的预算编制方式为“二下一上式”：

（1）一下　物业管理企业管理层首先将财务规划确定的预计损益表分部门下达，作为各部门编制预算的控制目标。

（2）一上　各部门根据控制目标的要求，结合自身的实际情况，编制出分季度的成本预算草案，并上报物业管理企业财务部门。

（3）二下　财务部门对各部门的成本预算草案进行汇总和综合平衡，编制出正式的财务预算（包括成本预算），并报物业管理企业管理层，然后再由管理层交业主大会讨论批准后，正式下达给各部门执行。

2. 成本预算的编制程序

（1）收集和整理有关资料　在编制成本预算前，财务部门要收集和整理有关资料，对上年度成本预算的执行情况进行分析，总结上年度执行成本预算的经验和存在的问题，提出改进措施，以便正确地、真实地编制预算期成本预算。

需要收集和整理的资料主要包括预算期业务量、物资采购情况和工资情况等有关资料；

材料消耗定额、工时消耗定额和费用消耗定额等有关定额资料；上级下达的成本降低指标等资料；国家有关成本开支规定及编制成本预算的要求等资料；本企业上年度的实际成本以及同行业同类管理服务的成本资料等。

（2）对预算期成本指标进行预测　在编制成本预算前，财务部门先分别预测由于材料费的升降而影响的服务成本升降率，人工费的升降而影响的服务成本升降率，生产费用的升降而影响的服务成本升降率；然后加以汇总，计算出总的服务成本升降率。将预测的成本升降率，与上级下达的成本升降率指标相比较，若前者大于后者，即表明按照预测的成本升降率的有关数据编制预算年度成本预算，可完成上级下达的成本升降任务；反之，就必须调整有关数字，重新计算成本升降率，以保证上级下达的成本升降任务的顺利完成。

（3）根据物业经营项目特点编制成本预算　成本预算是在进行了成本预测，实现了成本降低指标试算平衡的基础上编制的。由于物业经营项目规模、经营特点及管理要求不同，因而成本预算的编制程序也不尽一致。

任务三　成本控制

成本控制作为企业现代化管理的方法，主要是保证成本控制在预算范围内的工作，来帮助企业有效地规避潜在的偏差，并提升企业的资源利用率的一种管理行为。近年来，随着我国经济社会不断地发展，对物业行业提出了更高的要求，物业企业间的竞争也越发激烈，如何进一步提升物业企业的经济效益，有效降低运营成本，并逐渐地扩大市场占有率是物业企业需要解决的问题。因此，物业企业必须进行全面、科学、合理的成本控制。

一、成本控制的含义与分类

（一）成本控制的含义

物业企业在经营发展中涉及很多成本，其中占比较大的成本主要有人力成本、维保成本、能源成本。物业企业成本控制自始至终是以不断降低成本为目标，因此，物业企业为了改善经营管理，贯彻执行经济责任制，提高经济效益，就必须首先加强成本控制。物业管理企业除了对目标成本本身的控制，还需对目标成本完成和过程进行控制与监督，以及为今后成本的降低指明方向。为此，物业管理的成本控制通常指的是物业管理企业在提供物业管理服务过程中，根据成本预算所确定的目标和任务，对实际发生或将要发生的各项物业管理成本开支进行严格的计算、限制、监督、调节和干预，以保证成本目标和成本预算任务的实现。同时还可进一步对成本控制进行分析和考核，总结成本控制经验供物业企业未来参考。

物业企业实施成本控制具有重要意义。首先，有助于提高物业企业的管理水平。成本控制应贯穿于物业管理的各个环节。比如在资源配置，企业资源的合理分配将决定企业资源的使用情况，强化成本控制能够促进资源分配的合理性，有效施展企业资源的价值。其次，有助于提高企业的经济效益。不管在什么情况下，成本控制都是以不断降低成本为目标，即使收益不增长的情况下，成本的降低也能提高企业获得的收益，有效帮助企业实现利润的最大化。同时，有助于引导企业的重大决策。成本控制的经验能够帮助企业做相关决策，比如确保物业管理企业服务费用合理化的定价，防止盲从定价影响物业管理企业的经济效益，或是偏高的价格导致业主出现意见。

（二）成本控制的分类

按照不同的分类标准，成本控制可以分为多种类型。通常的分类标准见表 6-1。

表 6-1　成本控制分类标准

分类标准	具体类型
按控制的时间特征	事先控制、事中控制、事后控制
按控制的机制	前馈性控制、防护性控制、反馈性控制
按控制的内容	人工成本控制、设备管理成本控制、其他成本控制
按成本信息反馈程度	成本开环控制、成本闭环控制
按控制的系统	成本简单控制、成本分级控制
按控制的要求	绝对成本控制、相对成本控制

1. 按控制的时间特征分类

按控制的时间特征分类，即是根据事务发展的顺序，成本控制所实施的时间差异进行地分类，分为事先控制、事中控制和事后控制。

事先控制即事前控制，是在事务实施之前进行的相关控制。针对物业管理企业而言，是在开始新的物业管理服务之前，对接下来会开展的各项成本支出进行目标定制和制度建设，以便在未来服务过程中对成本进行控制时有依据有标准。事先控制的优点是能达到防患于未然，也是成本控制的开端。

事中控制即过程控制，是在事务实施阶段进行的相关控制。物业企业在提供日常物业服务时，需掌握日常的实际成本支出，并与事先控制所确定的标准进行比较，及时发现偏差并通过一定的方法减少偏差。事中控制是成本控制的中心环节，它能通过成本差异来反映现有管理方法的适用性，进而及时发现问题，解决问题，加强企业的经营管理，提高经济效益。

事后控制即考核阶段的控制，是事中控制的延续，同时又能助力于下一次的事先控制。物业管理企业需对成本的实际耗费进行事后分析，评定和考核业绩，确定责任归属，总结经验教训，提高成本控制的水平。事后控制能较好地弥补事中控制的局限性，同时将目光着眼于将来工作的改进，避免不合理的成本支出和损失的重新发生，为未来的成本管理工作指出努力的方向。

2. 按控制的机制分类

成本的控制根据运用的不同控制机制，可以分为前馈性控制、防护性控制、反馈性控制。

前馈性控制属于按时间分类中的事先控制类型。物业服务企业根据已有的经验和服务项目现有的实际情况，在工作开始之前对未来进行的预测和估计，并进行的相关控制。前馈性控制要求物业企业能获得及时和准确的信息，并对信息和相关工作的影响关系做出合理的分析和判断。

防护性控制即制度控制，也是属于按时间分类中的事先控制类型。它也称为会计控制，是通过制订相关的规章制度以及办法规定，对未来可能发生的各项成本支出或损失进行控制。它能很好地帮助物业企业对成本控制的执行。

反馈性控制是利用反馈控制原理进行的事中或事后控制。其实质是在发生成本支出或损失时，能及时发现偏差，并纠正偏差，确保最终成本控制目标的实现。它是对已形成的结果进行测量、比较和分析，它可以较好地避免类似问题的重复发生，减轻或者消除已有结果对后续活动的影响，为下一步工作正确开展提供依据。

二、成本控制的原则与程序

(一) 成本控制的原则

目前我国物业企业在实际工作过程中成本控制还存在诸多问题，比如由于较多的物业企业规模小，其固定成本较高，尤其人力成本的不断上涨，加之基础设施的欠缺，管理方式的单一，在增加管理难度的同时，也相应地导致了管理成本的增加。物业企业在不断提高和完善自己的成本控制体系时，还需遵循相关的原则。

(1) 可控性原则　可控性就是要求企业能够利用科学的方法和行之有效的手段去预判生产过程中会产生哪些成本耗费，对不必要产生的耗费进行制约和计量调整，有效规避一些不必要的支出和损失，并将这部分耗费归为可控成本。

(2) 全面性原则　全面性是指全过程、全方位、全员的控制。全面性控制要求物业企业的成本控制要贯穿整个物业服务的全周期，有条件下前期就需介入，同时需要兼顾物业服务的各个方面的成本支出，做好全局把控，并且增强全员的成本控制意识，做到人人、事事、时时都按照定额、标准或者预算进行成本控制。只有把握好各个时点、各个事务、各个人员，才能完成全面的成本控制。

(3) 责权利相结合原则　这需要物业企业在开展成本控制工作过程中，对相应的责任、权限、利益进行明确，对相应事务的成本控制谁有权限，承担怎样的责任，完成后如何进行考核和奖罚有清晰的规定。这样既能保证工作中成本控制的执行，又能监督执行的情况，有利于保证成本控制的目标及相应的管理措施落地实施。

(4) 例外管理原则　例外管理是指要求人们把注意力放到不正常的、关键性问题上的一种管理方法，即在众多的事务中抓住重要事务。例外管理要求物业企业对于那些重要的、特殊的、一贯的关键性成本差异集中精力记录、分析、处理、解决。

(5) 按目标管理的原则　物业企业成本控制的目标不是简单的成本的降低，而是在提供良好的服务的基础上，做好资源优化配置，降低不必要的成本支出和损失。同时在制订目标时还需因地制宜，根据不同服务项目和不同服务内容的实际情况进行合理的调整，不能简单地照搬复制。

(二) 成本控制的程序

在物业管理企业，成本控制的基本过程如图 6-1 所示。

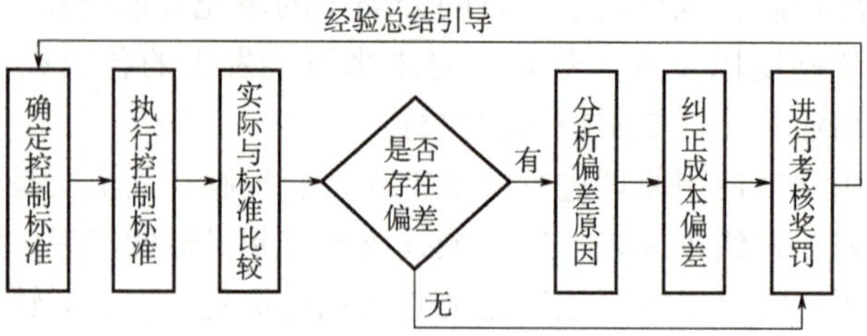

图 6-1　成本控制的基本过程

具体可以归纳为确定控制标准、执行控制标准、分析相关差异、纠正成本偏差和考核奖罚等五个步骤。其中第一步物业企业需要明确控制的标准，即通过成本预算和消耗定额等方法制订各项费用支出和资源消耗的数量界限，成为接下来成本控制和考核的依据。紧接着就需要物业管理企业对成本控制标准进行具体落实，这时需要运用凭证控制和制度控制等控制手段对具体事务进行约束，即审核各种费用的开支和各项资源的消耗。掌握了实际的成本支出就需要与成本标准进行比较，分析两者间是否存在偏差，如有成本差异就需分析具体原因，明确权责，这一步需要常态化、系统化地开展。掌握偏差的原因后，就需要采取可行的措施，纠正相关成本偏差，确保整体成本目标的实现。最后一定时期内要对物业管理成本标准的执行情况，进行考核奖罚，促进标准的切实落实，同时形成经验总结，助力物业管理企业成本控制的改进和提高。

项目小结

（1）营业成本是指物业服务企业在物业服务活动中为物业产权人、使用人提供维修、管理和服务等劳务而发生的各项实际支出，包括主营业务成本、其他业务成本、物业工程成本。

（2）期间费用是指本期发生的，不能直接或间接归属于某种产品的成本的，直接计入损益的各项费用，包括销售费用、管理费用、财务费用。

（3）物业经营管理成本按照与决策的关系可划分为：边际成本、差异成本、机会成本、估计成本、沉没成本、可缓成本、可免成本以及附加价值成本。

（4）成本预算的方法主要包括弹性预算和零基预算。

（5）物业服务企业常用的预算编制方式为“二下一上式”。

（6）物业管理的成本控制通常指的是物业服务企业在提供物业管理服务过程中，根据成本预算所确定的目标和任务，对实际发生或将要发生的各项物业管理成本开支进行严格的计算、限制、监督、调节和干预，以保证成本目标和成本预算任务的实现。

（7）成本控制主要按照控制的时间特征和控制的机制分类进行。

（8）成本控制的原则包括可控性原则、全面性原则、责权利相结合原则、例外管理原则和按目标管理的原则。

（9）成本控制的程序包括确定控制标准、执行控制标准、分析相关差异、纠正成本偏差和考核奖罚等步骤。

能力训练

一、单选题

1. 一定时期内，物业管理企业为受托物业提供管理服务而发生的直接物业管理成本，称为物业管理企业的（　　）。

A. 管理成本　　B. 营业成本

C. 消耗成本　　D. 服务成本

2. 以下不属于物业管理企业的间接费用的是（　　）。

A. 燃料和动力、构配件、零件、低值易耗品费用

B. 固定资产折旧费及修理费

C. 差旅费、邮电通信费、交通运输费

D. 财产保险费、劳动保护费、绿化维护费

3. 物业管理成本的分类可以按照经济性质分类为（　　）。

A. 目标成本、定额成本、计划成本、实际成本

B. 固定成本、变动成本和半固定或半变动成本

C. 边际成本、差异成本和机会成本

D. 外购材料、工资、职工福利费、折旧费、利息支出、税金、其他支出

4. （　　）与业务量的变动关系不大，因此降低单位业务量的成本应从增加业务量和减少费用的绝对额入手。

A. 变动成本总额　　B. 固定成本总额

C. 沉没成本总额　　D. 管理成本总额

5. 目前我国物业管理企业收取物业管理服务费的方式是（　　）。

A. 包干制和酬金制　　B. 包干制和佣金制

C. 人工方式和智能方式　　D. 人工方式和电子方式

6. 有关福利费的提取比例，以下不正确的是（　　）。

A. 工会基金按工资总额的2%计算

B. 福利基金按工资总额的14%计算

C. 教育经费按工资总额的1.5%计算

D. 社保基金按工资总额的2.5%计算

7. 以下不属于清洁卫生费的是（　　）。

A. 清洁工具购置费　　B. 清洁机械材料费

C. 化粪池清理费　　D. 杂草清运费

8. 成本预算也称（　　），它是根据物业管理企业的经营目标和经营方针，在了解过去、分析现在和预测未来的基础上，以货币形式事先规定预算期内履行物业管理受托责任所应发生的成本的一种财务管理活动。

A. 成本控制　　B. 成本计划

C. 成本计算　　D. 成本核算

9. 固定预算又称（　　），是指以过去的实际费用支出为基础，考虑预算期的相关因素，如业务量水平可能发生的变动及其影响，在过去实际费用基础上增加或减少一定的百分比确定出的预算。

A. 静态预算　　B. 动态预算

C. 零基预算　　D. 滚动预算

10. （　　）是传统的预算编制方法，特别适合于那些经营管理水平较高、业务结构和业务数量较为稳定的物业管理企业采用。

A. 固定预算　B. 动态预算　C. 零基预算　D. 滚动预算

11. 以下关于成本控制的分类方法中，错误的是（　　）。

A. 按控制的系统不同，可以分为简单控制和复杂控制

B. 按控制的要求不同，可以分为绝对成本控制和相对成本控制

C. 按控制的对象不同，可以分为材料成本控制、工资控制和管理费用控制等

D. 按成本信息反馈的程度不同，可以分为成本开环控制和成本闭环控制

12. 成本控制的步骤包括：①执行控制标准；②确定控制标准；③进行考核奖罚；④纠正成本偏差测算折旧；⑤分析相关差异。排序正确的是（　　）。

A. ②→①→⑤→④→③　　B. ⑤→④→②→①→③

C. ④→③→②→①→⑤　　D. ④→③→①→②→⑤

13. 有关物业管理企业成本日常管理的叙述中，错误的是（　　）。

A. 在物业管理生命周期的不同阶段，其成本开支的重点不同

B. 物业管理企业财务管理部门可以采用费用手册形式，对成本实行总额控制

C. 对于大笔费用的报销，都应通过审核原始凭证进行控制

D. 企业应结合国家有关法律法规及各项费用开支的特点，制订自身开支审批制度

14. 对物业管理企业的成本进行估算，在估算人工费的时候，不包括（　　）。

A. 基本工资　　B. 社会保险费

C. 加班费　　D. 通信费

15. 下列关于成本预算的基本要求的说法中，错误的是（　　）。

A. 成本预算必须同其他预算相协调

B. 成本预算需要考虑实际情况，与定额关系不大

C. 成本预算要全面权衡

D. 成本预算既要符合实际，又要适当留有余地

二、多选题

1. 营业成本是物业管理企业在从事物业管理活动中发生的各项直接支出，它包括（　　）等。

A. 直接人工费　　B. 固定资产折旧费

C. 劳动保险费　　D. 劳动保护费

E. 财产保险费

2. 关于物业管理成本的构成或开支范围，《物业管理企业财务管理规定》和《施工、房地产开发企业财务制度》有特别规定，以下正确的是（　　）。

A. 物业管理企业经营共用设施设备，支付的有偿使用费，计入营业成本

B. 物业管理企业支付的管理用房有偿使用费，计入营业成本或管理费用

C. 发生的坏账损失，计入材料费用

D. 物业管理企业对管理用房进行装饰装修发生的支出，计入递延资产

E. 不得列入成本的支出主要有：支付的滞纳金、罚款、违约金、赔偿金等

3. 固定资产折旧费是指物业管理企业拥有的各类固定资产按其总额每月分摊提取的折旧费用，各类固定资产包括（　　）。

A. 劳保用品　　B. 交通工具

C. 通信设备　　D. 办公设备

E. 工程维修设备

4. 考核物业管理企业成本（费用）控制中心服务质量的定量指标，主要有（　　）等。

A. 房屋完好率　　B. 物业管理费收缴率

C. 重大事故发生率　　D. 绿化率、保洁率

E. 业主满意率、物业增值率

三、简答题

1. 物业企业常用的预算编制方式是什么？

2. 什么是成本控制？成本控制的原则是什么？

3. 成本控制的程序是什么？

四、列表题

某物业公司在编制 2022 年度的销售及管理费用预算时，结合下年度的企业经营目标和管理任务，经过销售部门及管理部门全体人员讨论，多次协商，提出了预算期内需发生的部分费用项目和预计的开支金额：广告费 16000 元、培训费 18000 元、业务招待费 14000 元、房屋租金 10000 元、差旅费 6000 元、办公费 8000 元。另外，假设该公司在 2022 年可以用于销售及管理费用的资金只有 56000 元。根据上述资料，采用零基预算编制的方法，编制 2022 年该公司的销售及管理费用预算。

注：在上述 6 个费用项目中，房屋租金、差旅费、办公费属于约束性固定成本，必须全额保证；广告费、培训费、业务招待费属于酌量性固定成本，根据历史资料对其进行“成本效益分析”可知：每 1 元的广告费投入可以获得 40 元的收益，每 1 元的培训费投入可以获得 50 元的收益，每 1 元的招待费可以获得 10 元的收益。

[illegible]

1. 物业企业常用的成本分析方法是什么？
2. 什么是成本控制？成本控制的原则是什么？
3. 成本控制的程序是什么？

[illegible]

实训项目

实训内容：进行物业管理服务费用成本测算

项目名称是：________________________

物业收费面积大概为________ m^2。

你们所调查的项目大概需要配备员工________人，其中男员工大约为________人，女员工大约为________人。

（1）人工费。

1）工资（见表6-2）。

表6-2　工资

序号	岗位名称	人数	月工资/元	备注
1	项目经理			
2	工程主管			
3	工程专员			
4	客服经理			
5	客服专员			
6	环保部主管			（负责保洁和绿化）
7	保洁员			
8	保安主管			
9	保安			
10	绿化工			
11	财务主管			
12	会计			
13	出纳			
合计				

2）五险一金（见表6-3）。

表6-3　五险一金

序号	项目名称	提取比例	月工资总额/元	月提取额/元
1	养老	20%		
2	医疗	8%		
3	失业	2%		
4	工伤	0.5%		
5	生育	0.7%		
6	住房公积金	7%		
合计				

注：不考虑社会平均工资因素，均按员工的实际工资缴纳。

3）福利费（见表6-4）。

表6-4　福利费

序号	项目名称	提取比例	月工资总额/元	月提取额/元
1	福利基金	14%		
2	工会经费	2%		
3	教育经费	1.5%		
合计				

4）加班费（按人均加班3天计算）（见表6-5）。

表6-5　加班费

序号	项目名称	月工资总额/元	月总提取额/元
1	加班费		

5）服装费及洗涤费（见表6-6）。

表6-6　服装费及洗涤费

序号	服装类别	人数	单价/(元/套)	月发生额/元	洗涤费	月发生额/元	备注
1	夏装						每2年更换一次
2	冬装						
合计							

6）伙食、住房、交通及通信补贴（见表6-7）。

表6-7　伙食、住房、交通及通信补贴

序号	补贴类别	人数	补贴金额/[元/(人·月)]	月发生额/元	备注
1	伙食				
2	住房				
3	交通				
4	通信				
合计					

（2）物业共用部位、共用设施设备运行维护费（见表6-8）。

表6-8　物业共用部位、共用设施设备运行维护费

序号	项目名称	月发生额/元	备注
1	共用部位维修保养费		
2	给水排水设备运行维护费		
3	电气系统设备运行维护费		
4	燃气系统设备运行维护费		
5	消防系统设备运行维护费		
6	公共照明运行维护费		
7	易损件更新准备费		
8	不可预见费		按1~6项之和的8%提取
合计			

（3）清洁卫生费（见表6-9）。

表 6-9　清洁卫生费

序号	项目名称	月发生额/元	备注
1	用具购置费		
2	劳保用品费		
3	卫生防疫消杀费		
4	化粪池清理费		
5	垃圾处理费		
6	其他费用		
合计			

（4）绿化养护费（见表6-10）。

表 6-10　绿化养护费

序号	项目名称	月发生额/元	备注
1	用具购置费		
2	劳保用品费		
3	绿化用水费		
4	农药化肥费		
5	杂草清运费		
6	景观再造费		
合计			

（5）公共秩序维护费（见表6-11）。

表 6-11　公共秩序维护费

序号	项目名称	月发生额/元	备注
1	安保器材购置维护费		
2	安保人员人身保险费		
3	安保用房及其他费用		
合计			

（6）办公费（见表6-12）。

表 6-12　办公费

序号	项目名称	月发生额/元	备注
1	交通费		
2	通信费		
3	低值易耗办公用品费		
4	社区文化宣传费		
5	书报杂志费		
6	其他费用		
合计			

（7）固定资产折旧费（见表6-13）。

表6-13　固定资产折旧费

序号	项目名称	月发生额/元	备注
1	交通工具		
2	通信设备		
3	办公设备		
4	工程维修设备		
5	其他设备		
合计			

（8）物业共用部位、共用设施设备及公众责任保险费每月大约________元。
（9）业主同意的其他费用每月________元。
（10）物业服务企业的利润率为8%。
（11）法定税费（见表6-14）。

表6-14　法定税费

序号	税种	比例税率	月完税额/元	备注
1	增值税			
2	城建税			该项目位于________
3	教育附加费			含中央及地方
合计				

（12）小区多种经营收入的补贴。
1）停车费收入补贴：
2）维修养护基金利息的补贴：
上述两项之和为：
（13）最后计算结果：
该项目物业管理费为________元/(月·m^2)

项目七 财务管理和绩效评价

知识目标

1. 掌握物业企业财务管理的总体目标和内容。
2. 掌握财务报告分析的主要方法。
3. 掌握物业企业财务效益状况的基本指标和修正指标。
4. 掌握物业企业资产营运状况的基本指标和修正指标。
5. 掌握物业企业偿债能力状况的基本指标和修正指标。
6. 掌握物业企业发展能力状况的基本指标和修正指标。
7. 掌握物业管理绩效评价评议指标。
8. 了解物业企业绩效评价的主要方法——杜邦分析法和沃尔评分法。

能力目标

1. 能结合财务报表对物业企业进行绩效评价。
2. 学会撰写物业管理工作财务绩效报告。

思政目标

1. 在对物业管理与绩效评价知识的学习中培养学生职业素养、法律意识。
2. 通过对财务报告分析培养学生团队意识和核心职业能力。

任务引入

企业财务分析要有战略视角

一提到财务报表，人们就会想到枯燥的会计数字。但实际上，财务报表并非死板的数字排列，它是企业遵循行业规范，执行有效管理，并与资本市场进行坦诚“沟通”的结果。看待企业经营状况的好坏，关键看好“一张照片”和“两部电影”。“一张照片”即企业资产负债表，它表明了企业所有的资产要么是自己投资的，要么是借来的，描述了企业的整体状态。“一部电影”即利润表，它呈现了企业的财富状态：钱从哪里来？钱到哪里去？同时表现了企业的经营成果。“另一部电影”即现金流量表，它表述的状态是企业本期内剩余的钱数，应该是上个月留下的加上这个月赚进来的钱，减去本月花出去的钱，直观地体现了资金的流动性。以下是对外经济贸易大学张新民教授站在企业战略管理角度对资产负债表的解读。

财会人员在进行企业财务报表分析时，倡导在财务分析时要有战略视角。比如说，怎么看资产负债表？资产负债表的基本关系是资产等于负债加股东权益。但关于资产负债表，有两个问题人们很少关注：第一，资产负债表里面有没有战略问题？第二，合并资产负债表与母公司资产负债表有什么差异，分析方法有什么不同？资产等于负债加股东权益，从字面上看这其中并没有战略。但如果把资产进行非常清晰的结构性分析、分解，在形式上稍加变化，马上就能看到它的战略问题。对于企业资产负债表的左边，人们将资产结构分为经营资产和投资资产，尤其是当企业拥有具有战略意义的控制性投资资产时，则资产负债表马上就与企业的战略联系在一起了。因为从企业资源扩张角度来看，经营资产是以产品经营为主导往前发展。一个组织如果有控制性投资资产，那么这个组织就有了另外一种发展态势，以集团化管理既可以实现多元化也可以实现区域结构的多样化的发展战略。由此，企业的资产从战略视角便可以分成两个部分：一部分称为经营资产，另一部分称为投资资产。在此基础上，企业也可以分成三大类：第一大类企业是经营主导型或经营型，只关注或主要关注经营活动；第二大类企业是投资主导型，只关注或主要关注投资活动，或者就是投资管理公司，就是集团管理；第三大类是经营与投资并重型。那么，资产负债表所展示的企业发展战略和扩张战略就非常清晰地显现出来——资产展示了企业实现发展战略的两个能力：一个是由经营资产反映的经营能力，另一个是由控制性投资反映的扩张能力。

母公司资产负债表与合并资产负债表是什么关系？恰恰在有控制性投资的情况下，它们反映了企业控制性投资的扩张效应。从合并报表编制原理也可以看出，合并资产与母公司资产的差反映了企业资产扩张的一种效果或者结果。这是从资源配置方面也就是资产负债表左边的战略解读。

企业用谁的资源去发展？企业安全的核心问题当然就是财务安全。提到财务安全就要关注资产负债表的右边。现在对资产负债表右边的关注经常集中在资产负债率、负债和股东权益的关系上，往往误以为资产负债率的高低反映了企业风险的高低，用资产负债率作为企业风险常规的计量方式或者计量指标。

实际上，从丰富多彩的中国企业管理实践来看，用资产负债率来评价企业的风险有相当大的误差。基于这样一种认识，本人把资产负债表右边又分成了四大类：经营性负债、金融性负债、股东入资、利润积累。

负债部分：第一类称为经营性负债，即由企业经营活动所导致的各种负债，应付票据、应付账款、预收款项、应付职工薪酬、应交税费等都属于经营性负债。另外一类称为金融性负债，也即有息负债，如各种贷款和企业发行的债券等。股东权益：可以粗线条地分解为股东入资和利润积累两个部分。股本和资本公积可以认为是股东入资；利润积累主要包括盈余公积和未分配利润两部分。这样，人们就把资产负债表右边看成是四类对企业有支持性的资源，也可以把它说成是四大动力：第一大动力是股东入资；第二大动力是企业的债务融资；第三大动力是企业经营过程中形成的负债，核心问题是企业两头吃的能力；第四大动力是利润的贡献。将这四大动力展开，实际上又是一种战略——企业用谁的资源去发展？

格力电器、青岛海尔、美的集团这些企业的资产负债率都很高，但从四大动力的结构分析来看，他们的有息负债率并不高。使用这种分析方法，企业的发展战略，在资产负债表左边和右边就非常清晰地展示出来。

分析完资产负债表左右两边的划分与构成后，可以继续挖掘，看看资产负债表左边和右边的关系。以万科为例，没有人说万科的业务不行，没有人说万科的产品不行，没有人说万科的管理不行，但是万科在宝能入驻万科的过程里边，这个公司的事端不断，问题出在哪里呢？人们可以从资产负债表中寻找答案。

万科的产品、万科的业务、万科的市场在资产负债表的左边反映，所以资产负债表左边更多的是关注企业利润的产生机制。这些利润由资产负债表左边的具体资源及其结构决定、由市场决定、由业务决定。这样好的一家公司为什么面临那么大的风险和危机呢？显然是在资产负债表右边出了问题。右边是什么？是四大动力，四大动力的核心问题又是利益的协调。资产负债表左边看的是各种具体资源，右边则是各种名字，股东的名字、债权人的名字，名字之间的利益就需要协调，协调得怎么样将决定一个组织发展的根本方向。

所以，对资产负债表的挖掘可以得出以下结论：资产负债表左边是管理的问题，右边是治理的问题。资产负债表左边的管理问题涉及业务管理、资产管理、市场管理等。利益的协调机制是资产负债表右边的问题，是治理的问题。（案例选自《中国会计报》（第五版），2019 年 3 月 22 日）

结合以上案例，请思考：

（1）财务报表分析在物业经营管理中有什么重要性？

（2）物业经营企业如何通过财务报表编制企业年报？

任务一　财务管理概述

物业企业财务管理是企业管理的核心，是企业组织财务活动、处理财务关系的一项综合性管理工作。物业企业的财务活动总是围绕一定的目标而进行，它是评价物业企业财务活动是否合理、有效的标准。因此物业企业应设立长远而非短浅，全面而非片面的财务目标，这对于一个企业来说，是至关重要的。一个人的人生目标分为长期目标、短期目标、总体目标、个体目标，而短期目标应从属于长期目标，个体目标决定于总体目标。对于一个企业来说，企业财务管理的目标决定于企业管理的总目标。

一、财务管理的总体目标

财务管理的总体目标是企业全部财务活动需要实现的最终目标，它是企业开展一切财务活动的基础和归宿。根据现代企业财务管理理论和实践，最具有代表性的财务管理总体目标主要有以下三种提法：

（1）利润最大化　结合利润等于收入减去费用，利润最大化是物业服务企业占用和消耗尽可能少的资产为社会和业主提供优质的管理服务，获取最大利润。利润不仅体现企业经济效益的高低，而且表明企业竞争能力的大小，决定了企业生存状态，同时，利润也是企业补充资本公积，扩大经营规模的源泉，很多物业企业都把利润最大化作为企业财务管理的总体目标。

但是，以利润最大化作为财务管理目标也存在一系列问题。例如，某物业企业三年末获得 30 万元利润与 3 年内每年获得 10 万元的利润是相同的目标吗？显然，利润最大化没有考虑资金的时间价值。再如，A 物业企业投入 1500 万元，竭尽所能，获利 500 万元，均为应收账款；B 物业企业投入 1000 万元，积极开发新产品，培训技术人才，改进设备，当年获利 500 万元，均为现款，从投入与产出、收益与风险、眼前利益与长远利益等关系方面分析 A 物业企业利润都不如 B 物业企业，因此利润最大化目标没有考虑获得利润与投入资本之间的关系。此外，利润最大化忽略了风险因素，利润最大化决策会使企业财务决策短期化，通常情况下，利润的增长是以风险的增大为代价的，企业不顾风险而片面追求利润的增加，一旦不利事实出现，企业将会陷入困境，甚至破产。

（2）股东财富最大化　股东创办企业的目的，就是获得更多的财富，因为财务管理的目标应从股东利益出发，追求股东财富最大化。股东财富的多少由其所拥有的股票数量和股票市场价格来决定。股票价格围绕着企业预期获利能力的高低变化而上下波动，股票市场价格体现着市场对企业价值所做的评价。在股票数量一定的条件下，股票价格越高，股东的财富就越大。与利润最大化目标相比，“股东财富最大化”观点的优点：

1）考虑了货币时间价值和风险因素。

2）股东财富最大化在一定程度上能够克服企业在追求利润上的短期行为。

3）容易量化，便于考核与奖赏。

但是该目标仍然存在如下不足：

1）只适用上市公司，非上市公司很难适用。

2）只强调股东的利益，忽视了股东以外的其他利益相关者的利益。

3）股票价格往往不能准确体现股东财富。

（3）企业价值最大化　作为企业来说，通过生产经营活动既要盈利，又要实现资产增值，企业净资产增加或股东财富增加，是投资者追求的最终目的，所以企业价值最大化是财务管理实践中得到普遍认可的财务管理目标，这种观点的优点主要表现在以下几方面：

1）既考虑企业当前的盈利水平，而且更注意未来的长远获利能力，考虑了货币时间价值这一重要因素。

2）既重视企业的长远发展，又能克服管理上的片面性和短期行为。

3）既考虑企业的盈利水平，又更注意将企业的风险控制在投资者能接受的范围之内。

但是该目标也有许多问题需要去探讨：

1）企业价值计量方面存在问题。首先，将不同理财主体的自由现金流混合折现不具有可比性；其次，将不同时点的现金流共同折现不具有说服力。

2）不易为管理当局理解和掌握。企业价值最大化实际是几个具体财务管理目标的综合体，包括股东财富最大化、债权人财务最大化和其他利益相关者财富最大化，这对具体目标的衡量有不同的评价指标，使财务管理人员无所适从。

3）没有考虑股权资本成本。股权资本和债券资本一样，不是免费获取，如果不能获得最低的投资报酬，股东就会转移资本投向。

二、财务管理的内容

企业财务管理的内容主要包括组织财务活动和处理财务关系，体现于企业生产经营过程，企业生产经营过程一方面表现为实物商品或服务提供的运动过程；另一方面表现为其价值的运动过程，即表现为资金的运动过程。资金的运动过程以资金循环的形式存在，表现为一个周而复始的周转过程。它以价值形式综合地反映着企业的生产经营过程。因此，企业财务管理内容是指企业在生产经营中客观存在的资金运动以及体现的经济利益关系。可以通过图 7-1 体现企业财务活动。

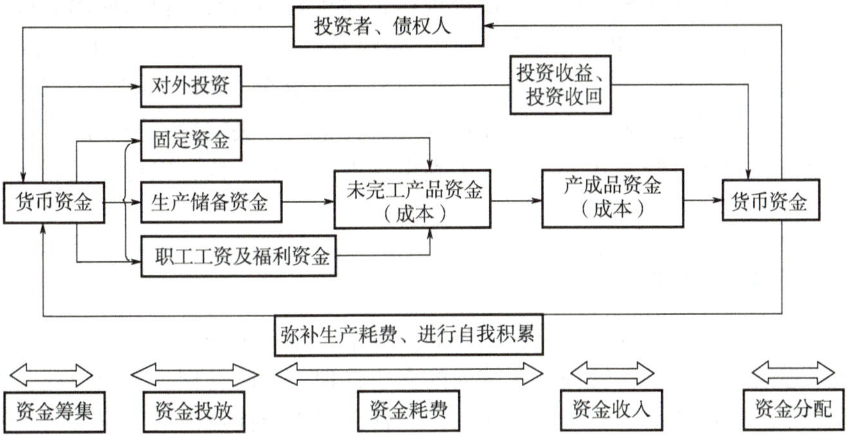

图 7-1 企业财务活动

（一）筹资活动

物业经营企业从设立到企业的扩张，都需要从各种渠道通过各种方式筹集资金，它是资金运动的起点。筹资是指物业经营企业为了满足投资、用资的需要筹措和集中所需资金的过程。

物业企业筹资可以有两种不同性质的资金来源：

1）物业权益资金：主要包括吸收直接投资、发行普通股、发行优先股和留存收益等方式，目前多数物业服务企业主要是以吸收直接投资和留存收益方式取得权益资金，少数规模较大的物业企业通过发行股票来取得权益资金，它是物业服务企业未来最有前途也将是最主要的权益资金来源。

2）债务资金：主要包括银行借款、发行债券、商业信用和融资租赁等。目前多数物业企业是通过银行借款和商业信用的方式取得资金。达到国家规定要求的物业服务企业可以通过发行债券获得资金。

知识链接

企业发行债券的条件

我国《公司法》规定，企业发行债券需要满足以下条件：

1）股份公司净资产额不得低于 3000 万元，有限责任公司不得低于 6000 万元。

2）累计债券总额不超过公司净资产额的 40%。

3）最近三年平均可分配利润足以支付公司债券一年的利息。

4）筹集资金的投向符合国家产业政策。

5）债券的利率不得超过国务院限定的利率水平。

6）国务院规定的其他条件。

（二）投资活动

投资包括广义和狭义两种。广义的投资包括企业将筹集的资金投入使用的过程，既包括企业内部使用资金的过程，如购置流动资产、固定资产、无形资产等，也包括对外投放资金，如购买股票、债券等。狭义的投资仅是指对外投放资金。物业经营企业在投资过程中，需要考虑投资规模，即是为确保获取最佳投资效益，企业应决定投入资金的数额；同时，企业必须通过投资方向和投资方式的选择，来确定合理的投资结构，以提高投资效益，降低投资风险。

（三）资金营运活动

物业经营企业在提供管理、经营和服务的过程中，会发生一系列的资金收付。首先物业经营企业从事建筑管理、设备管理、区域内的交通管理、消防管理、安全管理、绿化管理及清洁管理等基本的管理活动。对于经营活动，一种是属于全体业主共有权益的场所、场地和设施设备范围内，管理开展的出租等经营活动，收益纳入物业管理费。另一种是在上级公司授权下或在为业主提供特约服务或有偿服务的过程中，利用自有资金和能力在全体业主权益范围之外开展的其他经营活动。上述各方面都会产生企业资金的收付，它们是由于企业日常生产经营而引起的财务活动，称为资金营运活动。营运资金的周转和生产经营周期具有一致性，如何加速资金周转、提高资金利用效率，是财务管理的主要内容之一。

（四）收益分配管理

物业经营企业在取得收入后，要按照补偿成本、缴纳所得税、提取公积金、向投资者分配利润等顺序进行收益分配。收益分配管理是物业经营企业对收益分配的主要活动及其形成的财务关系的组织与调节，是企业将一定时期内所创造的经营成果合理分配给企业内外部各利益相关者。企业的收益分配包括广义和狭义两种。广义的利润分配是指对企业的收入和净利润进行分配，狭义的利润分配仅指净利润的分配。分配的进行，资金或是退出或是留存企业，都必然影响企业的资金运动，包括资金规模和资金结构。

总之，以上四个方面，相互联系，相互依存，不可分割，构成物业经营企业的完整的财务活动，也是物业经营企业财务管理的主要内容。

任务二　分析财务指标

企业财务报告是传输企业财务信息的重要工具和载体，它提供和传输的财务信息主要包括企业某一特定日期的财务状况及某一会计期间的经营成果以及现金流量等。这些信息既有对外的一面，又有对内的一面；既可以满足外部用户的信息要求，同时对企业内部的经营决策也具有非常重要的价值。因此，企业有必要对财务报表进行分析，揭示各种财务指标，进而对经营绩效进行评价。

一、财务报告分析的主要方法

财务分析利用了财务报表等资料，采用专门的分析方法，系统分析和评价企业的过去和现在的经营成果、财务状况和变动，目的是评价企业的经营业绩、衡量企业的财务状况和预测企业的发展趋势。下面将具体介绍四种定量的财务分析法，包括比较分析法、比率分析法、趋势分析法和因素分析法。

(一) 比较分析法

比较分析法是通过两个或两个以上的指标进行对比确定数量差异，揭示企业的财务状况和经营成果，包括实际指标与计划指标对比，同一指标纵向对比，同一指标横向对比，分别揭示企业计划的完成情况、发展趋势和先进程度。在运用比较分析法时需注意：

1）实际指标和所对比指标计算口径应保持一致。

2）实际指标和所对比指标时间期限应一致。

3）实际指标和所对比指标计算方法必须一致。

(二) 比率分析法

比率分析法是利用财务报表中两项相关数值的比率揭示企业的财务状况和经营成果。主要包括：

（1）构成比率　也称结构比率，是指某个经济指标的各个组成部分与总体的比率，反映部分和总体之间的关系。可以考察总体中某个部分形成和安排是否合理，以便协调各项财务活动。

构成比率 = 某个组成部分数额/总体数额

（2）效率比率　某项经济活动中所费和所得的比率，反映投入和产出的关系，可以进行得失比较，考察经营成果，评价经济效益。

（3）相关比率　经济活动中客观存在的相互依存、相互联系的关系，以某个项目和与其有关但又不同的项目加以对比所得的比率，反映有关经济活动的相互关系。可以考察有联系的相关业务安排是否合理，以保障企业运营活动能够顺畅进行。

(三) 趋势分析法

趋势分析法是在连续数年度的财务报表中，选择某一年为基期，计算每一个期间各项金额对基期同一项目金额的趋势百分比。

1. 关于基期的选择

基期的选择应该妥善，期间应该适当，基期各项目均以 100% 加以表示。

2. 趋势百分比的计算

某项趋势百分比 = 当期金额(余额)/基期金额(余额) × 100%

在运用趋势分析法时需注意：

1）用于进行比较的各个时期的指标在计算口径上必须一致。

2）要将偶发性影响项目剔除，使作为分析的数据能反映正常的经营状况。

3）应对某项有显著变动的指标做重点分析，研究其发生的原因。

（四）因素分析法

因素分析法是对某项综合指标的变动原因按其内在的因素，计算和确定各个因素对这一综合指标发生变化的影响程度，因素分析法包括连环替代法和差额分析法两种。

1. 连环替代法

计算程序：

1）列出财务指标和其影响因素的分析公式（因素分解式）。

2）确定分析的对象即指标变动的差异。

3）对影响这项指标的各因素进行分析，决定每一因素的排列顺序进行替代。

4）逐项计算各因素的影响程度，将各因素替代后获得的指标与该因素替代前的指标相比较，得出该因素变动对这项指标的影响程度。

5）验证各因素影响程度计算的正确性。

【例 7-1】某物业公司 2018 年写字楼出租情况见表 7-1。

表 7-1　某物业公司写字楼出租情况一览表

项目	计划数	实际数
租金/元	4500000	4900000
出租数/间	150	140
单价/[元/(年·间)]	30000	35000

解：第一步，列出指标因素关系式：

租金 = 出租数 × 单价

第二步，计算计划租金，确定分析对象：

150 × 30000 = 4500000（元）

4900000 − 4500000 = 400000（元）

第三步，逐项替代，先替代出租数（假设单价不变）：30000 × 140 = 4200000（元）

再替代单价：35000 × 140 = 4900000（元）

第四步，分析各因素对租金的影响程度。

出租数的变动对租金的影响为：4200000 − 4500000 = −300000（元）

单价的变动对租金的影响为：4900000 − 4200000 = 700000（元）

第五步，验证两个因素共同影响使租金增加：700000 − 300000 = 400000（元）

可见，验证结果与分析对象吻合。

2. 差额分析法

差额分析法是直接用实际数和计划数之间的差额计算各因素对指标变动的影响程度。

【例 7-2】承【例 7-1】，分析如下：

由于出租数的变动而影响的租金：(140 − 150) × 30000 = −300000（元）

由于单价的变动而影响的租金：140 × (35000 − 30000) = 700000（元）

两个因素共同影响，使租金发生的差异为：

700000 − 300000 = 400000（元）

在运用因素分析法时需注意：

1）构成经济指标的因素必须存在客观上的因果关系。

2）替代因素时，须按照原因素的依存关系，排列成一定顺序并依次替代。

3）连环替代法在计算每一因素变动的影响时，必须是在前一次计算的基础上进行，并采用连环比较的方法确定因素变化的影响结果。

4）连环替代法的前提条件是具有一定的假设性，这种假定要合乎逻辑。

二、物业经营企业主要财务指标体系

物业经营管理的绩效评价通过构建指标体系而实现评价目的，该指标体系是按照系统论方法构建的，由一系列评价指标组成的系统结构，该指标体系主要包括了基本指标、修正指标和评议指标三个层次。基本指标是评价物业经营管理绩效最重要和最基础的指标，其数量少、概括性强，物业经营管理绩效评价的基本指标包括了八项。修正指标是从多方面调整完善基本指标评价结果的计量因素，是用来对基本指标进行校正的重要辅助指标，它依附于基本指标而发挥作用，又是绩效评价指标体系的第二层次，物业经营管理绩效评价的修正指标包括十四项。评议指标是对定量指标评议结果的校验、修正和完善，形成了定量和定性相结合的综合评价结论，属于第三层次，是物业企业绩效评价指标体系的重要组成部分，物业经营管理绩效评价的评议指标包括八项，如图 7-2 所示。

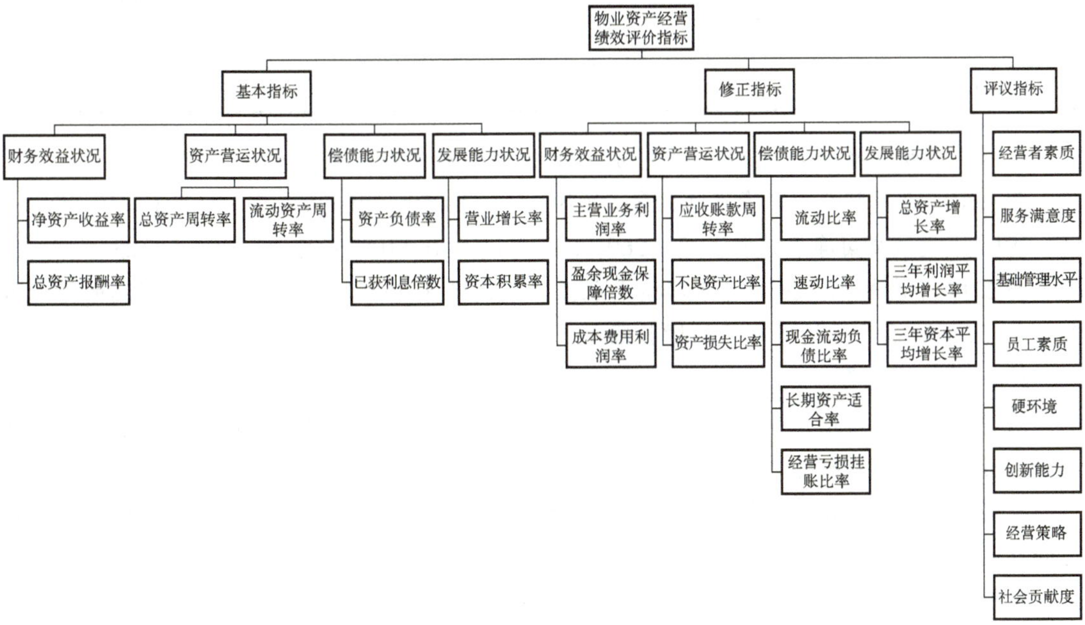

图 7-2　物业经营绩效评价指标体系

（一）财务效益状况基本指标

1. 净资产收益率

净资产收益率也称为股权收益率或权益收益率，是指企业一定时期内的净利润同平均净资产的比率，其公式为：

净资产收益率 = 净利润/平均净资产 ×100%

净利润是指企业的税后利润，是利润总额扣除应交所得税后的净额，是未做任何分配的数额，能够客观、综合反映企业的经济效益，准确体现投资者投入资本的获利能力。

平均净资产的数据来源于资产负债表，包括实收资本、资本公积、盈余公积和未分配利润。平均净资产 = (所有者权益年初数 + 所有者权益年末数)/2。

净资产收益率具有如下财务意义：

1）充分体现投资者投入企业的自有资本获得净收益的能力，突出反映了投资与报酬的关系，是评价企业资本经营效益的核心指标。

2）通过对该指标的综合对比分析，可以看出企业获利能力在同行业中所处的地位，以及与同类企业的差异水平。

【例 7-3】 某物业经营公司 2016 年年末净资产为 100500 万元，该公司 2017 年度和 2018 年度净资产收益率计算见表 7-2。

表 7-2　净资产收益率计算表　　（单位：万元）

项目	2016 年	2017 年	2018 年
净利润		20797. 5	26947. 5
年末净资产	100500	108950	119200
平均净资产			
净资产收益率			

请计算该物业经营公司 2017 年度与 2018 年度净资产收益率。

解：2017 年度该公司净资产收益率 = 20797. 5/[(100500 + 108950)/2] ×100% = 19. 86%

2018 年度该公司净资产收益率 = 26947. 5/[(119200 + 108950)/2] ×100% = 23. 62%

与 2017 年度相比，2018 年度净资产收益率提高了 3. 76%，主要是由于净利润的增长幅度（29. 57%）高于平均净资产的增长幅度（8. 93%）。

2. 总资产报酬率

总资产报酬率是指企业一定时期内获得的报酬总额与平均资产总额的比率。它反映了企业全部资产的总体获利能力，其公式为：

总资产报酬率 = 息税前利润/平均资产总额 ×100% = (利润总额 + 利息支出)/平均资产总额 ×100%

息税前利润是指当年实现的利润总额与利息支出的合计数，利润总额是指企业实现的全部利润，包括企业当年的营业利润、投资收益、营业外收支净额和所得税等，利息支出包括企业在物业经营管理过程中实际支出的借款利息、债券利息等，数值来源于利润表。

平均资产总额 = (资产总额年初数 + 资产总额年末数)/2

总资产报酬率具有如下财务意义：

1）可以增强各方面对物业经营管理的关注，促进企业提高单位资产的收益水平。

2）企业可以把该指标同市场利率进行比较，如果大于市场利率，表明企业可以充分利用财务杠杆，进行负债经营，获取尽可能多的收益。

【例 7-4】某物业经营公司 2016 年年末资产为 152000 万元，该公司 2017 年度和 2018 年度总资产报酬率计算见表 7-3。

表 7-3　总资产报酬率计算表　　（单位：万元）

项目	2016 年	2017 年	2018 年
利润总额		27730	35930
利息支出		1950	2250
息税前利润总额			
资产年末总额	152000	161150	179990
平均资产总额			
总资产报酬率			

请计算该物业经营公司 2017 年度与 2018 年度总资产报酬率。

解： 2017 年度该公司总资产报酬率 = (27730 + 1950)/[(161150 + 152000)/2] × 100% = 18.96%

2018 年度该公司总资产报酬率 = (35930 + 2250)/[(179990 + 161150)/2] × 100% = 22.39%

2018 年与 2017 年相比，该物业公司总资产报酬率提高了 3.43%，资产综合利用率有所提高。

（二）财务效益状况修正指标

1. 主营业务利润率

主营业务利润率是指物业经营企业一定时期主营业务利润同主营业务收入净额的比率，它表明企业每单位主营业务收入能带来多少主营业务利润，反映企业主营业务的获利能力，是评价企业经营效益的主要指标，其公式为：

主营业务利润率 = 主营业务利润/主营业务收入净额 × 100%

主营业务利润是指企业物业经营管理收入扣除物业经营管理成本费用、营业税金及附加后的利润，不包括其他业务利润、投资收益、营业外收支等因素。主营业务利润是企业全部利润中最为重要的部分，是影响企业整体经营成果的主要因素，可以通过利润表得到。主营业务收入净额可以通过查询企业一定会计期间损益账户科目计算填列。

主营业务利润率具有如下财务意义：

1）从企业主营业务的盈利能力和获利水平对资本金收益率指标的进一步补充，体现企业主营业务利润对利润总额的贡献和对企业全部收益的影响程度。

2）该指标越高，说明企业物业管理服务产品和商品定价合理，营销策略得当，主营业务市场竞争力强，发展潜力大，获利水平高。

【例 7-5】某物业公司 2018 年 12 月末结账前，各损益账户的本期发生额见表 7-4，该公司适用于 25% 的所得税率，结合表 7-4 计算其主营业务利润率。

表 7-4 某物业公司各损益账户发生额 (单位：元)

科目名称	借方发生额	贷方发生额
主营业务收入		380000
其他业务收入		10000
投资收益		8600
营业外收入		40000
主营业务成本	261530	
营业税金及附加	200	
其他业务成本	6000	
销售费用	65300	
管理费用	39890	
财务费用	4000	
资产减值损失	80	
营业外支出	30000	
所得税费用	7900	

解：该物业公司主营业务利润率 = 主营业务利润/主营业务收入净额 ×100% = (380000 - 261530 - 200)/380000 ×100% = 31.12%

2. 盈余现金保障倍数

盈余现金保障倍数是指企业一定时期经营现金净流量同净利润的比值，反映了企业当期净利润中现金收益的保障程度，真实地反映了企业的盈余的质量。其公式为：

$$盈余现金保障倍数 = 经营现金净流量/净利润$$

其中：经营现金净流量是指一定时期内，由物业企业在物业经营管理活动中所产生的现金及其现金等价物的流入量和流出量的差额，取决于现金流量表，净利润通过查询企业一定会计期间损益账户科目分步计算填列。

盈余现金保障倍数具有如下财务意义：

1）盈余现金保障倍数从现金流入和流出的动态角度，对企业收益的质量进行评价，对企业的实际收益能力再一次修正。

2）一般来说，当企业当期净利润大于 0 时，盈余现金保障倍数应当大于 1。该指标越大，表明企业经营活动产生的净利润对现金的贡献越大。

【例 7-6】 某物业公司 2016～2018 年经营活动现金净流量与净利润见表 7-5，计算这三年该公司盈余现金保障倍数。

表 7-5 某物业公司 2016～2018 年盈余现金保障倍数计算分析表

项目	2016 年	2017 年	2018 年	三年累计
经营活动现金净流量/万元	52989	110602	113796	277387
净利润/万元	10289	23066	25387	58742
盈余现金保障倍数				

解：2016 年度该物业公司盈余现金保障倍数 = 52989/10289 = 5.15，同理可以计算出 2017 年度与 2018 年度该物业公司盈余现金保障倍数分别为 4.80 和 4.48。

可以看出，该公司三年盈余现金保障倍数平均达 4.72 倍，意味着公司每获取 1 元净利润就有近 5 元的现金作保障，表明该公司收益质量好。从表中还可以看出，三年中 2016 年最高，2018 年最低，但均与平均数接近，说明公司收益质量比较平稳。

3. 成本费用利润率

成本费用利润率是企业一定期间的利润总额与成本、费用总额的比率，其公式为：

成本费用利润率 = 利润总额/成本费用总额 × 100%

其中：利润总额和成本费用总额来自企业的损益表。成本费用一般是指营业成本及附加和三项期间费用（销售费用、管理费用、财务费用）。

成本费用利润率具有如下财务意义：

1）成本费用利润率指标表明每付出一元成本费用可获得多少利润，体现了经营耗费所带来的经营成果。

2）该项指标越高，利润就越大，反映企业的经济效益越好。

【例 7-7】 某物业公司 2018 年度利润简表见表 7-6，计算其成本费用利润率。

表 7-6　某物业公司 2018 年度利润简表

项目	金额/万元
营业成本及附加	620
其他业务利润	26
销售费用	25.5
管理费用	30.5
财务费用	44
投资收益	20
营业外收入	10
营业外支出	18
利润总额	103

解： 2018 年度该公司成本费用利润率 = 103/（620 + 25.5 + 30.5 + 44）× 100% = 14.31%

（三）资产营运状况基本指标

1. 总资产周转率

总资产周转率是企业一定时期的营业收入净额与平均资产总额之比，它是衡量资产投资规模与营业水平之间配比情况的指标，其公式为：

总资产周转率（次）= 营业收入净额/平均资产总额

总资产周转天数 = 360 ÷ 总资产周转率（次）

其中：营业收入净额是减去销售折扣及折让等后的净额。

平均资产总额是指企业资产总额年初数与年末数的平均值，数值取自资产负债表。

总资产周转率具有如下财务意义：

1）考察企业资产运营效率的一项重要指标，体现了企业经营期间全部资产从投入到产出的流转速度，反映了企业全部资产的管理质量和利用效率。

2）通过该指标的对比分析，可以反映企业本年度以及以前年度总资产的运营效率和变化，发现企业与同类企业在资产利用上的差距，促进企业挖掘潜力、积极创收、提高产品市场占有率、提高资产利用效率。

【例7-8】假设某物业企业2016～2018年营业收入和资产年末总额见表7-7，计算其2017年度与2018年度总资产周转率和总资产周转天数。

表7-7　某物业企业总资产周转率计算表　（单位：万元）

项目	2016年	2017年	2018年
营业收入		147500	162500
资产年末总额	152000	161150	179900
平均资产总额			
总资产周转率/次			
总资产周转天数/天			

解：该物业企业2017年度总资产周转率＝147500/[（152000＋161150）/2]＝0.94（次）；总资产周转天数＝360/0.94＝382.98（天）

同理可以计算出2018年度总资产周转率与周转天数分别为0.95次与378.95天。

该物业企业总资产周转率由2017年0.94次提升到了2018年0.95次，周转天数由382.98天缩短到了378.95天，说明企业的营运能力有所提高。

2. 流动资产周转率

流动资产周转率是指企业一定时期内主营业务收入净额同平均流动资产总额的比率，流动资产周转率是评价企业资产利用率的一个重要指标，其公式为：

流动资产周转率（次）＝主营业务收入净额/平均流动资产总额

其中：主营业务收入净额＝营业利润＋营业成本，数值可以在利润及利润分配表找到。

平均流动资产总额＝（流动资产年初数＋流动资产年末数）/2，即平均流动资产总额是指企业流动资产总额的年初数与年末数的平均值，此数值可以在资产负债表找到，与非流动资产无关。

流动资产周转率具有如下财务意义：

1）反映了企业流动资产的周转速度，是从企业全部资产中流动性最强的流动资产角度对企业资产的利用效率进行分析，以进一步揭示影响企业资产质量的主要因素。

2）通过该指标的对比分析，可以促进企业加强内部管理，充分有效地利用流动资产，如降低成本、调动暂时闲置的货币资金用于短期投资创造收益等，还可以促进企业采取措施扩大销售，提高流动资产的综合使用效率。

【例7-9】假设某物业企业2016～2018年营业收入和流动资产年末总额见表7-8，计算其2017年度与2018年度流动资产周转率和流动资产周转天数。

表7-8　某物业企业流动资产周转率计算表　（单位：万元）

项目	2016年	2017年	2018年
营业收入		147500	162500
流动资产年末总额	60000	63050	71550

（续）

项目	2016 年	2017 年	2018 年
平均流动资产总额			
流动资产周转率/次			
流动资产周转天数/天			

解： 该物业企业2017年度流动资产周转率 = 147500/[(63050 + 60000)/2] = 2.40（次）；流动资产周转天数 = 360/2.4 = 150（天）

同理可以计算出2018年度流动资产周转率与周转天数分别为2.41次与149.38天。

该物业企业流动资产周转率由2017年2.40次提升到了2018年2.41次，周转天数由150天缩短到了149.38天，说明企业的流动资产营运能力略有提高。

(四)资产营运状况修正指标

1. 应收账款周转率

应收账款周转率是企业在一定时期内赊销净收入与平均应收账款余额之比。它是衡量企业应收账款周转速度及管理效率的指标，其公式为：

应收账款周转率（次）＝赊销净额/平均应收账款余额

总资产周转天数＝360÷应收账款周转率（次）

其中：赊销净额＝主营业务收入－现金销售收入－销售退回、折让、折扣

由于企业的赊销资料作为商业机密不对外公布，所以在报表分析或与其他单位比较时一般用赊销和现销总额，即营业收入额。

平均应收账款余额＝(应收账款期初余额＋应收账款期末余额)/2

应收账款周转率具有如下财务意义：

1）应收账款周转率越高越好，表明企业收账速度快，平均收账期短，坏账损失少，资产流动快，偿债能力强。但从另一方面说，如果企业的应收账款周转天数太短，则表明企业奉行较紧的信用政策，付款条件过于苛刻，这样会限制企业销售量的扩大，影响盈利。

2）借助应收账款周转期与企业信用期限的比较，可以评价购买单位的信用程度，以及企业的信用条件是否适当。

【例7-10】 假设某物业企业2016～2018年营业收入和应收账款年末总额见表7-9，计算其2017年度和2018年度应收账款周转率和总资产周转天数。

表7-9　某物业企业应收账款周转率计算表　（单位：万元）

项目	2016 年	2017 年	2018 年
营业收入		147500	162500
应收账款年末总额	8000	8600	9100
平均应收账款余额			
应收账款周转率/次			
应收账款周转天数/天			

解：2017 年度该企业应收账款周转率 = 147500/［(8600 + 8000)/2］= 17.77（次）；应收账款周转天数 = 360/17.77 = 20.26（天）。同理可以计算出该企业 2018 年度应收账款周转率和应收账款周转天数分别为 18.36 次和 19.61 天。

该物业企业应收账款周转率由 2017 年 17.77 次提升到了 2018 年 18.36 次，周转天数由 20.26 天缩短到了 19.61 天，说明企业的营运能力有所提高。

2. 不良资产比率

不良资产比率是指企业年末不良资产总额占年末资产总额的比重，它是从资产管理角度对企业资产营运状况进行的修正。其公式为：

不良资产比率 = 年末不良资产总额/年末资产总额

其中：年末不良资产总额是指企业资产中存在问题、难以参加正常生产经营运转的部分，主要包括三年以上应收账款、其他应收款及预付账款，积压的存货、闲置的固定资产和不良投资等的账面余额，待处理流动资产及固定资产净损失，以及潜亏挂账和经营亏损挂账等。年末资产总额是指企业资产总额的年末数。

不良资产比率具有如下财务意义：

1）不良资产比率着重从企业不能正常循环周转以谋取收益的资产角度反映了企业资产的质量，揭示了企业在资产管理和使用上存在的问题，用以对企业资产的营运状况进行补充修正。

2）该指标在用于评价工作的同时，也有利于企业发现自身不足，改善管理，提高资产利用效率。

3）一般情况下，该指标越高，表明企业沉积下来、不能正常参加经营运转的资金越多，资金利用率越差。该指标越小越好，0 是最优水平。

3. 资产损失比率

资产损失比率是企业一定时期待处理资产损失净额占资产总额的比重，资产损失比率用以分析判断企业资产损失对资产营运状况的直接影响，其公式为：

资产损失比率 = 待处理资产损失净额/年末资产总额 × 100%

其中：待处理资产损失净额是指企业待处理流动资产净损失、待处理固定资产净损失以及固定资产毁损、待报废三项的合计。年末资产总额是指企业资产总额的年末数。

资产损失比率具有如下财务意义：

1）待处理资产损失的大小同企业的资产管理制度是否严密、管理水平是否先进密切相关，因此，资产损失比率指标是衡量企业资产营运与管理水平的一项比较重要的指标。

2）该指标在清产核资中可用以分析企业资产的经营状况，国有资产统计又将之进一步规范。因此，评价企业资产营运状况将该指标作为修正指标十分必要。

3）该指标表明企业资产损失的严重程度，从企业资产质量的角度，揭示了企业资产的管理状况。

（五）偿债能力状况基本指标

1. 资产负债率

资产负债率是期末负债总额除以资产总额的百分比，反映在总资产中有多大比例是通过借债来筹资的，也可以衡量企业在清算时保护债权人利益的程度，国内公认 50% 以下较为合适。其公式为：

$$资产负债率 = 负债总额/资产总额 \times 100\%$$

其中：负债总额是指公司承担的各项负债的总和，包括流动负债和长期负债；资产总额是指公司拥有的各项资产的总和，包括流动资产和长期资产。

资产负债率具有如下财务意义：

1）资产负债率能够揭示出企业的全部资金来源中有多少是由债权人提供的。

2）从债权人的角度看，资产负债率越低越好。

3）对投资人或股东来说，负债比率较高可能带来一定的好处。

4）从经营者的角度看，他们最关心的是在充分利用借入资金给企业带来好处的同时尽可能降低财务风险。

5）企业的负债比率应在不发生偿债危机的情况下，尽可能择高。

【例7-11】 某物业企业2018年资产与负债合计情况见表7-10，请计算该物业企业2017年与2018年资产负债率。

表7-10 某物业企业2018年资产与负债合计情况表 （单位：万元）

资产	年末余额	年初余额	负债	年末余额	年初余额
流动资产	71550	63050	流动负债	35700	31200
非流动资产	108350	98100	非流动负债	25000	21000
资产合计	179900	161150	负债合计	60700	52200

解： 该物业企业2017年资产负债率：$52200/161150 \times 100\% = 32.39\%$

2018年资产负债率：$60700/179900 \times 100\% = 33.74\%$

表明企业长期偿债能力略有下降。

2. 利息保障倍数

利息保障倍数是指企业生产经营所获得的税前利润与利息费用的比率。它是衡量企业支付负债利息能力的指标，国际上公认为3较为合适，其公式为：

$$利息保障倍数 = 息税前利润/利息费用$$

息税前利润（EBIT）= 净销售额 − 营业费用 = 销售收入总额 − 变动成本总额 − 固定经营成本 = 利润总额 + 利息支出 = 净利润 + 所得税 + 利息支出

注：“利息费用”在我国的会计实务中计入财务费用，并不单独记录，所以作为外部使用者通常得不到准确的利息费用的数据，分析人员通常用财务费用代替利息费用进行计算，所以存在误差。

利息保障倍数具有如下财务意义：

1）利息保障倍数指标反映企业经营收益为所需支付的债务利息的多少倍。只要利息保障倍数足够大，企业就有充足的能力支付利息，反之相反。

2）反映了获利能力对偿还到期债务的保证程度，它既是企业举债经营的前提依据，也是衡量企业长期偿债能力大小的重要标志。

【例7-12】 某物业企业2018年度利润表见表7-11，计算2017年度和2018年度利息保障倍数。

表 7-11　某物业企业 2018 年度利润表　（单位：万元）

项目	本年金额	上年金额
一、营业收入	162500	147500
减：营业成本	105000	94000
营业税金及附加	10000	9000
销售费用	11000	9750
管理费用	7500	6500
财务费用	2250	1950
加：投资收益	2300	2280
二、营业利润	29050	28580
加：营业外收入	11130	3150
减：营业外支出	4250	4000
三、利润总额	35930	27730
减：所得税费用	8982.5	6932.5
四、净利润	26947.5	20797.5

解：2017 年度利息保障倍数 =（27730 + 1950）/1950 = 15.22

2018 年度利息保障倍数 =（35930 + 2250）/2250 = 16.79

（六）偿债能力状况修正指标

1. 流动比率

流动比率是企业一定时期流动资产和流动负债的比率，用来衡量企业短期债务的偿还能力。其公式为：

$$流动比率 = 流动资产/流动负债 \times 100\%$$

其中：流动资产是指企业可以在一年或者超过一年的一个营业周期内变现或被耗用的资产；流动负债是指偿还期限在一年或者超过一年的一个营业周期以内的债务。

流动比率具有以下财务意义：

1）判断企业短期债务到期前，可以转化为现金用于偿还流动负债的能力。

2）该指标越高，企业流动资产流转越快，偿还流动负债的能力越强，但过高表明企业资金利用效率低下，国际上一般采取 200%，我国采取 150%，实际操作中要注意和行业水平比较。

【例 7-13】 某物业企业 2018 年资产负债表见表 7-12，结合资料计算其流动比率。

表 7-12　某物业企业 2018 年度资产负债表　（单位：万元）

资产	年末余额	年初余额	负债与股东权益	年末余额	年初余额
流动资产			流动负债		
货币资金	6850	5100	短期借款	20200	18200
交易性金融资产	4800	9300	应付账款	10600	9100

（续）

资产	年末余额	年初余额	负债与股东权益	年末余额	年初余额
应收账款	9100	8600	预收账款	4100	3100
预付账款	15600	10450	其他应付款	800	800
存货	34700	29200	流动负债合计	35700	31200
其他流动资产	500	400	非流动负债		
流动资产合计	71550	63050	长期借款	25000	21000
非流动资产			非流动负债合计	25000	21000
持有至到期投资	3000	3000	负债合计	60700	52200
固定资产	101000	91000	股东权益		
无形资产	4350	4100	实收资本（或股本）	75000	75000
非流动资产合计	108350	98100	盈余公积	15000	15000
			未分配利润	29200	18950
			股东权益合计	119200	108950
资产总计	179900	161150	负债与股东权益合计	179900	161150

解：2018 年年初流动比率 =63050/31200 =2.02

2018 年年末流动比率 =71550/35700 =2.00

2. 速动比率

速动比率是企业一定时期的速动资产同流动负债的比率，它衡量企业短期偿债能力，反映企业流动资产变现能力的强弱。其公式为：

速动比率 = 速动资产/流动负债 ×100%

其中：速动资产 = 货币资金 + 交易性金融资产 + 应收账款 + 应收票据 = 流动资产 − 存货 − 预付账款 − 一年内到期的非流动资产 − 其他流动资产

速动比率具有如下财务意义：

1）速动比率是对流动比率的补充，因为它在分子上剔除了流动资产变现能力较差的部分，更为准确地反映了企业偿还流动负债的能力。

2）该指标越高，表明企业偿还流动负债的能力越强，国际上公认为 100%，我国一般认为 90% 较适宜。

【例 7-14】 根据表 7-12，计算该物业企业 2018 年的速动比率。

解：2018 年年初的速动比率 =（5100 +9300 +8600）/31200 ×100% =74%

2018 年年末的速动比率 =（6850 +4800 +9100）/35700 ×100% =58%

3. 现金比率

现金比率是企业一定时期内经营现金净流入同流动负债的比率，其公式为：

现金比率 = 年经营现金净流入/年末流动负债

其中：年经营现金净流入是指一定时期内，由于经营活动所产生的现金及其等价物的流入量和流出量的差额。

现金比率具有如下财务意义：

1）它从现金流动的角度来反映企业当期偿付短期负债的能力，是从现金流入和流出的动态角度对企业实际偿债能力的再次修正。

2）该指标越大，表明企业物业经营活动产生的现金净流入较多，能够保障企业按时偿还到期债务，但太大表明企业流动资金利用不充分，收益能力不强。

【例 7-15】 根据表 7-12 假设该物业企业 2017 年度和 2018 年度的经营现金流量为 30000 万元和 40000 万元，计算该物业企业的 2017 年度和 2018 年度现金比率。

解： 2017 年度现金比率 = 30000/31200 = 0.96

2018 年度现金比率 = 40000/35700 = 1.12

4. 长期资产适合率

长期资产适合率是企业所有者权益和长期负债之和同固定资产与长期投资之和的比率，其公式为：

长期资产适合率 = (所有者权益 + 长期负债)/(固定资产 + 长期投资) × 100%

其中：所有者权益是所有者权益总额的年末数，长期负债是指偿还期在一年或超过一年的一个营业周期以上的债务，固定资产是企业固定资产总额的年末数，长期投资是指投资期限在一年或者超过一年的一个营业周期以上的投资。

长期资产适合率具有如下财务意义：

1）从企业长期资产和长期资本的平衡性与协调性的角度出发，反映了企业财务结构的稳定程度、财务风险的大小和企业的偿债能力。

2）反映了企业是否存在盲目投资、长期资产挤占流动资金，或者负债使用不充分等问题，用于加强企业的内部管理和外部监督。

3）该指标一般越高越好，但过高会带来融资成本增加的问题，理论上≥100% 较适宜。

【例 7-16】 根据表 7-12 计算该物业企业 2018 年度的长期资产适合率。

解： 2018 年年初长期资产适合率 = (108950 + 21000) ÷ (91000 + 3000) × 100% = 138%

2018 年年末长期资产适合率 = (119200 + 25000) ÷ (101000 + 3000) × 100% = 139%

5. 经营亏损挂账比率

经营亏损挂账比率是企业经营亏损挂账额与年末所有者权益总额的比率，其公式为：

经营亏损挂账比率 = 经营亏损挂账/年末所有者权益总额 × 100%

其中：经营亏损挂账是指企业因经营管理的不善而造成的亏损挂账资金。

注：“挂账”有两重理解：

1）确认某会计要素、会计科目的意思。比如，“挂应付账款”，这里就是指确认为应付账款的意思，也就是增加了应付账款。

2）应确认而不确认的意思，含有违规不处理的意思。比如，“亏损挂账”，这是一种明显地违反会计制度的做法，它造成的后果在于隐瞒了企业的亏损情况，歪曲了企业的实际经营成果和财务状况，导致财务报表局部或整体的不可信，从而影响决策者做出正确的决策。

经营亏损挂账比率具有如下财务意义：

1）是对资金挂账的分析和解剖，反映了企业由于经营亏损挂账而导致的对所有者权益的侵蚀程度。

2）从深层次反映企业资产经营中的问题，该指标越小越好，0 是最佳状态。

（七）发展能力状况基本指标

1. 营业增长率

营业增长率是指企业本年主营业务收入增长额同上年主营业务收入总额的比率。其公式为：

营业增长率 = 本年主营业务收入增长额/上年主营业务收入总额 × 100%

其中：本年主营业务收入增长额 = 本年物业经营管理收入 – 上年物业经营管理收入，如果本年物业经营管理收入低于上年物业经营管理收入，则用“–”表示。

营业增长率具有如下财务意义：

1）是衡量企业经营状况和市场占有能力、预测企业经营业务拓展趋势的重要标志，该指标值原则上应该 >0，如果 <0，表明物业经营产品市场份额萎缩。

2）在实际应用中要结合历年经营水平、企业市场占有情况、行业未来发展等进行前瞻性预测，或结合企业前三年营业增长率进行分析。

【例 7-17】 承接表 7-11，请计算该物业企业 2018 年度营业增长率。

解： 2018 年该物业企业营业增长率 = (162500 – 147500)/147500 × 100% = 10.17%

2. 资本积累率

资本积累率是指企业本年所有者权益增长额同年初所有者权益的比率。其公式为：

资本积累率 = 本年所有者权益增长额/年初所有者权益 × 100%

其中：本年所有者权益增长额 = 所有者权益年末数 – 所有者权益年初数

资本积累率具有如下财务意义：

1）资本积累率的高低体现了企业资本的积累情况，反映了投资者投入企业资本的保全性和增长性。

2）该指标越高表明企业资本积累越多，企业资本的保全性越强，应付风险、持续发展的能力越大，如为负值，表明企业资本受到侵蚀，所有者权益受到损害。

【例 7-18】 承接表 7-12，请计算该物业企业 2018 年的资本积累率。

解： 2018 年该物业企业的资本积累率 = (119200 – 108950)/108950 × 100% = 9.41%

（八）发展能力状况修正指标

1. 总资产增长率

总资产增长率是指企业本年总资产增长额同年初资产总额的比率，其公式为：

总资产增长率 = 本年总资产增长额/年初资产总额 × 100%

其中：本年总资产增长额 = 资产总额年末数 – 资产总额年初数，本年资产总额减少用“–”表示。

总资产增长率具有如下财务意义：

1）衡量企业本期资产规模的增长情况，评价企业经营规模总量上的扩张程度。

2）该指标越高，表明企业一个经营周期内资产经营规模扩张的速度越快，但需注意资产规模扩张的质与量的关系，以及企业后续发展能力，避免资产盲目扩张。

【例 7-19】承接表 7-12，请计算该物业企业 2018 年度的总资产增长率。

解：该物业企业 2018 年度的总资产增长率 = (179900 − 161150)/161150 × 100% = 11.64%

2. 三年利润平均增长率

三年利润平均增长率是表明企业利润的连续三年增长情况，体现企业的发展潜力，其公式为：

$$三年利润平均增长率 = \left[\left(\sqrt[3]{\frac{年末利润总额}{三年前年末利润总额}}\right) - 1\right] \times 100\%$$

其中：三年前年末利润总额是指企业三年前利润总额数，如评价企业 2018 年的绩效情况，则三年前年末利润总额是指 2015 年利润总额年末数。

三年利润平均增长率具有如下财务意义：

1）该指标越高，表明企业的积累越多，可持续发展能力越强，发展潜力越大。

2）能够反映企业的利润增长趋势和效益稳定程度，避免因少数年份利润不正常增长对企业发展潜力的错误判断。

3. 三年资本平均增长率

三年资本平均增长率是表明企业资本连续三年的积累情况，在一定程度上体现了企业的发展水平和发展趋势，其公式为：

$$三年资本平均增长率 = \left[\left(\sqrt[3]{\frac{年末所有者权益总额}{三年前年末所有者权益总额}}\right) - 1\right] \times 100\%$$

其中：三年前年末所有者权益总额是指企业三年前所有者权益总额数，如评价企业 2018 年的绩效情况，则三年前年末所有者权益总额是指 2015 年所有者权益总额年末数。

三年资本平均增长率具有如下财务意义：

1）能够反映企业资本积累或扩张的历史发展概况，以及企业的发展趋势。

2）该指标越高表明企业所有者权益得到保障的程度越大，企业可以长期使用的资金越充足，抗风险和保持持续发展的能力越强。

（九）物业经营管理绩效评价评议指标

物业经营管理绩效评价的定性指标即指评议指标，共计八项，包括经营者基本素质、服务满意度、基础管理水平、在岗员工素质状况、服务硬环境、发展创新能力、经营发展策略和综合社会贡献。它们是对定量指标评议结果的校验、修正和完善，形成了定量和定性相结合的综合评价结论，属于第三层次，是物业企业绩效评价指标体系的重要组成部分。

1. 经营者基本素质

经营者基本素质是指企业现任领导班子的智力素质、品德素质和能力素质，具体包括知识结构、道德品质、敬业精神、开拓创新能力、团队协作能力、组织能力和决策水平等。

2. 服务满意度

服务满意度是指物业管理服务的消费者或顾客对商品和服务的质量、种类、速度、方便程度等的心理满足程度。

3. 基础管理水平

基础管理水平是指企业按照国际规范做法、国家政策法规的规定以及本企业的实际情况，在物业经营管理中形成和运用的维系企业正常运转及生存和发展的企业组织结构、内部经营模式、各项基础管理制度、激励与约束机制、信息支持系统、安全生产管理的建议和贯彻执行情况。

4. 在岗员工素质状况

在岗员工素质状况是指企业普通员工的文化水平、道德水准、技术技能、组织纪律性，参与企业管理的积极性及爱岗敬业精神等的综合情况。

5. 服务硬环境

服务硬环境是指物业经营管理服务场所的装饰、内部布局、服务设备的先进程度等硬件设施情况。

6. 发展创新能力

发展创新能力是指企业在市场竞争中为保持竞争优势，不断根据外部环境进行自我调整和革新的能力，包括管理创新、服务创新、观念创新、组织创新等。

7. 经营发展策略

经营发展策略是指企业所采用包括增加科技投入（如管理智能化）、建立新的营销网络、更新设备、资本筹措、兼并重组以及人力资源等各方面的谋划与策略。

8. 综合社会贡献

综合社会贡献是指企业对国民经济和区域经济增长的贡献、提供就业和再就业机会，履行社会责任和义务以及信用操守情况、对财政税收的贡献和对环境的保护等综合影响。

任务三　对财务指标进行绩效评价

物业企业对财务指标进行绩效评价就是将企业盈利能力、偿债能力、营运能力和发展能力等各项财务指标进行有机的联系，形成一套完整的体系，系统、全面、综合地对企业财务状况和经营状况进行剖析、解释和评价，说明企业整体财务状况和效益的好坏，当前物业企业绩效评价方法主要包括杜邦分析法和沃尔评分法。

一、杜邦分析法

(一) 杜邦分析法的含义

杜邦分析法利用几种主要的财务比率之间的关系来综合地分析企业的财务状况，这种分析方法最早由美国杜邦公司使用，故名杜邦分析法。杜邦分析法是一种用来评价企业盈利能力和股东权益回报水平，从财务角度评价企业绩效的一种经典方法。其基本思想是将企业净资产收益率逐级分解为多项财务比率乘积，这样有助于深入分析比较企业经营业绩。具体来说，杜邦分析法是将净资产收益率分解为三部分进行分析的方式，包括销售净利润率、总资产周转率和权益乘数。其表达式为：

$$净资产收益率 = 销售净利润率 \times 总资产周转率 \times 权益乘数$$

销售净利润率是指净利润除以销售收入，表明企业的盈利能力。

总资产周转率用销售收入除以总资产，表明企业的营运能力。

权益乘数是由总资产除以净资产得来，它表明了企业的资本结构。

（二）杜邦分析体系的框架

杜邦分析体系是一个以净资产收益率为核心的多层次财务指标体系，如图 7-3 所示。通过对该体系的分析，可以得出如下重要结论：

1）净资产收益率是一个综合性最强的财务分析指标，是杜邦分析系统的核心。其他各项指标都围绕这一核心，通过研究彼此之间的依存制约关系，揭示企业获利能力及其前因后果。由于企业财务管理的总体目标是所有者财富的最大化，净资产收益率反映所有者投入资金的获利能力，反映企业筹资、投资、资产运营等活动的效率，提高净资产收益率是实现财务管理目标的基本保障。

2）总资产净利率是影响权益净利率的最重要的指标，具有很强的综合性，而总资产净利率又取决于销售净利率和总资产周转率的高低。总资产周转率是反映总资产的周转速度。对资产周转率的分析，需要对影响资产周转的各因素进行分析，以判明影响企业资产周转的主要问题在哪里。销售净利率反映销售收入的收益水平。扩大销售收入、降低成本费用是提高企业销售利润率的根本途径，而扩大销售，同时也是提高资产周转率的必要条件和途径。

3）权益乘数表示企业的负债程度，反映了企业利用财务杠杆进行经营活动的程度。资产负债率高，权益乘数就大，这说明企业负债程度高，企业会有较多的杠杆利益，但风险也高；反之，资产负债率低，权益乘数就小，这说明企业负债程度低，企业会有较少的杠杆利益，但相应所承担的风险也低。

总之，杜邦分析体系是自上而下的分析，可以清晰地揭示企业各项财务指标之间的结构关系，查明各项主要指标变动的影响因素，而且为决策者优化经营理财状况，提高企业经营效益提供思路，即提高自有资金利润率。提高自有资金利润率的关键在于扩大销售、节约成本、合理投资配置、加速资金周转、优化资本结构、确立风险意识等。

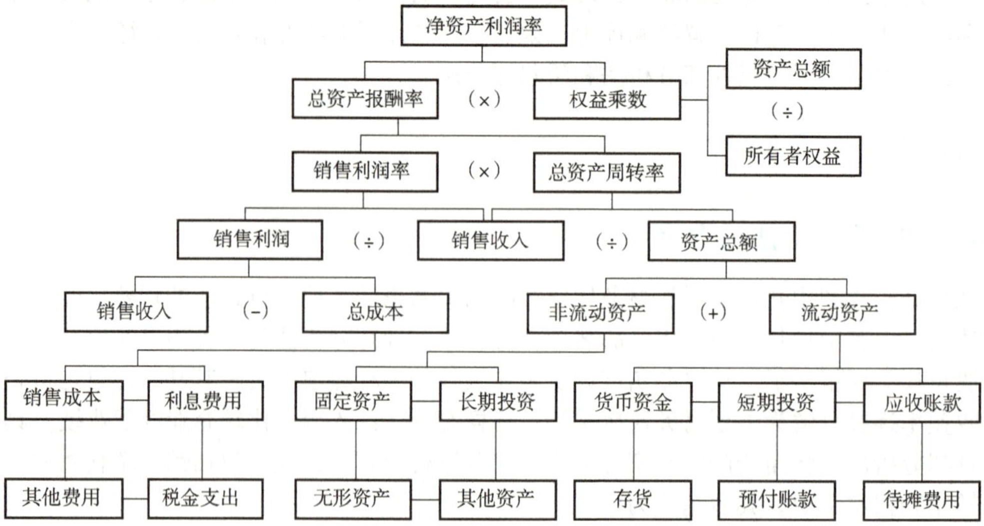

图 7-3　杜邦分析体系图

案例

某物业公司是一个有着近20年历史的大型企业。该公司经营管理者颇有战略头脑，十分重视新产品与新项目的开发，对于老设备进行技术改造，引进先进的技术，使该物业公司拥有一流的生产管理线。

该公司生产的产品在国内具有较高的市场占有率。该公司还十分重视战略重组，大力推行前向一体化和后向一体化，使公司物业价值链得以升级。该公司战略经营意识超前，管理得法，使公司的规模迅速扩大，利润逐年递增。但由于近两年企业规模扩张太快，经营效率有所下降。

该公司为了把握未来，对公司未来几年面临的市场风险进行预测。预测结果表明，在未来的几年里，伴随国民经济的快速发展，市场对产品的需求剧增，这种市场发展势头为公司未来带来千载难逢的发展机会。预测结果还表明，公司面临的风险也逐步增大，国内介入的企业逐渐增多，国外公司也欲打入中国市场，这些都会给该物业公司的未来市场、生产经营和经济效益提出严峻挑战。

公司为了确保在未来市场逐渐扩展的同时，使经济效益稳步上升，维持行业排头兵的位置，拟对公司近三年财务状况和经济效益状况，运用杜邦分析法进行全面分析，以便找出公司在经营发展中存在的问题，并针对这一问题提出改进措施。

公司近三年的主要财务数据和财务比率见表7-13。

表7-13 某物业公司2021～2023年相关财务资料 （单位：万元）

项目	2021年	2022年	2023年
销售额	4000	4300	3800
资产	1430	1560	1695
普通股/万股	100	100	100
留存收益	500	550	550
股东权益	600	650	650
权益乘数		2.39	2.50
流动比率	1.19	1.25	1.20
平均收现期/天	18	22	27
存货周转率	8.0	7.5	5.5
长期债务/股东权益	0.5	0.46	0.46
销售毛利率	20%	16.30%	13.20%
营业净利率	7.50%	4.79%	2.60%

问题：

（1）分析说明该公司2023年与2022年相比净资产收益率的变化及原因。

（2）分析应从哪些方面改善公司的财务状况和经营业绩。

分析：

步骤一：计算公司2023年各指标数值，如图7-4所示。

净资产收益率＝营业净利率×总资产周转率×权益乘数

营业净利率：2.60%

总资产周转率：3800÷1695=2.24

权益乘数：2.50

净资产收益率=2.60%×2.24×2.50=14.56%

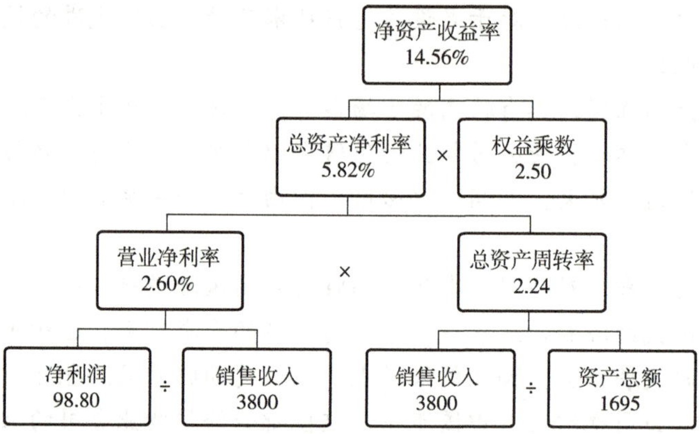

图7-4　该物业公司杜邦财务分析体系分解图（2023年）

步骤二：同样方法计算公司2022年相关指标。

净资产收益率=营业净利率×总资产周转率×权益乘数

营业净利率：4.79%

总资产周转率：4300÷1560=2.76

权益乘数：2.39

净资产收益率=4.79%×2.76×2.39=31.60%

步骤三：根据上述计算结果，确定分析对象：14.56%−31.60%=−17.04%

步骤四：连环顺序替代，计算替代结果：

2017年净资产收益率=4.79%×2.76×2.39=31.60%①

第一次替代：2.60%×2.76×2.39=17.15%②

第二次替代：2.60%×2.24×2.39=13.92%③

第三次替代：2.60%×2.24×2.50=14.56%④

步骤五：比较各因素的替代结果，确定各因素对分析指标的影响程度：

②−①=17.15%−31.60%=−14.45%

③−②=13.92%−17.15%=−3.23%

④−③=14.56%−13.92%=0.64%

上述结果表明，与2022年相比，2023年营业净利率下降使净资产收益率下降了14.45%，总资产周转率的下降使净资产收益率下降了3.23%，权益乘数上升使净资产收益率上升了0.64%。由于不利因素的影响大于有利因素的影响，使公司2023年净资产收益率总体下降达17.04%。针对这个不利因素，公司今后应在扩张经营的同时增加销售收入，降低成本费用总额，提高营业净利率，优化资产管理，缩短生产经营的周期，加强资金的周转等。

（三）杜邦分析法的缺陷

虽然杜邦分析法具有广泛的适用性，但从企业绩效评价的角度来看，杜邦分析法只包括财务方面的信息，不能全面反映企业的实力，有很大的局限性，在实际运用中需要加以注意，必须结合企业的其他信息加以分析。主要表现在：

1）对短期财务结果过分重视，有可能助长公司管理层的短期行为，忽略企业长期的价值创造。

2）财务指标反映的是企业过去的经营业绩，衡量工业时代的企业能够满足要求。但在目前的信息时代，顾客、供应商、雇员、技术创新等因素对企业经营业绩的影响越来越大，而杜邦分析法在这些方面是无能为力的。

3）在目前的市场环境中，企业的无形知识资产对提高企业长期竞争力至关重要，杜邦分析法却不能解决无形资产的估值问题。

二、沃尔评分法

（一）沃尔评分法的含义

相比起来，沃尔评分法在物业企业绩效评价中，应用更加广泛。沃尔评分法的先驱者是美国的亚历山大·沃尔教授。1928 年，亚历山大·沃尔（Alexander Wole）出版的《信用晴雨表研究》和《财务报表比率分析》中提出了信用能力指数的概念，他选择了七个财务比率即流动比率、产权比率、固定资产比率、存货周转率、应收账款周转率、固定资产周转率和自有资金周转率，分别给定各指标的比重，然后确定标准比率（以行业平均数为基础），将实际比率与标准比率相比，得出相对比率，将此相对比率与各指标比重相乘，得出总评分。提出了综合比率评价体系，把若干个财务比率用线性关系结合起来，以此来评价企业的财务状况。

（二）沃尔评分法在物业经营管理中的应用

现代社会与沃尔所处的时代已经发生了很大的变化，沃尔最初提出的七项指标已经难以完全适应当前企业评价的需要。按照国内外权重设计的习惯做法，权数总值设定为 100，具体指标权数采取专家印象打分方法确定，其中：计量指标一般权重为 80%（其中基本指标占 40%，修正指标占 40%），非计量指标权重为 20%，在实际操作中，三层次指标权数均先分别按照 100 设定，最后还原，见表 7-14。

表 7-14　物业经营管理绩效评价指标体系

评价指标		具体指标	权数
基本指标（权数 100）	一、财务效益状况（权数 38）	净资产收益率	25
		总资产报酬率	13
	二、资产营运状况（权数 18）	总资产周转率	9
		流动资产周转率	9
	三、偿债能力状况（权数 20）	资产负债率	12
		已获利息倍数	8
	四、发展能力状况（权数 24）	营业增长率	12
		资本积累率	12

（续）

评价指标		具体指标	权数
修正指标（权数100）	一、财务效益状况（权数38）	主营业务利润率	14
		盈余现金保障倍数	12
		成本费用利润率	12
	二、资产营运状况（权数18）	应收账款周转率	5
		不良资产比率	8
		资产损失比率	5
	三、偿债能力状况（权数20）	流动比率	5
		速动比率	4
		现金比率	4
		长期资产适合率	4
		经营亏损挂账比率	3
	四、发展能力状况（权数24）	总资产增长率	7
		三年利润平均增长率	9
		三年资本平均增长率	8
评议指标（权数100）	1）经营者基本素质		20
	2）服务满意度		16
	3）基础管理水平		14
	4）在岗员工素质状况		12
	5）服务硬环境		10
	6）发展创新能力		10
	7）经营发展策略		10
	8）综合社会贡献		8

1. 定量指标（基本指标和修正指标）评分步骤

1）选定评价物业企业财务状况的比率指标。通常要选择能够说明问题的重要指标（见表7-14）。一般认为企业财务评价的主要内容是盈利能力、偿债能力、营运能力和发展能力。选择评价指标时，要选择变化方向具有一致性的财务比率，比如当财务比率增大时，均表示财务状况改善，当财务比率减少时，均表示财务状况恶化。

2）根据各项比率指标的重要程度，确定其评分值，即重要性权数，其总和应等于100。

3）确定各项比率指标的标准值。财务比率指标的标准值是指该指标在本企业现实条件下最理想的数值或目标数值，即最优值。设定标准值可以考虑以下几种情况：①根据历史战略规划目标设定，评价企业战略规划目标的实现程度；②按照企业历史最高水平设定，评价与企业最高水平的差异程度；③根据行业平均水平设定，评价与行业平均水平的差异程度；④按照行业历史最高水平设定，评价与行业最高水平的差异程度。

4）计算企业在一定时期各项比率指标的实际值。各实际指标值与标准值的比率，称为关系比率或相对比率。其计算公式为：关系比率 = 实际值/标准值（注：少数比率取倒数，如不良资产比率、资产损失比率等）

5）求得各项比率指标的综合指数及其合计数，形成评价结果。各项比率指标的综合指数，是关系比率和评分值的乘积，其合计数可作为评价企业财务状况的依据。其计算公式为：

$$综合评分=\sum(各指标的重要性权数\times各指标关系比率)$$

一般而言，综合评分合计数如果为100或接近100，表明财务状况基本上符合标准要求；如果与100差距较大，则表明企业财务状况偏离标准要求。

2. 定量指标（评议指标）评分方法

定量指标（评议指标）评分方法通常采用综合分析判断法，又称隶属度赋值法，它是指评价人员按照评价工作制度的规定，本着独立、客观、公正的原则，利用其已有的知识、经验和分析判断能力，参照评价参考标准，对企业绩效评价指标体系中评议指标所反映的内容及其他相关因素进行广泛深入的分析研究，并以此形成评判意见，然后对评议人员意见进行综合，形成对评价对象全部情况的总体判断。

综合分析判断法的具体做法是，根据评价工作的需要，运用评议指标对影响物业经营绩效的相关非计量因素进行深入分析，做出企业经营状况的定性分析判断。具体根据评议指标所考核的内容，由不少于5名评议人员，依据评价参考标准判定指标达到的等级，然后计算评议指标得分。

1）由评议人员以综合分析判断的方式确定各项评议指标应取的等级，确定各等级的对应参数。

2）将每位评议人员对指标的评分加总，再除以评议者的人数，得到各项指标的最终分数。按照以下公式计算各项指标得分。

$$单项指标分数=\frac{\sum(单项指标权数\times每位评议人员选定的等级参数)}{参加评议人员总数}$$

式中，评议人员选定的等级参数是：A，1.0；B，0.8；C，0.6；D，0.4；E，0.2。

3）计算评议指标所得的总分。

$$评议指标总分=\sum单项指标分数$$

3. 定性与定量相结合评分

定性与定量相结合评分就是将前文按照沃尔评分法计算的定量指标分数和综合分析判断法计算的定性评议指标分数，按照规定的权重拟合形成综合评价结果。其计算公式：

$$定性与定量相结合评分=基本指标得分\times40\%+修正指标得分\times40\%+评议指标得分\times20\%$$

案例

某大型物业经营企业2018年度年报信息及行业指标值（行业标准值采用平均值）见表7-15，请采用沃尔评分法，对该物业企业进行综合绩效分析。

表7-15 某物业经营企业2018年年报与行业标准对比表

指标	行业标准值	企业实际值
财务效益状况指标		
净资产收益率	2.8	3.1
总资产报酬率	2.5	2.6
主营业务利润率	17.5	17.9

（续）

指标	行业标准值	企业实际值
盈余现金保障倍数	0.7	0.8
成本费用利润率	4	5.5
资产营运状况指标		
总资产周转率	0.3	0.35
流动资产周转率	0.7	0.63
应收账款周转率	5	4.8
不良资产比率	2.2	2.1
资产损失比率	2.5	2.1
偿债能力状况指标		
资产负债率	70	66
已获利息倍数	2.5	2.4
流动比率	62	66
速动比率	55	54
现金比率	5	4.8
长期资产适合率	48	49
经营亏损挂账比率	6.2	6.1
发展能力状况指标		
营业增长率	9	8.2
资本积累率	103	100.1
总资产增长率	4.8	4.4
三年利润平均增长率	5	4.6
三年资本平均增长率	4.8	4.2

另外，结合评议指标，此次评议选择了5名评议员，每位评议员对各单项评议指标所选定等级参数及单项评议指标结果见表7-16。

表7-16　评议指标结果

项目	评议员1	评议员2	评议员3	评议员4	评议员5
经营者基本素质	A	B	B	A	A
服务满意度	A	B	B	B	A
基础管理水平	B	A	A	B	B
在岗员工素质状况	B	B	B	A	A
服务硬环境	A	A	A	B	B
发展创新能力	B	B	B	A	B
经营发展策略	A	A	A	B	B
综合社会贡献	A	A	B	B	A

步骤一：编制基本指标的沃尔评分表（表7-17）。

表 7-17　基本指标评分表

指标	权重①	指标的标准值②	指标的实际值③	实际得分④ = ① × ③ ÷ ②
财务效益状况指标				
净资产收益率	25	2.8	3.1	27.68
总资产报酬率	13	2.5	2.6	13.52
资产营运状况指标				
总资产周转率	9	0.3	0.35	10.5
流动资产周转率	9	0.7	0.63	8.10
偿债能力状况指标				
资产负债率	12	70	66	11.31
已获利息倍数	8	2.5	2.4	7.68
发展能力状况指标				
营业增长率	12	9	8.2	10.93
资本积累率	12	103	100.1	11.66
合计	100			101.38

注：带“____”表示实际得分低于权重值。

步骤二：形成评价结果。

实际得分为 101.38，大于 100，说明在基本指标方面，企业高于行业平均水平，但是流动资产周转率、偿债能力状况与发展能力状况指标都略低于平均水平。

步骤三：同理，编制修正指标的沃尔评分表（表 7-18）。

表 7-18　修正指标评分表

指标	权重①	指标的标准值②	指标的实际值③	实际得分④ = ① × ③ ÷ ②
财务效益状况指标				
主营业务利润率	14	17.5	17.9	14.32
盈余现金保障倍数	12	0.7	0.8	13.71
成本费用利润率	12	4	5.5	16.50
资产营运状况指标				
应收账款周转率	5	5	4.8	4.80
不良资产比率	8	2.2	2.1	（按倒数算）8.38
资产损失比率	5	2.5	2.1	（按到数算）5.95
偿债能力状况指标				
流动比率	5	62	66	5.32
速动比率	4	55	54	3.93
现金比率	4	5	4.8	3.84
长期资产适合率	4	48	49	4.08
经营亏损挂账比率	3	6.2	6.1	（按倒数算）3.05

（续）

指标	权重①	指标的标准值②	指标的实际值③	实际得分④ = ① × ③ ÷ ②
发展能力状况指标				
总资产增长率	7	4.8	4.4	6.42
三年利润平均增长率	9	5	4.6	8.28
三年资本平均增长率	8	4.8	4.2	7.00
合计	100			105.58

注：带“____”表示实际得分低于权重值。

步骤四：形成评价结果。

实际得分为105.58，大于100，说明在修正指标方面，企业高于行业平均水平，但是速动比率、现金比率与发展能力状况指标都低于平均水平。

步骤五：测算评议指标（表7-19）。

表7-19　评议指标评分表

项目	权重	评议员1		评议员2		评议员3		评议员4		评议员5		单项得分
		等级	参数	等级	参数	等级	参数	等级	参数	等级	参数	
经营者基本素质	20	A	1	B	0.8	B	0.8	A	1	A	1	18.4
服务满意度	16	A	1	B	0.8	B	0.8	B	0.8	A	1	14.08
基础管理水平	14	B	0.8	A	1	A	1	B	0.8	B	0.8	12.32
在岗员工素质状况	12	B	0.8	B	0.8	B	0.8	A	1	A	1	10.56
服务硬环境	10	A	1	A	1	A	1	B	0.8	B	0.8	9.2
发展创新能力	10	B	0.8	B	0.8	B	0.8	A	1	B	0.8	8.4
经营发展策略	10	A	1	A	1	A	1	B	0.8	B	0.8	9.2
综合社会贡献	8	A	1	A	1	B	0.8	B	0.8	A	1	7.36
合计	100											89.52

步骤六：计算定性与定量综合得分：

计算定性与定量综合得分 $= 101.38 \times 40\% + 105.58 \times 40\% + 89.52 \times 20\% = 100.69$

项目小结

（1）财务管理的总体目标包括利润最大化、股东财富最大化和企业价值最大化。

（2）物业企业财务管理的内容包括筹资活动、投资活动、资金运营活动和收益分配活动。

（3）财务报告分析的方法包括比较分析法、比率分析法、趋势分析法和因素分析法。

（4）物业经营管理的绩效评价通过构建指标体系而实现评价目的，该指标体系是按照系统论方法构建的，由一系列评价指标而组成的系统结构，该指标体系主要包括了基本指标、修正指标和评议指标三个层次。

（5）基本指标是评价物业经营管理绩效最重要和最基础的指标，其数量少和概括性强，物业经营管理绩效评价的基本指标包括净资产收益率、总资产报酬率、总资产周转率、流动资产周转率、资产负债率、已获利息倍数、营业增长率与资本积累率等八项。

（6）修正指标是从多方面调整完善基本指标评价结果的计量因素，是用来对基本指标进行校正的重要辅助指标，它依附于基本指标而发挥作用，又是绩效评价指标体系的第二层次，物业经营管理绩效评价的修正指标包括主营业务利润率、盈余现金保障倍数、成本费用利润率、应收账款周转率、不良资产比率、资产损失比率、流动比率、速动比率、现金比率、长期资产适合率、经营亏损挂账比率、总资产增长率、三年利润平均增长率与三年资本平均增长率等十四项。

（7）评议指标是对定量指标评议结果的校验、修正和完善，形成了定量和定性相结合的综合评价结论，属于第三层次，是物业企业绩效评价指标体系的重要组成部分，物业经营管理绩效评价的评议指标包括经营者基本素质、服务满意度、基础管理水平、在岗员工素质状况、服务硬环境、发展创新能力、经营发展策略与综合社会贡献等八项。

（8）物业经营企业绩效评价的方法包括杜邦分析法和沃尔评分法，相比起来，沃尔评分法在物业企业绩效评价中，应用更加广泛。

能力训练

一、填空题

1. 物业企业财务管理的总体目标包括________、________、________。

2. 物业经营企业的财务管理活动包括________、________、________、________。

3. 物业企业筹资可以有两种不同性质的资金来源，它们包括________、________。

4. 比率分析法包括________、________、________三种。

5. 因素分析法包括________、________两种。

6. 反映部分与整体之间的关系常用________比率。

7. 财务效益状况基本指标两项，即________、________。

8. 净资产收益率也称为股权收益率或权益收益率，是指企业一定时期内的________同平均净资产的比率。

9. 总资产报酬率是指企业一定时期内获得的报酬总额与________的比率，它反映了企业全部资产的总体获利能力。

10. 财务效益状况修正指标主要包括________、________、________三项。

11. 主营业务利润率是指物业经营企业一定时期主营业务利润同________的比率。

12. 通常所说的三项期间费用是指________、________、________。

13. 物业企业资产营运状况的基本指标主要包括________、________。

14. 总资产周转率是企业一定时期的营业收入净额与________之比。

15. 流动资产周转率是指企业一定时期内________同平均流动资产总额的比率。

16. 物业企业资产营运的修正指标主要包括________、________、________三项。

17. 资产损失比率是指企业一定时期________占资产总额的比重。

18. 评价物业企业偿债能力状况的基本指标包括________和________。

19. 物业企业偿债能力状况的修正指标包括________、________、________、________、________五项。

20. 发展能力状况基本指标包括________和________。

21. 长期资产适合率是________和________之和同固定资产与长期投资之和的比率。

22. 发展能力状况修正指标包括三项，即________、________、________。

23. 物业管理服务的消费者或顾客对商品和服务的质量、种类、速度、方便程度等的心理满足程度称为________。

二、不定项选择题

1. 一家物业企业属于某大型物业企业的子公司，在预算 2020 年度的企业利润时适合采取（　　）总体目标。

A. 利润最大化　　　　B. 利润率最大化

C. 股东财富最大化　　D. 企业价值最大化

2. 资金运动的起点是（　　）。

A. 筹资活动　　　　B. 投资活动

C. 营运活动　　D. 利润分配活动

3. 反映了企业当期净利润中现金收益的保障程度的财务指标是（　　）。

A. 已获利息倍数　　B. 主营业务利润率

C. 成本费用利润率　　D. 盈余现金保障倍数

4. 针对资产负债率，我国公认在（　　）以下比较合适。

A. 50%　　B. 30%　　C. 60%　　D. 45%

5. 企业总资产周转率意义包括（　　）。

A. 反映企业全部资产的管理质量和利用效率

B. 可以在某种程度上提高产品市场占有率

C. 调动暂时闲置的货币资金用于短期投资创造收益

D. 促进企业采取措施扩大销售

6. 利息保障倍数国际上公认为（　　）较为合适。

A. 8　　B. 6　　C. 3　　D. 2

7. 以下属于物业企业速动资产的是（　　）。

A. 货币资金　　B. 交易性金融资产

C. 应收票据　　D. 预付账款

8. 以下能够体现物业企业基础管理水平的是（　　）。

A. 服务场所的装饰　　B. 内部经营模式

C. 信息支持系统　　D. 安全生产管理的建议

三、判断题

1. 股东财富最大化的总体目标只适合上市公司。（　　）

2. 趋势分析法是最常见的一种财务分析法。（　　）

3. 通常平均净资产可以按照企业三年年末的所有者权益进行算术平均。（　　）

4. 平均资产总额是指企业资产总额年初数与年末数的平均值。（　　）

5. 企业年末不良资产总额占平均资产总额的比重称为不良资产比率。（　　）

6. 资产负债率是年内平均负债总额除以资产总额的百分比。（　　）

7. 财务分析人员通常用财务费用代替利息费用进行计算。（　　）

8. 经营亏损挂账比率可以从深层次反映企业资产经营中的问题。（　　）

9. 企业发展能力衡量的核心是企业总资产增长率。（　　）

10. 资本积累率是指企业本年所有者权益增长额同年初所有者权益的比率。（　　）

11. 营业增长率主要揭示了主营业务的增长情况。（　　）

12. 三年利润平均增长率是指企业三年年末利润总额的算术平均值。（　　）

13. 评价某物业企业 2019 年的绩效情况，则三年前年末利润总额是指 2017 年利润总额年末数。（　　）

14. 三年资本平均增长率越高表明企业可以长期使用的资金越充足，抗风险和保持持续发展的能力越强。（　　）

15. 物业经营管理绩效评价的评议指标属于第二层次的指标。（　　）

16. 企业为社会提供就业和再就业机会，属于综合社会贡献。（　　）

四、简答题

1. 企业价值最大化的财务总体目标有什么优点？
2. 利润最大化的财务总体目标有什么缺陷？
3. 企业发行债券的条件是什么？
4. 什么是广义的投资活动？
5. 在进行比较分析法进行财务指标分析时，有哪些需要注意之处？
6. 总资产报酬率的意义是什么？
7. 成本费用利润率的意义是什么？
8. 揭示应收账款周转率指标的意义是什么？
9. 什么是“待处理资产损失净额”？
10. “现金比率”指标有什么意义？
11. 研究“营业增长率”指标有什么意义？
12. 三年资本平均增长率有什么财务意义？
13. 物业经营管理绩效评价的评议指标包括哪八项？

实训项目

结合上市物业经营企业财务报表（如深物业 A），可在上市公司网站或新浪等主流门户网站上下载，利用杜邦分析法和沃尔评分法对企业财务指标进行绩效评价，并撰写一份企业财务绩效报告。

附　录

附表一　复利终值系数表（FVIF 表）

期数	1%	2%	3%	4%	5%	6%	7%	8%	9%	10%
1	1.0100	1.0200	1.0300	1.0400	1.0500	1.0600	1.0700	1.0800	1.0900	1.1000
2	1.0201	1.0404	1.0609	1.0816	1.1025	1.1236	1.1449	1.1664	1.1881	1.2100
3	1.0303	1.0612	1.0927	1.1249	1.1576	1.1910	1.2250	1.2597	1.2950	1.3310
4	1.0406	1.0824	1.1255	1.1699	1.2155	1.2625	1.3108	1.3605	1.4116	1.4641
5	1.0510	1.1041	1.1593	1.2167	1.2763	1.3382	1.4026	1.4693	1.5386	1.6105
6	1.0615	1.1262	1.1941	1.2653	1.3401	1.4185	1.5007	1.5869	1.6771	1.7716
7	1.0721	1.1487	1.2299	1.3159	1.4071	1.5036	1.6058	1.7138	1.8280	1.9487
8	1.0829	1.1717	1.2668	1.3686	1.4775	1.5938	1.7182	1.8509	1.9926	2.1436
9	1.0937	1.1951	1.3048	1.4233	1.5513	1.6895	1.8385	1.9990	2.1719	2.3579
10	1.1046	1.2190	1.3439	1.4802	1.6289	1.7908	1.9672	2.1589	2.3674	2.5937
11	1.1157	1.2434	1.3842	1.5395	1.7103	1.8983	2.1049	2.3316	2.5804	2.8531
12	1.1268	1.2682	1.4258	1.6010	1.7959	2.0122	2.2522	2.5182	2.8127	3.1384
13	1.1381	1.2936	1.4685	1.6651	1.8856	2.1329	2.4098	2.7196	3.0658	3.4523
14	1.1495	1.3195	1.5126	1.7317	1.9799	2.2609	2.5785	2.9372	3.3417	3.7975
15	1.1610	1.3459	1.5580	1.8009	2.0789	2.3966	2.7590	3.1722	3.6425	4.1772
16	1.1726	1.3728	1.6047	1.8730	2.1829	2.5404	2.9522	3.4259	3.9703	4.5950
17	1.1843	1.4002	1.6528	1.9479	2.2920	2.6928	3.1588	3.7000	4.3276	5.0545
18	1.1961	1.4282	1.7024	2.0258	2.4066	2.8543	3.3799	3.9960	4.7171	5.5599
19	1.2081	1.4568	1.7535	2.1068	2.5270	3.0256	3.6165	4.3157	5.1417	6.1159
20	1.2202	1.4859	1.8061	2.1911	2.6533	3.2071	3.8697	4.6610	5.6044	6.7275
21	1.2324	1.5157	1.8603	2.2788	2.7860	3.3996	4.1406	5.0338	6.1088	7.4002
22	1.2447	1.5460	1.9161	2.3699	2.9253	3.6035	4.4304	5.4365	6.6586	8.1403
23	1.2572	1.5769	1.9736	2.4647	3.0715	3.8197	4.7405	5.8715	7.2579	8.9543
24	1.2697	1.6084	2.0328	2.5633	3.2251	4.0489	5.0724	6.3412	7.9111	9.8497
25	1.2824	1.6406	2.0938	2.6658	3.3864	4.2919	5.4274	6.8485	8.6231	10.835
26	1.2953	1.6734	2.1566	2.7725	3.5557	4.5494	5.8074	7.3964	9.3992	11.918
27	1.3082	1.7069	2.2213	2.8834	3.7335	4.8223	6.2139	7.9881	10.245	13.110
28	1.3213	1.7410	2.2879	2.9987	3.9201	5.1117	6.6488	8.6271	11.167	14.421
29	1.3345	1.7758	2.3566	3.1187	4.1161	5.4184	7.1143	9.3173	12.172	15.863
30	1.3478	1.8114	2.4273	3.2434	4.3219	5.7435	7.6123	10.063	13.268	17.449
40	1.4889	2.2080	3.2620	4.8010	7.0400	10.286	14.975	21.725	31.409	45.259
50	1.6446	2.6916	4.3839	7.1067	11.467	18.420	29.457	46.902	74.358	117.39
60	1.8167	3.2810	5.8916	10.520	18.679	32.988	57.946	101.26	176.03	304.48

（续）

期数	12%	14%	15%	16%	18%	20%	24%	28%	32%	36%
1	1.1200	1.1400	1.1500	1.1600	1.1800	1.2000	1.2400	1.2800	1.3200	1.3600
2	1.2544	1.2996	1.3225	1.3456	1.3924	1.4400	1.5376	1.6384	1.7424	1.8496
3	1.4049	1.4815	1.5209	1.5609	1.6430	1.7280	1.9066	2.0972	2.3000	2.5155
4	1.5735	1.6890	1.7490	1.8106	1.9388	2.0736	2.3642	2.6844	3.0360	3.4210
5	1.7623	1.9254	2.0114	2.1003	2.2878	2.4883	2.9316	3.4360	4.0075	4.6526
6	1.9738	2.1950	2.3131	2.4364	2.6996	2.9860	3.6352	4.3980	5.2899	6.3275
7	2.2107	2.5023	2.6600	2.8262	3.1855	3.5832	4.5077	5.6295	6.9826	8.6054
8	2.4760	2.8526	3.0590	3.2784	3.7589	4.2998	5.5895	7.2058	9.2170	11.703
9	2.7731	3.2519	3.5179	3.8030	4.4355	5.1598	6.9310	9.2234	12.167	15.917
10	3.1058	3.7072	4.0456	4.4114	5.2338	6.1917	8.5944	11.806	16.060	21.647
11	3.4785	4.2262	4.6524	5.1173	6.1759	7.4301	10.657	15.112	21.199	29.439
12	3.8960	4.8179	5.3503	5.9360	7.2876	8.9161	13.215	19.343	27.983	40.038
13	4.3635	5.4924	6.1528	6.8858	8.5994	10.699	16.386	24.759	36.937	54.451
14	4.8871	6.2613	7.0757	7.9875	10.147	12.839	20.319	31.691	48.757	74.053
15	5.4736	7.1379	8.1371	9.2655	11.974	15.407	25.196	40.565	64.359	100.71
16	6.1304	8.1372	9.3576	10.748	14.129	18.488	31.243	51.923	84.954	136.97
17	6.8660	9.2765	10.761	12.468	16.672	22.186	38.741	66.461	112.14	186.28
18	7.6900	10.575	12.376	14.463	19.673	26.623	48.039	85.071	148.02	253.34
19	8.6128	12.056	14.232	16.777	23.214	31.948	59.568	108.89	195.39	344.54
20	9.6463	13.744	16.367	19.461	27.393	38.338	73.864	139.38	257.92	468.57
21	10.804	15.668	18.822	22.575	32.324	46.005	91.592	178.41	340.45	637.26
22	12.100	17.861	21.645	26.186	38.142	55.206	113.57	228.36	449.39	866.67
23	13.552	20.362	24.892	30.376	45.008	66.247	140.83	292.30	593.20	1178.7
24	15.179	23.212	28.625	35.236	53.109	79.497	174.63	374.14	783.02	1603.0
25	17.000	26.462	32.919	40.874	62.669	95.396	216.54	478.90	1033.6	2180.1
26	19.040	30.167	37.857	47.414	73.949	114.48	268.51	613.00	1364.3	2964.9
27	21.325	34.390	43.535	55.000	87.260	137.37	332.96	784.64	1800.9	4032.3
28	23.884	39.205	50.066	63.800	102.97	164.84	412.86	1004.3	2377.2	5483.9
29	26.750	44.693	57.576	74.009	121.50	197.81	511.95	1285.6	3137.9	7458.1
30	29.960	50.950	66.212	85.850	143.37	237.38	634.82	1645.5	4142.1	10143
40	93.051	188.88	267.86	378.72	750.38	1469.8	5455.9	19427	66521	*
50	289.00	700.23	1083.7	1670.7	3927.4	9100.4	46890	*	*	*
60	897.60	2595.9	4384.0	7370.2	20555	56348	*	*	*	*

注：* >99999。

计算公式：复利终值系数 $=(1+i)^n$，$F=P(1+i)^n$

P——现值或初始值；

i——报酬率或利率；

n——计息期数；

F——终值或本利和。

附表二　复利现值系数表（PVIF 表）

期数	1%	2%	3%	4%	5%	6%	7%	8%	9%	10%
1	0.9901	0.9804	0.9709	0.9615	0.9524	0.9434	0.9346	0.9259	0.9174	0.9091
2	0.9803	0.9612	0.9426	0.9246	0.9070	0.8900	0.8734	0.8573	0.8417	0.8264
3	0.9706	0.9423	0.9151	0.8890	0.8638	0.8396	0.8163	0.7938	0.7722	0.7513
4	0.9610	0.9238	0.8885	0.8548	0.8227	0.7921	0.7629	0.7350	0.7084	0.6830
5	0.9515	0.9057	0.8626	0.8219	0.7835	0.7473	0.7130	0.6806	0.6499	0.6209
6	0.9420	0.8880	0.8375	0.7903	0.7462	0.7050	0.6663	0.6302	0.5963	0.5645
7	0.9327	0.8706	0.8131	0.7599	0.7107	0.6651	0.6227	0.5835	0.5470	0.5132
8	0.9235	0.8535	0.7894	0.7307	0.6768	0.6274	0.5820	0.5403	0.5019	0.4665
9	0.9143	0.8368	0.7664	0.7026	0.6446	0.5919	0.5439	0.5002	0.4604	0.4241
10	0.9053	0.8203	0.7441	0.6756	0.6139	0.5584	0.5083	0.4632	0.4224	0.3855
11	0.8963	0.8043	0.7224	0.6496	0.5847	0.5268	0.4751	0.4289	0.3875	0.3505
12	0.8874	0.7885	0.7014	0.6246	0.5568	0.4970	0.4440	0.3971	0.3555	0.3186
13	0.8787	0.7730	0.6810	0.6006	0.5303	0.4688	0.4150	0.3677	0.3262	0.2897
14	0.8700	0.7579	0.6611	0.5775	0.5051	0.4423	0.3878	0.3405	0.2992	0.2633
15	0.8613	0.7430	0.6419	0.5553	0.4810	0.4173	0.3624	0.3152	0.2745	0.2394
16	0.8528	0.7284	0.6232	0.5339	0.4581	0.3936	0.3387	0.2919	0.2519	0.2176
17	0.8444	0.7142	0.6050	0.5134	0.4363	0.3714	0.3166	0.2703	0.2311	0.1978
18	0.8360	0.7002	0.5874	0.4936	0.4155	0.3503	0.2959	0.2502	0.2120	0.1799
19	0.8277	0.6864	0.5703	0.4746	0.3957	0.3305	0.2765	0.2317	0.1945	0.1635
20	0.8195	0.6730	0.5537	0.4564	0.3769	0.3118	0.2584	0.2145	0.1784	0.1486
21	0.8114	0.6598	0.5375	0.4388	0.3589	0.2942	0.2415	0.1987	0.1637	0.1351
22	0.8034	0.6468	0.5219	0.4220	0.3418	0.2775	0.2257	0.1839	0.1502	0.1228
23	0.7954	0.6342	0.5067	0.4057	0.3256	0.2618	0.2109	0.1703	0.1378	0.1117
24	0.7876	0.6217	0.4919	0.3901	0.3101	0.2470	0.1971	0.1577	0.1264	0.1015
25	0.7798	0.6095	0.4776	0.3751	0.2953	0.2330	0.1842	0.1460	0.1160	0.0923
26	0.7720	0.5976	0.4637	0.3607	0.2812	0.2198	0.1722	0.1352	0.1064	0.0839
27	0.7644	0.5859	0.4502	0.3468	0.2678	0.2074	0.1609	0.1252	0.0976	0.0763
28	0.7568	0.5744	0.4371	0.3335	0.2551	0.1956	0.1504	0.1159	0.0895	0.0693
29	0.7493	0.5631	0.4243	0.3207	0.2429	0.1846	0.1406	0.1073	0.0822	0.0630
30	0.7419	0.5521	0.4120	0.3083	0.2314	0.1741	0.1314	0.0994	0.0754	0.0573
35	0.7059	0.5000	0.3554	0.2534	0.1813	0.1301	0.0937	0.0676	0.0490	0.0356
40	0.6717	0.4529	0.3066	0.2083	0.1420	0.0972	0.0668	0.0460	0.0318	0.0221
45	0.6391	0.4102	0.2644	0.1712	0.1113	0.0727	0.0476	0.0313	0.0207	0.0137
50	0.6080	0.3715	0.2281	0.1407	0.0872	0.0543	0.0339	0.0213	0.0134	0.0085
55	0.5785	0.3365	0.1968	0.1157	0.0683	0.0406	0.0242	0.0145	0.0087	0.0053

（续）

期数	12%	14%	15%	16%	18%	20%	24%	28%	32%	36%
1	0.8929	0.8772	0.8696	0.8621	0.8475	0.8333	0.8065	0.7813	0.7576	0.7353
2	0.7972	0.7695	0.7561	0.7432	0.7182	0.6944	0.6504	0.6104	0.5739	0.5407
3	0.7118	0.6750	0.6575	0.6407	0.6086	0.5787	0.5245	0.4768	0.4348	0.3975
4	0.6355	0.5921	0.5718	0.5523	0.5158	0.4823	0.4230	0.3725	0.3294	0.2923
5	0.5674	0.5194	0.4972	0.4761	0.4371	0.4019	0.3411	0.2910	0.2495	0.2149
6	0.5066	0.4556	0.4323	0.4104	0.3704	0.3349	0.2751	0.2274	0.1890	0.1580
7	0.4523	0.3996	0.3759	0.3538	0.3139	0.2791	0.2218	0.1776	0.1432	0.1162
8	0.4039	0.3506	0.3269	0.3050	0.2660	0.2326	0.1789	0.1388	0.1085	0.0854
9	0.3606	0.3075	0.2843	0.2630	0.2255	0.1938	0.1443	0.1084	0.0822	0.0628
10	0.3220	0.2697	0.2472	0.2267	0.1911	0.1615	0.1164	0.0847	0.0623	0.0462
11	0.2875	0.2366	0.2149	0.1954	0.1619	0.1346	0.0938	0.0662	0.0472	0.0340
12	0.2567	0.2076	0.1869	0.1685	0.1372	0.1122	0.0757	0.0517	0.0357	0.0250
13	0.2292	0.1821	0.1625	0.1452	0.1163	0.0935	0.0610	0.0404	0.0271	0.0184
14	0.2046	0.1597	0.1413	0.1252	0.0985	0.0779	0.0492	0.0316	0.0205	0.0135
15	0.1827	0.1401	0.1229	0.1079	0.0835	0.0649	0.0397	0.0247	0.0155	0.0099
16	0.1631	0.1229	0.1069	0.0930	0.0708	0.0541	0.0320	0.0193	0.0118	0.0073
17	0.1456	0.1078	0.0929	0.0802	0.0600	0.0451	0.0258	0.0150	0.0089	0.0054
18	0.1300	0.0946	0.0808	0.0691	0.0508	0.0376	0.0208	0.0118	0.0068	0.0039
19	0.1161	0.0829	0.0703	0.0596	0.0431	0.0313	0.0168	0.0092	0.0051	0.0029
20	0.1037	0.0728	0.0611	0.0514	0.0365	0.0261	0.0135	0.0072	0.0039	0.0021
21	0.0926	0.0638	0.0531	0.0443	0.0309	0.0217	0.0109	0.0056	0.0029	0.0016
22	0.0826	0.0560	0.0462	0.0382	0.0262	0.0181	0.0088	0.0044	0.0022	0.0012
23	0.0738	0.0491	0.0402	0.0329	0.0222	0.0151	0.0071	0.0034	0.0017	0.0008
24	0.0659	0.0431	0.0349	0.0284	0.0188	0.0126	0.0057	0.0027	0.0013	0.0006
25	0.0588	0.0378	0.0304	0.0245	0.0160	0.0105	0.0046	0.0021	0.0010	0.0005
26	0.0525	0.0331	0.0264	0.0211	0.0135	0.0087	0.0037	0.0016	0.0007	0.0003
27	0.0469	0.0291	0.0230	0.0182	0.0115	0.0073	0.0030	0.0013	0.0006	0.0002
28	0.0419	0.0255	0.0200	0.0157	0.0097	0.0061	0.0024	0.0010	0.0004	0.0002
29	0.0374	0.0224	0.0174	0.0135	0.0082	0.0051	0.0020	0.0008	0.0003	0.0001
30	0.0334	0.0196	0.0151	0.0116	0.0070	0.0042	0.0016	0.0006	0.0002	0.0001
35	0.0189	0.0102	0.0075	0.0055	0.0030	0.0017	0.0005	0.0002	0.0001	*
40	0.0107	0.0053	0.0037	0.0026	0.0013	0.0007	0.0002	0.0001	*	*
45	0.0061	0.0027	0.0019	0.0013	0.0006	0.0003	0.0001	*	*	*
50	0.0035	0.0014	0.0009	0.0006	0.0003	0.0001	*	*	*	*
55	0.0020	0.0007	0.0005	0.0003	0.0001	*	*	*	*	*

注：* <0.0001。

计算公式：复利现值系数 = $(1+i)^{-n}$，$P=\frac{F}{(1+i)^n}=F(1+i)^{-n}$

P——现值或初始值；

i——报酬率或利率；

n——计息期数；

F——终值或本利和。

附表三　年金终值系数表（FVIFA 表）

期数	1%	2%	3%	4%	5%	6%	7%	8%	9%	10%
1	1. 0000	1. 0000	1. 0000	1. 0000	1. 0000	1. 0000	1. 0000	1. 0000	1. 0000	1. 0000
2	2. 0100	2. 0200	2. 0300	2. 0400	2. 0500	2. 0600	2. 0700	2. 0800	2. 0900	2. 1000
3	3. 0301	3. 0604	3. 0909	3. 1216	3. 1525	3. 1836	3. 2149	3. 2464	3. 2781	3. 3100
4	4. 0604	4. 1216	4. 1836	4. 2465	4. 3101	4. 3746	4. 4399	4. 5061	4. 5731	4. 6410
5	5. 1010	5. 2040	5. 3091	5. 4163	5. 5256	5. 6371	5. 7507	5. 8666	5. 9847	6. 1051
6	6. 1520	6. 3081	6. 4684	6. 6330	6. 8019	6. 9753	7. 1533	7. 3359	7. 5233	7. 7156
7	7. 2135	7. 4343	7. 6625	7. 8983	8. 1420	8. 3938	8. 6540	8. 9228	9. 2004	9. 4872
8	8. 2857	8. 5830	8. 8923	9. 2142	9. 5491	9. 8975	10. 260	10. 637	11. 029	11. 436
9	9. 3685	9. 7546	10. 159	10. 583	11. 027	11. 491	11. 978	12. 488	13. 021	13. 580
10	10. 462	10. 950	11. 464	12. 006	12. 578	13. 181	13. 816	14. 487	15. 193	15. 937
11	11. 567	12. 169	12. 808	13. 486	14. 207	14. 972	15. 784	16. 646	17. 560	18. 531
12	12. 683	13. 412	14. 192	15. 026	15. 917	16. 870	17. 889	18. 977	20. 141	21. 384
13	13. 809	14. 680	15. 618	16. 627	17. 713	18. 882	20. 141	21. 495	22. 953	24. 523
14	14. 947	15. 974	17. 086	18. 292	19. 599	21. 015	22. 551	24. 215	26. 019	27. 975
15	16. 097	17. 293	18. 599	20. 024	21. 579	23. 276	25. 129	27. 152	29. 361	31. 773
16	17. 258	18. 639	20. 157	21. 825	23. 658	25. 673	27. 888	30. 324	33. 003	35. 950
17	18. 430	20. 012	21. 762	23. 698	25. 840	28. 213	30. 840	33. 750	36. 974	40. 545
18	19. 615	21. 412	23. 414	25. 645	28. 132	30. 906	33. 999	37. 450	41. 301	45. 599
19	20. 811	22. 841	25. 117	27. 671	30. 539	33. 760	37. 379	41. 446	46. 019	51. 159
20	22. 019	24. 297	26. 870	29. 778	33. 066	36. 786	40. 996	45. 762	51. 160	57. 275
21	23. 239	25. 783	28. 677	31. 969	35. 719	39. 993	44. 865	50. 423	56. 765	64. 003
22	24. 472	27. 299	30. 537	34. 248	38. 505	43. 392	49. 006	55. 457	62. 873	71. 403
23	25. 716	28. 845	32. 453	36. 618	41. 431	46. 996	53. 436	60. 893	69. 532	79. 543
24	26. 974	30. 422	34. 427	39. 083	44. 502	50. 816	58. 177	66. 765	76. 790	88. 497
25	28. 243	32. 030	36. 459	41. 646	47. 727	54. 865	63. 249	73. 106	84. 701	98. 347
26	29. 526	33. 671	38. 553	44. 312	51. 114	59. 156	68. 677	79. 954	93. 324	109. 18
27	30. 821	35. 344	40. 710	47. 084	54. 669	63. 706	74. 484	87. 351	102. 72	121. 10
28	32. 129	37. 051	42. 931	49. 968	58. 403	68. 528	80. 698	95. 339	112. 97	134. 21
29	33. 450	38. 792	45. 219	52. 966	62. 323	73. 640	87. 347	103. 97	124. 14	148. 63
30	34. 785	40. 568	47. 575	56. 085	66. 439	79. 058	94. 461	113. 28	136. 31	164. 49
40	48. 886	60. 402	75. 401	95. 026	120. 80	154. 76	199. 64	259. 06	337. 88	442. 59
50	64. 463	84. 579	112. 80	152. 67	209. 35	290. 34	406. 53	573. 77	815. 08	1163. 9
60	81. 670	114. 05	163. 05	237. 99	353. 58	533. 13	813. 52	1253. 2	1944. 8	3034. 8

（续）

期数	12%	14%	15%	16%	18%	20%	24%	28%	32%	36%
1	1.0000	1.0000	1.0000	1.0000	1.0000	1.0000	1.0000	1.0000	1.0000	1.0000
2	2.1200	2.1400	2.1500	2.1600	2.1800	2.2000	2.2400	2.2800	2.3200	2.3600
3	3.3744	3.4396	3.4725	3.5056	3.5724	3.6400	3.7776	3.9184	4.0624	4.2096
4	4.7793	4.9211	4.9934	5.0665	5.2154	5.3680	5.6842	6.0156	6.3624	6.7251
5	6.3528	6.6101	6.7424	6.8771	7.1542	7.4416	8.0484	8.6999	9.3983	10.146
6	8.1152	8.5355	8.7537	8.9775	9.4420	9.9299	10.980	12.136	13.406	14.799
7	10.089	10.731	11.067	11.414	12.142	12.916	14.615	16.534	18.696	21.126
8	12.300	13.233	13.727	14.240	15.327	16.499	19.123	22.163	25.678	29.732
9	14.776	16.085	16.786	17.519	19.086	20.799	24.713	29.369	34.895	41.435
10	17.549	19.337	20.304	21.322	23.521	25.959	31.643	38.593	47.062	57.352
11	20.655	23.045	24.349	25.733	28.755	32.150	40.238	50.399	63.122	78.998
12	24.133	27.271	29.002	30.850	34.931	39.581	50.895	65.510	84.320	108.44
13	28.029	32.089	34.352	36.786	42.219	48.497	64.110	84.853	112.30	148.48
14	32.393	37.581	40.505	43.672	50.818	59.196	80.496	109.61	149.24	202.93
15	37.280	43.842	47.580	51.660	60.965	72.035	100.82	141.30	198.00	276.98
16	42.753	50.980	55.718	60.925	72.939	87.442	126.01	181.87	262.36	377.69
17	48.884	59.118	65.075	71.673	87.068	105.93	157.25	233.79	347.31	514.66
18	55.750	68.394	75.836	84.141	103.74	128.12	195.99	300.25	459.45	700.94
19	63.440	78.969	88.212	98.603	123.41	154.74	244.03	385.32	607.47	954.28
20	72.052	91.025	102.44	115.38	146.63	186.69	303.60	494.21	802.86	1298.8
21	81.699	104.77	118.81	134.84	174.02	225.03	377.46	633.59	1060.8	1767.4
22	92.503	120.44	137.63	157.42	206.34	271.03	469.06	812.00	1401.2	2404.7
23	104.60	138.30	159.28	183.60	244.49	326.24	582.63	1040.4	1850.6	3271.3
24	118.16	158.66	184.17	213.98	289.49	392.48	723.46	1332.7	2443.8	4450.0
25	133.33	181.87	212.79	249.21	342.60	471.98	898.09	1706.8	3226.8	6053.0
26	150.33	208.33	245.71	290.09	405.27	567.38	1114.6	2185.7	4260.4	8233.1
27	169.37	238.50	283.57	337.50	479.22	681.85	1383.1	2798.7	5624.8	11198
28	190.70	272.89	327.10	392.50	566.48	819.22	1716.1	3583.3	7425.7	15230
29	214.58	312.09	377.17	456.30	669.45	984.07	2129.0	4587.7	9802.9	20714
30	241.33	356.79	434.75	530.31	790.95	1181.9	2640.9	5873.2	12941	28172
40	767.09	1342.0	1779.1	2360.8	4163.2	7343.9	22729	69377	207874	609890
50	2400.0	4994.5	7217.7	10436	21813	45497	195373	819103	*	*
60	7471.6	18535	29220	46058	114190	281733	*	*	*	*

注：* >999999.99。

计算公式：年金终值系数 $=\frac{(1+i)^n-1}{i}$，$F=A\frac{(1+i)^n-1}{i}$

A——每期等额支付（或收入）的金额；

i——报酬率或利率；

n——计息期数；

F——年金终值或本利和。

附表四　年金现值系数表（PVIFA 表）

期数	1%	2%	3%	4%	5%	6%	7%	8%	9%	10%
1	0.9901	0.9804	0.9709	0.9615	0.9524	0.9434	0.9346	0.9259	0.9174	0.9091
2	1.9704	1.9416	1.9135	1.8861	1.8594	1.8334	1.8080	1.7833	1.7591	1.7355
3	2.9410	2.8839	2.8286	2.7751	2.7232	2.6730	2.6243	2.5771	2.5313	2.4869
4	3.9020	3.8077	3.7171	3.6299	3.5460	3.4651	3.3872	3.3121	3.2397	3.1699
5	4.8534	4.7135	4.5797	4.4518	4.3295	4.2124	4.1002	3.9927	3.8897	3.7908
6	5.7955	5.6014	5.4172	5.2421	5.0757	4.9173	4.7665	4.6229	4.4859	4.3553
7	6.7282	6.4720	6.2303	6.0021	5.7864	5.5824	5.3893	5.2064	5.0330	4.8684
8	7.6517	7.3255	7.0197	6.7327	6.4632	6.2098	5.9713	5.7466	5.5348	5.3349
9	8.5660	8.1622	7.7861	7.4353	7.1078	6.8017	6.5152	6.2469	5.9952	5.7590
10	9.4713	8.9826	8.5302	8.1109	7.7217	7.3601	7.0236	6.7101	6.4177	6.1446
11	10.3676	9.7868	9.2526	8.7605	8.3064	7.8869	7.4987	7.1390	6.8052	6.4951
12	11.2551	10.5753	9.9540	9.3851	8.8633	8.3838	7.9427	7.5361	7.1607	6.8137
13	12.1337	11.3484	10.6350	9.9856	9.3936	8.8527	8.3577	7.9038	7.4869	7.1034
14	13.0037	12.1062	11.2961	10.5631	9.8986	9.2950	8.7455	8.2442	7.7862	7.3667
15	13.8651	12.8493	11.9379	11.1184	10.3797	9.7122	9.1079	8.5595	8.0607	7.6061
16	14.7179	13.5777	12.5611	11.6523	10.8378	10.1059	9.4466	8.8514	8.3126	7.8237
17	15.5623	14.2919	13.1661	12.1657	11.2741	10.4773	9.7632	9.1216	8.5436	8.0216
18	16.3983	14.9920	13.7535	12.6593	11.6896	10.8276	10.0591	9.3719	8.7556	8.2014
19	17.2260	15.6785	14.3238	13.1339	12.0853	11.1581	10.3356	9.6036	8.9501	8.3649
20	18.0456	16.3514	14.8775	13.5903	12.4622	11.4699	10.5940	9.8181	9.1285	8.5136
21	18.8570	17.0112	15.4150	14.0292	12.8212	11.7641	10.8355	10.0168	9.2922	8.6487
22	19.6604	17.6580	15.9369	14.4511	13.1630	12.0416	11.0612	10.2007	9.4424	8.7715
23	20.4558	18.2922	16.4436	14.8568	13.4886	12.3034	11.2722	10.3711	9.5802	8.8832
24	21.2434	18.9139	16.9355	15.2470	13.7986	12.5504	11.4693	10.5288	9.7066	8.9847
25	22.0232	19.5235	17.4131	15.6221	14.0939	12.7834	11.6536	10.6748	9.8226	9.0770
26	22.7952	20.1210	17.8768	15.9828	14.3752	13.0032	11.8258	10.8100	9.9290	9.1609
27	23.5596	20.7069	18.3270	16.3296	14.6430	13.2105	11.9867	10.9352	10.0266	9.2372
28	24.3164	21.2813	18.7641	16.6631	14.8981	13.4062	12.1371	11.0511	10.1161	9.3066
29	25.0658	21.8444	19.1885	16.9837	15.1411	13.5907	12.2777	11.1584	10.1983	9.3696
30	25.8077	22.3965	19.6004	17.2920	15.3725	13.7648	12.4090	11.2578	10.2737	9.4269
35	29.4086	24.9986	21.4872	18.6646	16.3742	14.4982	12.9477	11.6546	10.5668	9.6442
40	32.8347	27.3555	23.1148	19.7928	17.1591	15.0463	13.3317	11.9246	10.7574	9.7791
45	36.0945	29.4902	24.5187	20.7200	17.7741	15.4558	13.6055	12.1084	10.8812	9.8628
50	39.1961	31.4236	25.7298	21.4822	18.2559	15.7619	13.8007	12.2335	10.9617	9.9148
55	42.1472	33.1748	26.7744	22.1086	18.6335	15.9905	13.9399	12.3186	11.0140	9.9471

（续）

期数	12%	14%	15%	16%	18%	20%	24%	28%	32%	36%
1	0.8929	0.8772	0.8696	0.8621	0.8475	0.8333	0.8065	0.7813	0.7576	0.7353
2	1.6901	1.6467	1.6257	1.6052	1.5656	1.5278	1.4568	1.3916	1.3315	1.2760
3	2.4018	2.3216	2.2832	2.2459	2.1743	2.1065	1.9813	1.8684	1.7663	1.6735
4	3.0373	2.9137	2.8550	2.7982	2.6901	2.5887	2.4043	2.2410	2.0957	1.9658
5	3.6048	3.4331	3.3522	3.2743	3.1272	2.9906	2.7454	2.5320	2.3452	2.1807
6	4.1114	3.8887	3.7845	3.6847	3.4976	3.3255	3.0205	2.7594	2.5342	2.3388
7	4.5638	4.2883	4.1604	4.0386	3.8115	3.6046	3.2423	2.9370	2.6775	2.4550
8	4.9676	4.6389	4.4873	4.3436	4.0776	3.8372	3.4212	3.0758	2.7860	2.5404
9	5.3282	4.9464	4.7716	4.6065	4.3030	4.0310	3.5655	3.1842	2.8681	2.6033
10	5.6502	5.2161	5.0188	4.8332	4.4941	4.1925	3.6819	3.2689	2.9304	2.6495
11	5.9377	5.4527	5.2337	5.0286	4.6560	4.3271	3.7757	3.3351	2.9776	2.6834
12	6.1944	5.6603	5.4206	5.1971	4.7932	4.4392	3.8514	3.3868	3.0133	2.7084
13	6.4235	5.8424	5.5831	5.3423	4.9095	4.5327	3.9124	3.4272	3.0404	2.7268
14	6.6282	6.0021	5.7245	5.4675	5.0081	4.6106	3.9616	3.4587	3.0609	2.7403
15	6.8109	6.1422	5.8474	5.5755	5.0916	4.6755	4.0013	3.4834	3.0764	2.7502
16	6.9740	6.2651	5.9542	5.6685	5.1624	4.7296	4.0333	3.5026	3.0882	2.7575
17	7.1196	6.3729	6.0472	5.7487	5.2223	4.7746	4.0591	3.5177	3.0971	2.7629
18	7.2497	6.4674	6.1280	5.8178	5.2732	4.8122	4.0799	3.5294	3.1039	2.7668
19	7.3658	6.5504	6.1982	5.8775	5.3162	4.8435	4.0967	3.5386	3.1090	2.7697
20	7.4694	6.6231	6.2593	5.9288	5.3527	4.8696	4.1103	3.5458	3.1129	2.7718
21	7.5620	6.6870	6.3125	5.9731	5.3837	4.8913	4.1212	3.5514	3.1158	2.7734
22	7.6446	6.7429	6.3587	6.0113	5.4099	4.9094	4.1300	3.5558	3.1180	2.7746
23	7.7184	6.7921	6.3988	6.0442	5.4321	4.9245	4.1371	3.5592	3.1197	2.7754
24	7.7843	6.8351	6.4338	6.0726	5.4509	4.9371	4.1428	3.5619	3.1210	2.7760
25	7.8431	6.8729	6.4641	6.0971	5.4669	4.9476	4.1474	3.5640	3.1220	2.7765
26	7.8957	6.9061	6.4906	6.1182	5.4804	4.9563	4.1511	3.5656	3.1227	2.7768
27	7.9426	6.9352	6.5135	6.1364	5.4919	4.9636	4.1542	3.5669	3.1233	2.7771
28	7.9844	6.9607	6.5335	6.1520	5.5016	4.9697	4.1566	3.5679	3.1237	2.7773
29	8.0218	6.9830	6.5509	6.1656	5.5098	4.9747	4.1585	3.5687	3.1240	2.7774
30	8.0552	7.0027	6.5660	6.1772	5.5168	4.9789	4.1601	3.5693	3.1242	2.7775
35	8.1755	7.0700	6.6166	6.2153	5.5386	4.9915	4.1644	3.5708	3.1248	2.7777
40	8.2438	7.1050	6.6418	6.2335	5.5482	4.9966	4.1659	3.5712	3.1250	2.7778
45	8.2825	7.1232	6.6543	6.2421	5.5523	4.9986	4.1664	3.5714	3.1250	2.7778
50	8.3045	7.1327	6.6605	6.2463	5.5541	4.9995	4.1666	3.5714	3.1250	2.7778
55	8.3170	7.1376	6.6636	6.2482	5.5549	4.9998	4.1666	3.5714	3.1250	2.7778

注：计算公式：年金现值系数 $=\frac{1-(1+i)^{-n}}{i}$，$P=A\frac{1-(1+i)^{-n}}{i}$

A——每期等额支付（或收入）的金额；

i——报酬率或利率；

n——计息期数；

P——年金现值或本利和。

参 考 文 献

[1] 中国物业管理协会. 物业经营管理 [M]. 北京: 中国建筑工业出版社, 2011.

[2] 于艳芳, 郭子雪. 资产评估实务与案例分析 [M]. 北京: 人民邮电出版社, 2016.

[3] 世联地产. 不动产经营 [M]. 北京: 经济科学出版社, 2012.

[4] 苏宝炜, 李薇薇. 互联网 + 现代物业服务 4.0 [M]. 北京: 中国经济出版社, 2016.

[5] 美国 REMM 联美集团, 天津国土资源和房屋职业学院. 美国物业管理概论 [M]. 北京: 中国建筑工业出版社, 2010.

[6] 王荷. 谈业主资源的经营 [J]. 中国物业管理, 2014, 09: 30-31.

[7] 金康. 从"统一企业茶饮料"看物业管理经营之道 [J]. 城市开发 (物业管理), 2010, 09: 60-61.

[8] 谭智俐. 财务管理实务 [M]. 北京: 北京出版社, 2016.

[9] 王翠菊. 财务管理实务 [M]. 北京: 北京邮电出版社, 2018.

[10] 葛苏玲, 王梅霞, 邵云, 等. 财务管理实务 [M]. 沈阳: 东北大学出版社, 2018.

[11] 张新民. 企业财务分析要有战略视角 [R]. 中国会计报, 2019.

[12] 林峰. 物业保险原理与实务 [M]. 上海: 上海财经大学出版社, 2012.

[13] 胡斌. 工程经济学 [M]. 北京: 清华大学出版社, 2016.

[14] 王秀云, 吕迎春. 物业管理理论与实务 [M]. 北京: 清华大学出版社, 2006.

[15] 杨永杰, 汤守才. 物业经营管理 [M]. 北京: 化学工业出版社, 2008.

[16] 章月萍. 物业财务核算与管理 [M]. 重庆: 重庆大学出版社, 2012.

[17] 马海军. 物业公司成本控制与精细化管理 [M]. 北京: 化学工业出版社, 2015.

[18] 刘洪玉. 房地产开发 [M]. 北京: 首都经济贸易大学出版社, 2009.

[19] 冯为民, 付晓灵. 工程经济学 [M]. 北京: 北京大学出版社, 2006.

[20] 靳鸿. 利用现金流量图计算货币时间价值 [J]. 价值工程, 2010, 34: 125-126.

[21] 宿丽辉. 浅析货币时间价值 [J]. 经济研究导刊, 2017, 1: 70.

[22] 张多蕾, 王璨, 王艳丽. 货币时间价值与企业投资决策 [J]. 会计改革与创新, 2017, 08 (15): 88-89.

[23] 杨凌坡. 货币时间价值对企业投资决策的影响分析 [J]. 技术与市场, 2019, 26 (12): 197-198.

[24] 王俊红. 名义利率与实际利率在解题中的实际运用 [J]. 科技视界, 2016, 24: 40-41.

[25] 马伟. 名义利率与实际利率教学方法的探讨——高职高专财务管理课程难点解析 [J]. 佳木斯职业学院学报, 2017, 9: 49.

[26] 武永巨, 王中兴. 试论名义利率与实际利率 [J]. 财经科学, 2003, S1: 309-310.

[27] 赵蓓蕾. 浅谈资金等值计算的应用技巧 [J]. 经验管理, 2009, 6: 239-240.

[28] 汪腊梅. 企业成本控制与成本管理的有效方法分析 [J]. 中国集体经济, 2019, 15: 43-44.

[29] 徐晓莺. 企业成本控制过程中存在的问题及对策研究 [J]. 现代商贸工业, 2020, 2: 98-100.

[30] 曹战臣. 物业企业成本控制的常见问题与改进对策 [J]. 财会学习, 2019, 12: 133-134.

[31] 景志琴. 物业管理企业的成本控制研究 [J]. 经济与社会发展研究, 2019, 16: 102.

[32] 蔡小峰, 物业营销 [M]. 北京: 中国人民大学出版社, 2008.

[33] 周素萍, 物业服务营销管理 [M]. 北京: 北京交通大学出版社, 2011.

[34] 张旭辉, 房地产市场营销 [M]. 北京: 中国建筑工业出版社, 2011.

[35] 李亚雄, 物业营销 [M]. 北京: 高等教育出版社, 2003.

[36] 姚敏. 拥抱资本的力量: 做最好的自己 · 做时代的企业 [J]. 中国物业管理, 2019, 11: 56-57.

[37] 马苗．浅谈市场营销在物业管理中的应用［J］. 现代物业（中旬刊），2019，07：31.
[38] 张宁．物业服务5S管理［M］. 南京：南京大学出版社，2014.
[39] 常兴华．我国物业管理责任保险发展中存在的问题及对策［J］. 长春金融高等专科学校学报. 2019，03：79-84.
[40] 桂胜利．写字楼物业服务成本上涨的应对举措［J］. 中国管理信息化，2015，10：5.